河南省高等学校哲学社会科学应用研究重大项目资助

创新驱动与产业转型升级联动耦合研究
——河南的探索与实践

孙中叶/著

科学出版社

北京

内 容 简 介

世界范围内的产业格局调整正在加快推进,产业形态复合化、产业体系集群化、资源利用循环化趋势愈加明显,在创新驱动产业向高端化、绿色化、智能化、融合化迈进的进程中,通过厘清创新驱动产业转型升级中涉及的结构优化、产业载体、动力源和要素创新等关系,探寻创新驱动与产业转型的联动耦合机制,借鉴国内外创新驱动产业转型经验,创新思路和观念,推动产业层次由低端向高端、增长动力由要素驱动向创新驱动、发展模式由粗放外延向绿色低碳的转变,在符合人民群众不断增长的对美好生活的需要的领域,逐步实现供给模式由以数量供给为目标向质量效率优先的转变,构建更高质量、更有效率、更加公平、更可持续、更加开放的现代化产业体系。

本书读者对象为政府部门管理者、机构研究人员、高校教师,以及所有想了解创新驱动产业转型升级的人员。

图书在版编目(CIP)数据

创新驱动与产业转型升级联动耦合研究:河南的探索与实践/孙中叶著. —北京:科学出版社,2018.12
ISBN 978-7-03-056241-8

I. ①创⋯ II. ①孙⋯ III. ①企业创新-关系-产业结构-研究-河南
IV. ①F279.23 ②F127.61

中国版本图书馆 CIP 数据核字(2018)第 003128 号

责任编辑:邓 娴/责任校对:严 娜
责任印制:张 伟/封面设计:无极书装

科学出版社 出版
北京东黄城根北街 16 号
邮政编码:100717
http://www.sciencep.com

北京虎彩文化传播有限公司 印刷
科学出版社发行 各地新华书店经销

*

2018 年 12 月第 一 版 开本:720×1000 B5
2018 年 12 月第一次印刷 印张:16 3/4
字数:328 000

定价:136.00 元

(如有印装质量问题,我社负责调换)

前　言

"十三五"时期是河南基本形成现代化建设大格局、让中原更加出彩的关键时期，河南要紧紧抓住新一轮科技革命和产业变革的重要机遇，加快推进供给侧结构性改革，构建现代化经济体系，培育经济发展新动能，充分利用区域优势和要素禀赋新优势，破解产业结构不合理、产业层次低、核心竞争力不强等深层次矛盾。以聚集整合创新资源为重点提升持续创新能力，以龙头企业培育为核心打造产业集群，以社会发展的重大需求为导向推进示范应用，以体制机制创新为重点释放发展活力，打通从科技强到产业强、经济强、河南强的通道，支撑和带动河南经济发展走上创新驱动、内生增长的轨道，在全国乃至全世界版图中确立自己的坐标定位点。

当前，世界范围内的新一轮技术革命和产业格局调整正在加快推进，信息化全面渗透经济社会各领域，产业形态复合化、产业体系集群化、资源利用循环化趋势愈加明显。河南省面临着新的难得的发展机遇，但同时也面临着结构性矛盾日渐突出和跨越"中等收入陷阱"等多重挑战，有效供给不足、资源环境约束日益加剧、传统要素对经济发展的贡献呈现递减趋势，这使得创新驱动成为产业转型升级的现实选择。因此，创新战略已成为河南打造区域竞争新优势的核心，成为深化供给侧结构性改革、融入转型升级大格局的重要旋律。河南经济发展必须从资源依赖型向创新驱动型转变，减少对劳动力、资源能源等传统经济要素的过度依赖，才能使河南经济步入增长更趋平稳、动力更为多元、前景更加稳定的新常态，实现经济转型和又好又快发展。

目前，国内各地区纷纷融入新的产业分工体系，打造区域经济，发展新引擎和新支点，推进产业结构向中高端迈进。面对产业转型升级的新机遇新挑战，河南按照"四个全面"战略布局和"五位一体"总体布局，围绕先进制造业强省、现代服务业强省、现代农业强省和网络经济强省建设，以总书记嘱托为行动指南，以发展新理念为引领，以满足人民美好生活需要为目标，以提高供给体系质量为主攻方向，积极探索产业转型升级的中原方略。立足河南人口大省、新兴工业大省的实际，认真处理好高端化与高端产业、制造业与其他产业、传统发展要素与创新发展要素、产业存量与产业增量、产业短板与产业活力、自主发展与开放合作、政府与市场的关系。以发展优势产业为主导，推进实体经济、科技创新、现代金融、人力资源协同发展，实现了农业大省向新兴工业大省的成功转型；以供给侧结构性改革为主线，推进产业转型升级，产业结构持续向中高端迈进，经济质量优势显著增强；以贸易新业态的崛起推动河南产业结构加快转型升级，在河南产业转型升级中正发挥出无可替代的引领作用，实现了内陆地区开放型经济发展的重要突破。河南省将持续推进产业转型升级，实现人民对美好生活的需要和社会供给在总量与结构上的日趋均衡，构建更高质量、更有效率、更加公平、更可持续、更加开放的现代化经济体系。

编者

2018 年 3 月

目 录

第一章 创新驱动与产业转型升级：理论基础 … 1
第一节 新常态下创新驱动是河南省产业转型升级的必然要求 … 1
第二节 创新驱动发展的内涵与理论机制 … 4
第三节 产业转型升级的理论内涵与拓展 … 10
第四节 创新驱动发展与产业转型升级的评价指标 … 21
第五节 创新驱动产业转型升级的机遇与挑战 … 26

第二章 河南省创新驱动产业转型升级载体：产业集聚区创新能力 … 29
第一节 产业集聚区实施创新驱动的意义 … 29
第二节 产业集聚区实施创新驱动的理论解析 … 30
第三节 产业集聚区创新的系统动力学作用机制 … 39
第四节 产业集聚区创新驱动产业转型升级的趋势 … 46
第五节 河南省产业集聚区创新发展的现状与举措 … 47
第六节 产业集聚区创新平台建设的实践 … 55
第七节 河南省创新驱动产业集聚区转型升级的机遇与挑战 … 63
第八节 河南省产业集聚区协同创新发展总体思路 … 65

第三章 河南省创新驱动产业转型升级动力：高校创新能力 … 70
第一节 高校创新能力提升的逻辑内涵 … 70
第二节 产学研协同创新的内涵及主体要素 … 81
第三节 河南省高校产学研协同创新现状及存在的问题 … 92
第四节 河南省高校产学研协同创新的实证分析 … 98
第五节 高校产学研协同创新的着力点与实现路径 … 120

第四章 河南省创新驱动与产业转型：升级的联动耦合机制 … 124
第一节 创新驱动与产业转型升级的联动耦合 … 124
第二节 创新驱动促进产业转型升级的现状与问题 … 129
第三节 产业变革对科技创新的需求与发展态势 … 134
第四节 创新驱动产业转型升级的机制 … 138
第五节 创新驱动产业转型升级联动耦合的着力点 … 149

第五章 创新驱动产业转型升级：特征事实与启示 … 157
第一节 创新驱动产业转型升级的多国事实特征 … 157
第二节 我国创新驱动产业转型升级的实践 … 176

第三节　创新驱动产业转型升级的经验与启示……………………… 181
第六章　河南省创新驱动产业转型升级：框架、路径和方略………… 184
　　第一节　河南省产业转型升级的内在动力需求…………………… 184
　　第二节　河南省产业转型升级的内在机理与遵循之策…………… 186
　　第三节　河南省产业结构的演变与阶段特征……………………… 189
　　第四节　河南省产业转型升级的基本框架………………………… 197
　　第五节　河南省产业转型升级的路径探索………………………… 213
第七章　河南省创新驱动产业转型升级实践：食品产业……………… 222
　　第一节　食品产业创新发展的新特点与趋势……………………… 222
　　第二节　河南省食品产业创新驱动发展面临的机遇和挑战……… 225
　　第三节　河南省食品产业创新驱动发展的现状与问题…………… 229
　　第四节　河南省食品产业创新驱动发展的总体方略……………… 232
　　第五节　河南省食品产业创新驱动发展的支撑体系……………… 239
　　第六节　建设具有国际竞争力食品产业基地的制高点和突破点… 242
第八章　河南省创新驱动产业转型升级的探索与经验………………… 246
　　第一节　创新驱动产业转型升级的推进方略……………………… 246
　　第二节　创新驱动产业转型升级的联动保障机制………………… 251
参考文献……………………………………………………………………… 257
后记…………………………………………………………………………… 260

第一章 创新驱动与产业转型升级：理论基础

当前，世界各国从发展战略上重视创新，从发展路径上强化创新，美国、欧盟、日本等纷纷出台了《创新战略》《欧洲2020战略》《数字日本创新计划》等创新战略部署，已进入科技创新立国与战略调整阶段。党的十八大提出实施创新驱动发展战略，党的十九大报告强调创新是建设现代化经济体系的战略支撑，意味着创新的地位在新一轮科技革命、产业变革中得到进一步提高，国内区域发展已进入以创新为主题的新一轮竞争加速期。全国各地区都把创新驱动战略上升为区域经济发展和产业转型升级的重要支撑，把创新摆在发展全局的核心位置，应对有效供给不足、资源环境约束加剧、传统要素贡献率递减等多重挑战，全面推进产业创新驱动转型发展。2014年5月，习近平总书记调研指导河南工作时提出，希望河南围绕加快转变经济发展方式和提高经济整体素质及竞争力，着力打好以发展优势产业为主导推进产业结构优化升级，以构建自主创新体系为主导推进创新驱动发展，以强化基础能力建设为主导推进培育发展新优势，以人为核心推进新型城镇化"四张牌"。在打好"四张牌"中，产业结构优化升级被视为基础。2017年，河南省GDP（gross domestic product，国内生产总值）总量位居全国第五，人均GDP已突破7000美元，河南省正站在建设经济强省的新起点上，要突出以提高发展质量和效益为中心，打好产业结构优化升级牌，推动产业结构向中高端转型升级。

第一节 新常态下创新驱动是河南省产业转型升级的必然要求

当前，河南省经济粗放型的发展方式还没有得到根本转变，产业结构不合理、产业和技术层次低、质量和效益不高、资源和环境约束加剧，这些都严重影响全省经济社会的又好又快发展，严重制约区域综合竞争力的提高。新常态下，更加凸显创新驱动产业转型升级的重要性和紧迫性。

一、国际形势的重大变化迫切要求尽快实现创新驱动的转变

进入21世纪，世界发展进入重大创新密集涌现的重要时期，创新驱动发展既是各国保持经济持续增长、不断提升国家竞争力、适应经济社会需求深刻变化的重要战略，也是各国把握新科技革命、应对全球性挑战和国际金融危机的核心举

措。美欧等主要发达经济体，在拥有世界一流的科研实力、比较完备的科研创新制度、众多创新活跃的企业，其经济的创造力远胜于新兴市场国家和发展中国家的前提下，仍将创新作为发展的核心动力，将创新驱动发展作为基本国家战略。发达国家大力促进科技与经济紧密结合，科技创新成为经济社会发展和产业转型升级最具革命性的先导力量，创新驱动发展的重大意义不断凸显。

世界经济结构正在发生深刻变革，受国际金融危机影响，世界经济进入低速增长期，全球经济振兴需要催生新的需求，而催生新需求必须依靠科技进步和创新。为促使经济复苏，发达国家积极采取经济刺激措施，着力加强技术创新，培育新兴产业，努力扩大出口和实施"再工业化"战略；新兴市场国家积极扩大国内需求，大力培育新的增长动能，谋求更大的发展主动权。在各国政府的积极推动下，新科技革命和全球产业变革步伐加快。

二、创新驱动是产业转型升级的重要支撑和内在动力

根据民情、国情和省情，河南将创新驱动放在发展全局战略的突出位置上，为打造河南经济升级版、实现经济社会可持续发展指明了前进方向。改革开放40年来，河南省社会生产力快速发展，经济持续快速增长，人民生活明显改善，综合实力大幅提升，2016年，2017年，GDP连续两年突破4万亿元大关，经济总量居广东、江苏、山东、浙江之后。但是发展过程中暴露出来的问题也十分突出，首先是人口、资源和环境约束日益强化。近年来，河南省经济发展的要素条件发生了许多变化，劳动力成本逐步提高，能源、矿产品等资源性生产资料价格渐渐上升，环境成本日益提高，低成本竞争优势逐渐减弱，传统的发展模式空间越来越小，经济发展的质量和效益不断下降。其次是在经济全球化背景下，特别是在国际金融危机和欧洲主权债务危机发生后，依靠投资驱动、规模扩张的发展模式已经发生了重大转变。再次是科技创新在国家、地区之间的竞争日趋激烈，河南省在研发强度、人才队伍、对外技术依存度、科研成果产出和转化、科技进步贡献率、创新机制和环境建设等方面，与发达地区相比还有不小的差距。要解决这些问题，最根本的就是实施创新驱动发展战略，转变经济发展方式。要实现经济社会的全面协调和可持续发展，必须推动产业发展从资源依赖型向创新驱动型转变，减少对劳动力、资源能源等传统经济要素的过度依赖，大幅度提高科技进步对产业发展的贡献率，使创新驱动发展战略成为转变经济发展方式和产业转型升级的重要支撑与经济发展的内在动力。

三、创新驱动是河南省国家战略实施和产业转型升级新动力

目前，各国和地区纷纷强调回归实体经济，但这一"回归"趋势并非简单地回到过去，而是在新起点上对现有产业的转型升级。例如，美国推动的"再工业

化"从本质上讲，就是基于科技创新的产业升级，是充分利用新技术优势发展能够支撑未来经济增长的高端制造业。我国更是明确了以科学发展为主题，以加快转变经济发展方式为主线，以创新驱动打造中国经济升级版。打造河南经济升级版，要切实从要素驱动、投资驱动转向通过技术进步来提高劳动生产率的创新驱动，从过度依赖人口红利、土地红利转向靠深化改革来形成制度红利，实现经济从外生性增长向内生性增长转变；脚踏实地地依靠科技创新，围绕河南省高成长性产业、传统优势产业和战略性新兴产业的重点，突破产业关键核心技术，加速提高新技术含量和产品质量，增强核心竞争能力，把创新活力与改革红利、内需潜力叠加起来，加快形成经济转型升级新动力。

从河南经济发展历程和趋势看，依靠要素、投资拉动经济增长的潜力仍然存在，但过度依靠要素、投资引发的矛盾越来越突出。近年来，资源环境约束强化、成本优势弱化、低端产能过剩成为经济发展的重要制约因素。因此，创新驱动经济发展是形势所迫，河南省要推动"三区一群"国家战略实施、"四化"同步发展，必须及早转入创新驱动产业转型升级的轨道。

四、河南省已到创新驱动产业转型的关键窗口期

创新驱动的本质是科技创新，科技创新更是河南省长期以来一脉相承的战略抉择。2006年，全省自主创新大会明确提出，到2020年，使河南省成为具有持续创新能力的创新型省份；省八次党代会把自主创新作为跨越发展的核心战略；省九次党代会进一步强调实施科教兴豫战略，加快构建自主创新体系；贯彻党的十八大必须把科技创新摆在国家发展全局的核心位置的精神，河南省提出了全面实施创新驱动发展战略；2013年全省科技创新大会，更是强调把创新驱动发展作为破解突出矛盾的当务之急和事关长远发展的重大战略；省十次党代会强调充分发挥科技创新的基础、关键和引领作用，打造中西部地区科技创新高地。科技是第一生产力，创新是第一驱动力。创新驱动是发展的核心战略，是转变经济发展方式的最佳路径。这不仅是对河南改革开放40年来发展基本经验最重要的总结，更是对河南未来经济社会发展最重要的指引。大力推进经济结构战略性调整、把推动发展的立足点转到提高质量和效益上来，从根本上要依靠科技创新；要提升区域竞争力、抢占发展制高点，就必须大力促进创新驱动发展、大幅提高自主创新能力；破解资源环境约束、建设美丽中原迫切需要突破解决资源环境问题的技术"瓶颈"、加快科技创新；推动农业农村发展、破解"三农"难题根本出路也在于科技创新。创新驱动力量巨大，它不仅推动经济量的巨大发展，更带来经济质的根本提升。创新驱动是加快建设创新型省份的必然选择，是转变经济发展方式、破解经济发展深层次矛盾和问题、增强经济发展内生动力和活力、打造河南经济升级版的必由之路。

随着庞大的劳动力储备形成的人口红利、低廉的土地投入带来的低成本优势的逐渐弱化，传统发展模式难以为继；不断发酵的环境议题，使得破坏环境的粗放发展，成为老百姓不让碰、政府不想碰、企业不敢碰的"高压线"；在宏观经济进入增长速度换挡期、结构调整阵痛期、前期刺激政策消化期叠加的阶段，河南经济结构深层次的矛盾和问题进一步暴露无遗；全球新一轮科技革命，更使得科技创新成为世界潮流。不进则退，河南政府、企业和社会都强烈期待加快创新驱动产业转型升级。

第二节 创新驱动发展的内涵与理论机制

一、创新驱动的概念与内涵

（一）创新驱动的概念

创新概念最早是由美籍奥地利经济学家熊彼特在《经济发展理论》（1912）一书中提出的，他认为创新是把一种从来没有过的关于生产要素和生产条件的新组合引入生产体系，这种新组合包括以下内容：引进新产品、引用新技术、开辟新的市场、控制原材料的新供应来源、实现企业的新组织。熊彼特认为，经济之所以不断发展，是因为在经济体系中不断地引入创新，不断打破经济系统原有的均衡状态，形成新消费品、新生产方法、新市场、新产业组织形式等各种要素的新组合，推动经济发展质的飞跃。1939年和1942年熊彼特先后出版了《经济周期》《资本主义、社会主义和民主》两部专著，对创新理论加以补充完善，逐渐形成了以创新理论为基础的独特的创新经济学理论体系，揭示了创新或技术创新是经济系统的内生变量，在经济增长中起决定性作用；同时强调经济增长过程是一种创造性破坏过程，新产品的出现将导致旧产品的淘汰；并认为企业家只有实现了生产要素的重新组合，才可以称为真正意义上的企业家。熊彼特的这些思想，成为现代创新理论研究的起点。熊彼特创新见解的独到之处在于，他将发明创造与技术创新相区别，前者是知识的创造，即科技行为，后者则是经济行为。他认为发明创造只是一种新概念、新设想，或者至多表现为实验品；而技术创新则是把发明或其他科技成果引入生产体系，利用那些原理制造出市场需要的商品，从而使生产系统产生震荡效应，这种科技成果商业化和产业化的过程才是技术创新。

美国经济学家索罗（S. C. Solow）在《在资本化过程中的创新：对熊彼特理论的评论》中，提出技术创新成立的两个条件是新思想来源和以后阶段的实现发展。美国管理学家彼得·德鲁克（Peter F. Drucker）把创新定义为"赋予资源以新的创造财富能力的行为"，认为创新有两种：一种是技术创新，它在自然界中为某种自然物找到新的应用，并赋予新的经济价值；另一种是社会创新，它在经济和社会中创造一种新的管理机构、管理方式或管理手段，从而在资源配置中取得很大的经济价值和社会价值。

经济学家诺思（D. North）进而提出制度创新的概念，认为世界经济发展是一个制度创新与技术创新不断互相促进的过程。有时，制度成为技术创新的障碍，从而使制度的创新成为必然，如专利制度便是这样产生的。有时，技术创新引发了新的制度，如信息技术正在改变人们的工作、生活方式以及企业的经营和管理方式。

经济合作与发展组织（Organization for Economic Co-operation and Development，OECD）将创新定义为"一种新的或显著改进的产品（货物和服务）、工艺过程、商业模式、组织方式等的实现"。《美国创新战略》将创新定义为"一个人或机构提出一个新的主意并将其付诸实践的过程"。

1987年，英国著名学者弗里曼（C. Freeman）提出"国家创新系统"概念。他认为在一国的经济发展和追赶、跨越中，仅靠自由竞争的市场经济是不够的，需要政府提供一些公共商品，需要从长远的、动态的视野出发，寻求资源的最优配置，以推动产业和企业的技术创新。此后，经济合作与发展组织和其他国家的许多学者加入研究行列，使这一理论得到丰富和完善。研究并弄清楚与创新有关的各参与者之间的联系，是改善技术发展工作的关键，技术创新和技术进步，主要是参与者之间一系列复杂的、综合的相互联系和相互作用的结果，一个国家的创新表现在很大程度上取决于这些参与者相互之间的联络形式或方法。国家创新体系的核心要素有：①企业，是创新的主体；②公共研究机构，主要包括国立研究院（所）、科研型大学、非营利研究机构等，主要从事知识生产活动，是企业创新活动的一个重要的知识源；③教育培训机构，主要从事创新人才的培养；④政府机构，制定有关政策，提高创新系统效率，促进知识的生产、传播和利用，为创新活动的开展创造良好环境；⑤金融机构，主要为创新活动的开展提供资金支持。此外国家创新体系还有一些支撑要素，如中介机构、企业孵化器、信息网等。国家创新体系中包含了影响创新的各种因素，即不仅有影响创新的经济因素，还包括制度、组织、社会和政治因素，其中最主要的因素有知识基础设施、有利于创新的政策体系、与创新相关的制度框架、消费者需求结构等。国家创新体系的主要功能是知识创新、技术创新、知识传播和知识应用，具体包括创新活动的执行、创新资源的配置、创新制度的建立和相关基础设施建设等。建立和完善国家创新体系对一个国家或区域的经济实力、综合国力、综合实力意义重大，自20世纪90年代中期以来，一些国家、世界组织纷纷把国家创新系统纳入实施计划，出台了一系列相应的制度创新、组织创新等方面的措施，形成了国家创新工程。

从创新驱动促进经济转型层面来说，创新驱动是一种新的经济增长方式，是一种结构性的增长，它不仅可以通过创新解决长期增长中的要素报酬递减和稀缺资源制约问题，而且为经济持续稳定增长提供可能，同时还能在日益激烈的国际竞争中占据竞争优势，以避免传统增长模式带来的各种贸易摩擦。在这个层面上它包括三个方面的含义：第一，创新驱动通过技术创新和组织创新，在推动经济发展的同时，不断减少消耗、降低成本、提高效率等，最终提高投资报酬，缓解资源"瓶颈"。第二，创新驱动通过加快实现比较优势的动态转换，并根据发展阶段和发展水平的提高，培育新的优势，特别是在成本优势削弱后，通过强化创新，构筑新的比较优势和竞争优势。第三，创新驱动具有区域内生的经济增长动态适应机制，使区域经济结构和发展水平能够随着国际竞争环境的变化而进行相应的调整，能够适应快速变化的国际科技经济发展态势和竞争格局。

（二）创新驱动的内涵

自从英国政府1998年正式提出"创新驱动型经济"的概念以来，发达国家和地区提出了创新立国或以创新为基础的经济发展模式，发展创新驱动型经济已经被提到了发达国家或地区发展的战略层面。与此同时，西方理论界也率先掀起了一股研究创新驱动型经济的热潮。

"创新驱动型经济"这个概念由英国最先明确提出。1997年5月，英国首相布莱尔为振兴英国经济，提议并推动成立了创新驱动型经济特别工作小组（Creative Industry Task Force，CITF）。这个小组于1998年和2001年分别两次发布研究报告，分析英国创新驱动型经济的现状并提出发展战略；1998年，英国创新驱动型经济特别工作小组在出台的《英国创新驱动型经济报告》中首次对创新驱动型经济进行了定义，将创新驱动型经济界定为"那些从个人的创造力、技能和天分中获取发展动力的企业，以及那些通过对知识产权的开发可创造潜在财富和就业机会的活动"（CITF，1998）。经济学家约翰·霍金斯（John Howkins，2010）从产业角度给创新驱动型经济做了界定，他把创新驱动型经济界定为其产品都在知识产权法的保护范围内的经济部门。他认为知识产权法的每一形式都有庞大的工业与之相应，加在一起"这四种工业就组成了创造性产业和创造性经济"，全世界创新驱动型经济每天创造220亿美元，并以5%的速度递增。他特别强调了创新驱动型经济依赖于知识产权的国家强力保护体系。

迈克尔·波特的国家竞争四阶段理论中认为"创新驱动阶段把高科技和知识作为最重要的资源，通过市场化、网络化实现科技与经济的一体化，形成产业聚集，从而推动经济的发展。创新驱动阶段国际竞争力依靠技术创新实现企业不断技术升级，这一阶段，民族企业能在广泛的领域成功地进行市场竞争，在重要的产业群中出现具有世界水平的辅助行业，并在相关产业中形成有竞争力的新产业，在此阶段，企业已具备研究开发能力，创新意识和创新能力较强，人员培训效果显著，吸收消化引进技术的能力强，依靠科技成果产业化的努力，有效增强竞争能力和市场适应能力,并持续保持竞争优势"。结合经济增长理论与创新发展理论的相关研究,认为创新驱动是指在知识经济发展趋势下,以创新为核心驱动力的内生型经济增长模式;具备创新特质的知识、人力资本、制度及文化因素成为经济增长中的内生驱动要素,这些要素深入经济和产业发展的各个领域,逐步推进产业结构的高级化、知识化,实现从工业经济形态向知识经济形态的转型。在实现创新驱动发展的过程中,知识、人力资本、制度及文化是主要的内部驱动力。

1. 创新驱动型经济理论建立在新经济内生增长理论基础之上

新经济内生增长理论研究的焦点就是需要一种怎样的内生机制才能保证经济增长的可持续性,即克服要素回报递减,实现要素回报递增。按照对此问题的不同理解,可以将新经济内生增长理论中颇具影响力的观点大致上分成三类:一是Romer(1986)的内生增长模型,强调生产要素外溢效应;二是Lucas(1988)的人力资本积累理论;三是垄断竞争和R&D(research and development,研究与开发)理论,如Grossman和Helpman(1991)的横向创新模型,以及Aghion和Howitt(1992)的纵向创新模型。

2. 创新驱动型经济理论反映了新经济竞争优势的来源和竞争方式正在发生重要转变

随着创新驱动型经济时代的来临,"脑力""创意"密集型产业已渐渐取代了"土地""劳力"密集型产业在国民经济中的地位。哈佛大学教授J. S. Nye(1996)认为,在信息时代,资本、自然原料,甚至土地不见得是财富。当前投资驱动型经济已经走到尽头,须走向创新驱动型经济与知识驱动型经济的领域。它需要新创意、新知识来推动。Romer(1986)指出,新技术、新创意会衍生出无穷的新产品、新市场和财富创造的新机会,所以创新才是推动一国经济成长的原动力。阿特金森和科特(Atkinson and Court,1998)明确解释了美国新经济的本质,就是以知识及创意为本的经济。正如经济学家熊彼特(1934)指出的那样,现代经济发展的根本动力不是资本和劳动力,而是创新,而创新的关键就是知识和信息的生产、传播、使用。继农业经济以土地、工业经济以资本和矿产为最重要资源之后,创新驱动型经济使技术创新和创意、知识生产和人才资源作为经济资源获得了空前重要的战略地位,越来越多的国家和地区开始认识到在创新驱动型经济时代,推动经济增长的主要因素不再是技术和信息,而是创意和创新。

3. 创新驱动型经济理论强调宽容的社会、文化环境

创新驱动型经济理论吸收了新经济社会学等理论精华,特别强调宽容的社会、文化环境对经济发展的重要作用。新经济社会学理论的核心观点就是经济行为是根植于网络与制度之中的。该理论指出,新增长理论在强调知识、技术和人力资本的同时,忽略了制度、市场等因素。虽然诺思以及后来的制度经济学者将制度

演变引入经济增长的范畴,也揭示了正式制度安排对经济增长的作用,但是对社会、文化环境等非正式制度因素仍然不够重视。于是新经济社会学理论以嵌入性、社会网络、社会资本等核心概念为理论工具,强调了社会和文化对经济活动的重要性。创新驱动型经济理论特别突出了社会、文化环境中包容、信任、同情性的一面。Florida(2006)认为,城市发展的关键在于城市社会环境的多样性、宽容性和创造性所吸引来的创意阶层。一个开放的具有低门槛的城市在吸引创意人才和人力资本中具有绝对的优势,从而可以产生和吸引高科技产业,实现城市经济繁荣。包容性和多样性有利于高科技人才和创意人才的集中与成长。有才干的人喜欢到开放和具有容忍以及能提供生活质量的地方去工作。一个地方越是多样性和多文化,对他们就越具有吸引力。能吸引这些具有创意的人的地方可以吸引公司和产生更多的创新,从而实现当地的经济良性循环。Charles Landry(2000)指出,创意城市开始出现,文化正从经济发展的边缘向核心位置转移,地区在发展的同时应对各种各样的人才具有包容心和同情心。总之,宽容的社会、文化环境等非正式制度代表了一种正的外部性、一系列共同的资源,它给工人熟悉就业规则提供了方便,给创意和创新活动提供了平台。

4. 创新驱动型经济理论特别强调人力资本在推动经济增长中的重大作用

自从发展经济学家强调经济发展要素之一的"人力资本"的作用后,美国学者雅各布斯(Jacobs,2007)挑战了企业和资本的集聚会促进城市经济发展这一主流经济学论点,她提出,城市发展的原动力是地理上相邻的多种多样的产业共存与人力资本的集聚。在以后的几十年里,经济学家一直尝试着用计量经济学的手法来验证雅各布斯的众多假说。诺贝尔奖得主 Lucas 证明了人力资本的集中能提高地方的生产率,从而推动经济成长的假说,并称此效果为"简·雅各布斯效果"(Lucas,1988)。人力资本的集中是企业和投资接踵而来的必要条件。企业选择配置在某个城市的原因不仅仅在于该地区的市场和供给网络,更重要的是希望从当地受过良好教育、高质量的人力资本中获得生产力提高的收益。Florida 的创意阶层论发展了雅各布斯等的观点。他认为,在创意时代,为了能得到那些受过高等教育的劳动力,企业会跟随着创意阶层来到他们居住的城市。正因为如此,Florida(2005)主张,地方政府与其为了吸引企业投资而实行各种减税政策,不如投入一些资金用于城市便利性的建设,从而吸引创意阶层,因为他们才是经济发展的主要推动力。

二、创新驱动发展的主要特征

在实际的政策运用或政府的产业统计中,由于各国和地区的经济社会发展阶段以及文化背景的不同,对创新驱动型经济内涵与外延的界定存在一定的差异,但总体而言创新驱动还是有些共同的特征:以内生性为基本标志,因此具有内生性特点；以创新为核心，因此具有创新性特点；以产业结构的高级化、知识化为目标，因此具有可持续性特点；以实现规模经济和范围经济为目标，因此具有集群性特点。

1. 内生性

创新驱动的内生性特征体现在经济增长模式和经济运行系统两个方面。从经济增长模式上看，创新驱动是建立在自身知识和人力资本积累及制度与文化变迁等基础上的内生型增长模式。创新驱动的内生性是其区别于投资和要素驱动的基本标志。投资驱动通过加大资本和劳动力的投入带动经济增长，要素驱动通过生产要素的重新组合提高生产效率进而推动经济增长，这种增长都是短期的、规模报酬递减的，而单纯地引进技术也无法从根本上改变生产函数中的规模报酬递减效应。只有创新驱动型经济增长方式才是长期的、规模报酬递增的，因为知识、人力资本、制度及文化等内生性创新驱动要素，是蕴藏在经济增长机制中的动力源；具有自我积累、自我强化、自我变革功能，以及强大的扩散和溢出作用，能够对资本和劳动力等要素进行有效改造，实现经济增长机制由内而外的全面蜕变。例如，在知识的积累和强化过程中，不断产生对新知识和新技术的需求，进而产生持续的科技创新活动，打破原有生产函数，促进经济发展质的飞跃；与此同时，不断提高劳动的专业化分工水平及资本的利用效率。从经济运行系统的角度看，创新驱动型经济系统呈现出一种自组织协同效应。各驱动要素间能够结合经济运行系统阶段性特点自发地进行优化重组，使系统沿着"均衡—创新—均衡"的轨迹演进。

2. 创新性

新驱动的创新性特征体现在科技创新、管理创新、制度创新、体制机制创新、文化创新等一系列创新活动的开展。其中，科技创新是核心和源头，包括科学和技术两个层面的创新。科技创新为管理创新、制度创新、文化创新提供科学的工具方法，而管理创新、制度创新及文化创新又为科技创新的开展提供动力和保障机制，并在相互促进和协同下形成社会综合创新体系。在这种综合创新体系作用下，产品生命周期不断缩短，技术更新换代速度不断缩短，商业运营模式不断革新，全社会创新意识不断增强，鼓励创新、宽容失败的文化环境逐渐形成。涌现出更多的创新型企业，高新技术产业及知识密集型服务业的比重不断提升，自主创新能力成为企业的核心竞争力。围绕创新的知识产权保护机制、投融资机制、科技中介服务体制、人才管理体制等不断完善，创新成为经济增长的核心驱动力。

3. 可持续性

创新驱动作为一种可持续性的经济增长方式，其可持续性特征体现在以下几个方面。一是产业结构的高级化，即在三次产业结构中第三产业的比重不断增加，从而带来更多的就业机会，促进社会和谐稳定。二是产业结构的知识化，知识密集型产业在所有产业中的比重不断提升；知识创造更多的社会财富，带动社会教育和培训体系的进一步完善，又反过来促进知识的交流、学习和共享，形成一种长期的可持续发展态势。三是产业结构的绿色化，技术创新成果在生产体系中的应用，改变了传统的以破坏环境和消耗不可再生资源为代价的经济增长模式，产业结构呈现出资源节约型和环境友好型的绿色可持续发展形态。

4. 集群性

创新驱动型经济的发展并不仅是个人和单个企业的行为，而且需要集体的互动和企业的地理集聚。随着各种新兴科学技术的出现以及人们对创新产品要求的提升，创新驱动型经济内部分工也更趋细化，生产过程日益复杂，往往需要各种硬件和软件的支持，同时需要各个层面、众多创新人才协同配合才能完成。为了获得规模经济和范围经济，集群内不同类型企业共生互补，不断向产业链的两头延伸、向产业链上的价值高端攀升，这是创新驱动型经济集群的共同现象。

目前，进入创新驱动经济发展阶段的国家或地区一般具有以下特征：一是经济增长主要依靠提高生产率推动。如据美国劳工统计局测算，1987～2011年，美国非农行业全要素生产率对经济增长的贡献为43%。二是研发投入占国内生产总值、研发投入占产业销售收入的比重较高。如2009年，美国研发投入占GDP的比重为2.88%，日本为3.33%，韩国为3.36%，德国为2.68%，芬兰为3.96%，瑞士为3%，瑞典为3.62%，中国为1.7%。三是知识技术密集型产业占较大比重，产业结构呈现知识化趋势。如据经济合作与发展组织统计，2010年知识和技术密集型产业增加值占世界经济的30%，美国为40%，欧盟为32%，而中国为20%。四是拥有一批具有国际影响力的创新型大企业，产业附加值高。如美国拥有波音、微软、英特尔、默克等一大批居于世界领军地位的创新型大企业，韩国在汽车、造船、电子信息等领域拥有现代、三星等具有国际影响力的创新型跨国企业。五是经济增长依靠的资源消耗较低，经济效益较好，等等。

第三节 产业转型升级的理论内涵与拓展

一、产业转型升级的概念

目前对于产业转型升级并没有严格意义上的完整定义，产业转型升级包含产业存量优化升级和新业态增量形成，两者既有区别又有联系。产业结构优化的核心是经济发展方式的转变，即由低附加值向高附加值转变，由投资驱动向创新驱动转变，由粗放型向集约型转变，由资源消耗环境污染型向资源节约环境友好型转变。产业升级的核心是提升产业在价值链上的地位,主要指技术升级、工艺升级、产品升级、功能升级、链条升级和组织升级等。产业优化和产业升级相辅相成、不可分割,以优化推动升级,以升级推动优化,以新业态促进产业融合,从而提升产业竞争力。

国外的研究主要集中在产业升级上,美国经济学家Humphrey和Schmitz(2002)提出了产业升级的四种路径,即工艺升级、产品升级、功能升级和链条升级,其内涵分别如下(图1-1)。

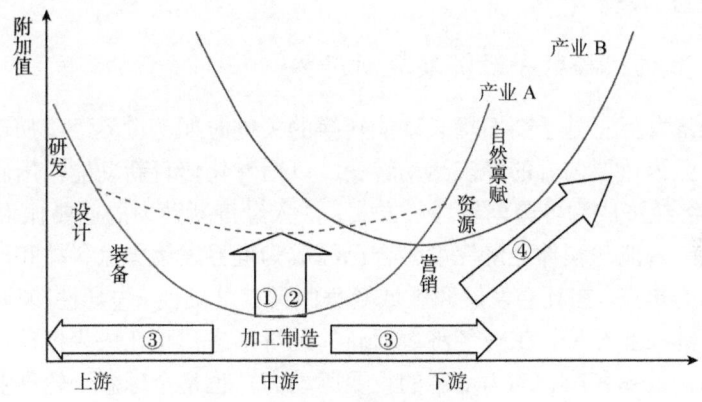

图1-1 产业转型升级示意图

——工艺升级:新工艺、新技术、新流程的引入,提高生产效率。

——产品升级:推出新产品,提高产品附加值。

——功能升级:向上下游延伸价值链,主要是由加工环节向研发、设计、营销、品牌等环节延伸,提高产业附加值。

——链条升级:凭借在一条价值链上的知识积累跨越到另一条价值量更高的价值链,一般指从一个低端产业转换到另一个高端产业上。

我国学者张其仔(2008)认为其中前三种可以称为"产业内升级",后一种称为"产业间升级"。

产业转型升级是由产业链转型升级、价值链转型升级、创新链转型升级、生产要素组合转型升级所形成的有机整体。产业链转型升级是指产业从边缘环节向核心环节延伸,并取得对全产业链的掌控力;价值链转型升级是指从价值链低端向高端延伸;创新链转型升级是指产业技术实现原始创新、集成创新、引进消化吸收再创新、协同创新四个方面的升级,突破一批共性、核心、关键技术,不断应用基础性、战略性、前沿性、颠覆性技术,形成新产品、新服务、新业态;生产要素组合转型升级是指提高技术、管理、知识等高端生产要素在要素组合中的份额。

二、数字经济时代产业转型升级的内涵

习近平总书记在党的十九大报告中指出，推动互联网、大数据、人工智能和实体经济深度融合。这一高屋建瓴的论断为实体经济发展指明了方向。在决胜全面小康、让中原更加出彩的关键时期，在实现"两个一百年"奋斗目标的历史交汇期，必须更加加快互联网、大数据、人工智能与实体经济深度融合，使互联网、大数据成为经济发展方式转型的重要推动力，实现我省经济社会更高质量更好效益的发展。

（一）准确把握数字经济发展新态势

全球经济发展正处于新旧增长动能转换的关键时期，世界经济加速向以网络信息技术产业为重要内容的经济活动转变。以信息化培育新动能，用新动能推动新发展，数字经济成为各国创新增长方式、注入经济新动力的重要抓手，互联网、大数据、人工智能与实体经济深度融合已经成为世界发达国家科技和产业界竞相发展和竞争的焦点，在社会发展和区域竞争中具有基础性、先导性和战略性地位。数字经济是继农业经济、工业经济之后新的经济形态，正在成为推动实体经济发展质量变革、效率变革、动力变革的重要驱动力，也是全球新一轮产业竞争的制高点和促进实体经济振兴、加快转型升级的新动能。美日德英等发达国家的网络经济占比均已超过45%，美德等国甚至超过50%，在网络经济竞争的窗口期，我国加大了对大数据应用的推动力，批复了京津冀等7个国家级大数据综合试验区和10个大数据国家工程实验室，逐步形成了以京津冀、长三角、珠三角、中西部以及东北地区集聚发展的格局。我国数字经济正在进入快速发展的新阶段，规模不断提高，占GDP比重达30.3%，新技术、新产业、新业态、新模式层出不穷，为实体经济发展注入新的动力，成为拉动经济增长的新引擎，全国各地都在加紧布局数据产业的发展，杭州、承德、海口、青海等省市推动旅游大数据的应用；唐山、贵阳、成都、重庆等城市加速落地工业大数据平台及创新项目；青海建设农牧业大数据平台；河南把交通物流、农业粮食作为主攻方向和突破口，在政务、益民服务、产业等领域开展大数据创新应用试点示范。

数字经济是信息化催生的新经济形态，是当前最具潜力、最具爆发力、最具成长性的经济形态，网络经济强省建设展现出河南发展的战略思维和超前意识。依托河南全国数据中心建设布局二类地区优势，紧抓国家大数据综合试验区建设机遇，充分发挥大数据、互联网在产业生态中的聚合能力。以推进电子商务大发展为着力点，深化网络经济发展的行业应用；以建设大数据综合试验区为着力点，发展工业大数据、新兴产业大数据、农业农村大数据、创新创业大数据、时空大数据，并加快建成跨行业、跨部门共享的基础信息资源库，创新网络经济发

展的产业融合；以实施"互联网+"行动为着力点，加快互联网在制造业、农业、服务业、能源等领域应用，推动形成现代互联网产业体系。同时结合众创模式不断推动各种新产品、新业态的培育发展，为"大众创业，万众创新"提供肥沃土壤。

（二）大数据与实体经济融合带来的产业变革

大数据是基础资源、战略资源，是重要的生产力，"转型升级"与"经济增长"的核心动力都与互联网、大数据息息相关，以数字化的知识和信息作为关键生产要素、以现代信息网络作为重要载体、以信息通信技术的有效使用作为效率提升和经济结构优化的重要推动力，用"数字重组产业"，推动跨界融合应用发展，促进大数据与传统产业在发展理念、产业体系、生产模式、业务模式等方面深入融合，实现创新驱动发展，为经济社会实现更高质量更好效益的发展提供有力支撑。

加快互联网、大数据、人工智能与实体经济深度融合，促使产业组织形态由地理集聚向网络协同化转变，推动新产业、新业态、新模式的兴起，加速了信息技术向传统产业的渗透，打破了以先天资源禀赋为比较优势的产业分工格局，以数字经济优势占领产业价值链制高点。互联网平台汇聚资金、创意、工具等生产要素和资源，推进产业链环节形成网络空间的集聚，达到甚至超越以往地理空间集聚所产生的协同分工效果。利用互联网、大数据、区块链、人工智能等技术对上下游产业的双向带动和统筹整合能力，推动企业信息网络、控制系统、管理软件和数据平台的纵向集成，以及企业间研发设计、客户关系管理、供应链管理和营销服务的横向集成，实现基于互联网的企业间协同创新和产业链集成，形成业务交叉、数据通联、运营协同的产业融合机制，构建共生、再生乃至互生的价值循环体系。

加快互联网、大数据、人工智能与实体经济深度融合，降低生产企业交易成本，提高实体经济运行效率。在产业演进嬗变的历程中，交易成本的每一次降低都能极大地拓展市场范围，促进分工与专业化，使社会生产力迈上一个新的台阶。当今，互联网、大数据、人工智能的技术发展和广泛应用，形成了跨地域、跨系统、跨层级、跨行业、跨组织的社会协同平台，使企业之间、生产者与消费者之间、产业上下游之间，实现了更加便利、更加充分的信息交换，减少了交易过程中的信息不对称，节省了信息匹配所需要的时间，使企业具备快速响应用户需求、灵活组织制造资源的能力，按需生产、大批量定制成为现实。从产业链、价值链多领域、全维度等各环节向数字化、网络化、智能化转型，推进大数据与实体经济深度融合，不仅驱动实体经济生产技术更新、商业模式创新和产品供给革新，更推动实体经济供给侧结构性改革，促进新旧动能转化。

加快互联网、大数据、人工智能与实体经济深度融合，克服了产业要素禀赋的先天约束，激发了自生长的产业数据要素。习近平总书记指出，要构建以数据为关键要素的数字经济。经济发展新常态下，随着资本、土地和劳动力等传统生产要素对经济发展刺激作用的减退，产业转型升级的成效和新业态发展，很大程度上取决于后天要素禀赋的集聚速度和体量，互联网、大数据与云计算等的融合导致数据量呈现爆发式增长，庞大的数据量及其处理和应用需求催生了大数据从概念到规模化应用，数据日益成为重要的国家战略资产，和土地、劳动力、资本等生产要素一样，成为促进经济增长和社会发展基本要素。现有的"云网端"网络设施和存储数据，作为产业发展的创新要素，带来产业业态的创新和商业模式变革，使数据成为创新创业链上的"石油"资源，驱动产业链的良性发展，可以为创新创业地区带来新的发展机遇和数以亿计的产值。

互联网、大数据、人工智能与实体经济深度融合，使产业发展由要素驱动转变为创新驱动。在工业经济时代，一个地区的经济发展驱动力差异很大，有依赖地区矿产、交通、旅游等资源优势发展起来的，有依赖大量低成本的劳动力发展起来的，也有依赖丰富的金融资本等要素发展起来的。在数字经济的快速发展阶段，北京、上海、深圳、杭州等一批依赖政策先行先试和新兴产业领域创新探索的城市引领了新一轮的增长。产业转型升级既有传统产业要素的路径依赖，也有后天要素禀赋升级带来的产业创新，当前，数字经济已经进入新的裂变式发展阶段，创新将成为引领产业创新驱动发展的核心动力，面对数字经济带来的机遇，早调早转就会赢得主动，抢得先机，晚调晚转就会被动乃至被淘汰。

三、产业动态演化视角下产业转型升级的理论拓展

技术进步是现代经济增长的主要源泉，对创新和技术进步这个重要变量的处理一直是经济学的一个重要课题，由于主流的新古典经济学把重点放在资源配置和市场机制上，创新和技术进步被视为外生变量。1970年之后，对创新和技术进步的研究分化为两条路径：一是将技术进步内生化，在新古典经济学的框架内引入技术进步，罗默、卢卡斯发展了新经济内生增长理论；二是演化经济学，放弃新古典经济体系，运用生物学中生物基因突变、选择和遗传等概念来研究经济发展，演化经济学强调，经济发展是一个动态的演化过程，不仅要研究资源配置问题，更重要的是研究资源创造问题，可以借助生物学方法分析技术创新、选择和扩散所引起的经济演化。

在演化经济学框架下，产业动态演化开始成为产业经济学的一个重要研究领域，创新在产业动态演化中的关键作用及其作用机理逐步被发现并受到重视。本质上，产业发展是一个技术不断创新、结构不断变化、企业兴衰更替、制度安排不断跟进的持续演化过程，其一般演进逻辑是：大量行业遵循生命周期过

程，先是根本性创新与个别新企业成功进入，新产品的需求持续增长，跟进型创新不断涌现，企业、科研、金融组织、公共机构等行为主体构成的生态网络和新的制度安排逐渐形成，不能适应新技术和新产品的企业被淘汰，市场集中度逐渐提高，行业进入成熟期，在位企业创新动力不足，行业转入衰退，下一次的创新出现（图1-2）。

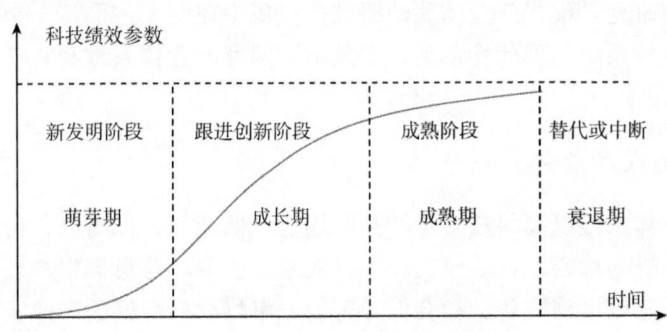

图1-2　创新发展S曲线

因此，由技术创新导致的企业进入、扩张、收缩、退出以及由此形成的市场结构变化，是产业动态演化的重要特征。基于创新发展S曲线，把衰退期前的产业演化过程分为五个阶段：第一阶段是一个产业的引入时期，这一时段的长度由创新被模仿的难易程度、新产品市场规模、新产品技术信息传播速度以及潜在进入者数量决定；第二阶段是产业内企业数量迅速增加时期，大量模仿者进入，产业利润率出现下降；第三阶段是过渡时期，企业进入退出维持动态平衡，净进入量为零；第四阶段产业内企业量持续下降，集中度提高；第五阶段产业进入成熟期，市场结构趋于稳定。在以上五个阶段中，技术创新是最重要的推动因素，前两个阶段中技术创新主要来自新进入企业，第三个阶段后逐步演化为来源于产业内部的在位企业。同时，技术创新率也呈现出先上升后下降的走势。

从产业演化中技术创新的阶段性变化分析市场结构与技术创新的相互作用机制，由此形成了产业技术创新与动态市场结构周期性互动的产业演化理论研究，并形成了两个研究路线：一个是从外生性技术创新即新进入企业的角度，另一个是从内生性竞争即在位企业的角度。

综上所述，产业动态演化视角下的转型升级应该有两种路径：一种是由新进入企业的重大技术创新推动的产业转型升级，即熊彼特所谓的"创造性破坏"，这种创新开创出一个崭新的产业，往往研发投入大、市场风险高；另一种是由在位企业在产品、工艺和流程等方面渐进性创新推动的产业转型升级，这种创新识别和开发现有产业中的"需求缺口"，创造新的利润增长点，其投入与风险相对较小。

四、从产业结构到现代产业体系的转变

现代产业体系于 20 世纪 80 年代在发达国家首先兴起,兴起之初,即伴随现代服务业的快速发展,特别是虚拟经济的成功,使传统意义上的产业发展出现了新的更加具有战略意义的盈利点,而且盈利能力非常强,从而使产业经济学高度关注该方面的研究。现代产业体系的研究热点集中在两个方面:一个是在不同国家什么是产业体系中的现代性;另一个是不同国家产业体系本身有什么特点,演化趋势是什么。

(一)现代产业体系的内涵

现代产业体系是以高科技含量、高附加值、低能耗、低污染、自主创新能力强的现代产业群为核心,以雄厚的技术、人才、资本、信息等生产要素为支撑,以环境优美、基础设施完备、社会保障有力、市场秩序良好的产业发展环境为依托,以创新性、开放性、融合性、集聚性和可持续性为特征的新型产业体系。

加快构建现代产业体系,是把握发展规律、顺应国际国内产业发展新趋势的现实需要。现代化进程首先体现为科技不断进步、产业结构不断升级、产业层次和水平不断提升的产业发展过程。随着经济全球化的深入发展,不同国家、区域和城市竞相把推进产业转型升级、提升产业层次和水平、抢占产业发展制高点作为增强核心竞争力的战略着力点。

(二)现代产业体系的特征

现代产业体系是以创新为动力、以高技术产业为先导、以先进制造业和现代服务业为基础、以基础设施和基础产业为支撑的高效产业体系,其特征有以下几个方面。

(1)产业结构的高级化。现代产业体系代表国际和国内产业发展的方向与趋势,产业结构的高级化主要体现在产业组织的集团化、行业结构的链条化、技术结构的信息化、产品结构的高端化和空间结构的集群化。

(2)产业发展动力的创新化。创新是建设现代产业体系的主要推动力,包括发展理念创新、体制机制创新、知识创新、技术创新、管理创新等。通过创新化解产业发展过程中的矛盾,推动产业层次从低级向高级演进。

(3)产业体系的融合化。现代产业体系是由第一、第二和第三产业组成的完整体系。加强三次产业之间的协调关联,促进产业链上、中、下游产业的融合与互动,不仅有利于促进新兴产业(现代物流、金融保险、会展、信息服务、文化创意产业)的发展,还有利于推动生产加工型制造业逐步向服务型制造业升级、高新技术产业向外包服务业拓展。

（4）产业分工的国际化。产业分工国际化是经济全球化的内在要求。在全球化背景下，现代产业体系必须更深、更广泛地参与国际分工，充分利用国内外"两种资源"和"两个市场"，抢占产业的制高点，推进价值链的高端化。

（5）产业布局的集群化。集聚是现代产业体系发展的主要特征之一，也是优化经济结构、转变发展方式、实现集约节约发展的基础。要推动优势企业和配套服务业向产业集聚区（园区）集中，尽快形成产业特色与规模效益。同时，要促进产业链上下游企业合作，即促使供应商、生产商、销售服务商与研发结成网络，形成集群优势。

（6）产业发展的可持续化。高质量、高效益、低消耗、低污染是现代产业体系的重要特征。通过发展以低能耗、低排放、低污染为基础的低碳经济，以及实施"高效利用资源—高附加值产品—再生资源利用"的循环经济和清洁生产方式，以较少的资源消耗和较低的自然与生态代价，实现经济的持续较快发展。

（三）现代产业体系的演进路径

产业是具有生产运营或工艺或产出产品或服务等同类特征的企业的集合，分类标准不同，产业的具体内涵就不同。产业体系则是在某一分类标准下所有产业及它们之间的联系。必须区分现行的产业体系和现代产业体系。现行的产业体系是指当前一国产业的结构及其运行状态。现代产业体系的"现代"是一个动态的、与时俱进的概念，所以现代产业体系是指既具有当代领先的竞争优势，又面向未来发展趋势的产业体系。这样的产业体系既有本国先天的要素禀赋带来的路径依赖的影响，也有后天要素禀赋升级和专业化分工产生的动态比较优势的影响。

20 世纪 80 年代以来，随着国际分工的不断深化，生产和贸易越来越多地在全球价值链（global value chain，GVC）上以产品内分工模式出现，主要表现为将研发、生产、销售等价值链的各个环节在全球进行配置，追求利润最大化、成本最小化。因此，传统理论难以解释产品内分工形式下的产业结构与贸易结构的关系和联动机理，在全球价值链的新国际分工模式下，产业结构和工业结构不再是对外贸易结构的决定因素，而仅仅是对外贸易结构的基础，贸易结构则是产业结构和工业结构的国际竞争力的体现。产业结构与贸易结构的关系呈现出纵横交错的、网状的、立体的耦合关系，不再是单向的线性关系。二者的联动关系主要表现为：贸易结构作用于产业结构的主要途径是通过提升要素禀赋以及国际产业的关联效应，使过去受制于国内要素禀赋的产业向高端化发展，实现比较优势结构逆转，形成产业结构与贸易结构互动发展的良好局面（图 1-3）。

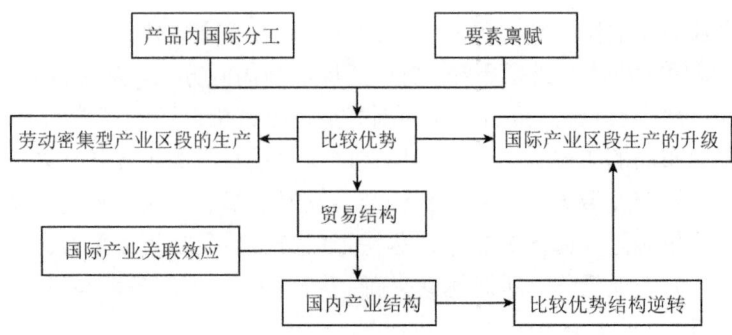

图 1-3 基于产品内国际分工的现代产业体系形成路径

五、从现代产业体系到产业生态体系的转变

建立现代产业体系的过程,就是以技术创新逐步取代廉价劳动力和资本投入,形成经济增长的新动力,使产业结构向合理化、高度化方向演进——从宏观上看,形成以服务业为主体的三次产业结构;从中观上看,制造业对劳动力和资本的需求降低,演变成技术密集的高端制造业;从微观上看,企业破除路径封锁,向微笑曲线的两端攀升。随着物联网、云计算、大数据技术的发展成熟,泛在、万用的信息传输和使用模式正在逐渐形成,因此越来越多的行业开始向信息化、智能化演进,从而使"新产业生态系统"模式向泛在化演进。

随着物联网、云计算、大数据等技术的发展,信息具备了"无所不在、任意分割"的特征,为人们实现多元需求提供了必要条件,那种由工业化衍生出的工业化与信息化融合的逻辑在逐渐失效。为了满足不断显性化的潜在需求,必然需要一种以服务为出发点的新型逻辑——新产业生态系统。新产业生态系统脱离了"制造业产品"的局限,其信息化特征不是为了降低企业运营成本或者增加产品的"噱头",而是为了应对异质市场上不断涌现的随机化、个性化的潜在需求,以服务功能的扩展适应整个社会对制造业产品不断扩张的功能需求。对于制造业而言,新产业生态系统是未来向高端演进的必然模式。制造业涵盖了从简单的基本零部件加工到极为复杂的大型工业装备等跨度巨大的多个产业,传统意义上不同产业的技术需求和升级路径也大相径庭。例如,大多数零部件制造产业向高端演进的路径依赖材料品质的提高、加工工艺的改进,借助新材料与新工艺,制造出更为精确、耐用的产品;而大型工业设备向高端演进的路径却更依赖长期、大量的使用经验,积累系统设计与整合能力,发挥出最优的整体功能。然而,随着互联网和云计算的发展,第四次工业革命使整个社会逐渐形成一张泛在、巨大的信息收集、处理、传输网络,各制造业产品都将不可避免地成为该网络中的"节点",只有满足该网络动态化、随机化的需求,才能保证网络的生命力与活力。同时,制造企业随着传统路径发育的同时,也必然会被泛在的社会信息网络"捕获",成为某种"新产业生态系统"的节点。

六、现代产业体系构建与产业竞争力提升的耦合机理

在全球价值链下,以跨国公司为代表的主导企业,一方面通过工序的分解将低附加值的环节转移到有比较优势的国家和地区生产,降低成本;另一方面通过专利池、战略隔绝、品牌强化和零售市场并购等多种手段来提高设计、研发与营销等高附加值环节的进入壁垒,阻碍发展中国家的企业进行功能升级和链的升级,这正是发展中国家企业融入全球分工体系后陷入"悲惨增长"的根源(卓越和张珉,2008)。并且,随着中国经济发展水平的提高,工资成本、环境成本等必将上升。在劳动密集型产业中,我国不得不面对来自低收入国家的挑战;在产业升级过程中,又会遭遇发达国家的"阻击"。如果无法跨越这些挑战,我国的发展就会陷入比较优势的"断档"期,引发经济衰退(张其仔,2008)。从现行产业体系运行的系统动力学模型(图1-4)中可以看出,资源、环境、劳动力成本的上升,最终使得原来正向增强的反馈环无法进行下去,因此,河南省必须向现代产业体系升级转型。

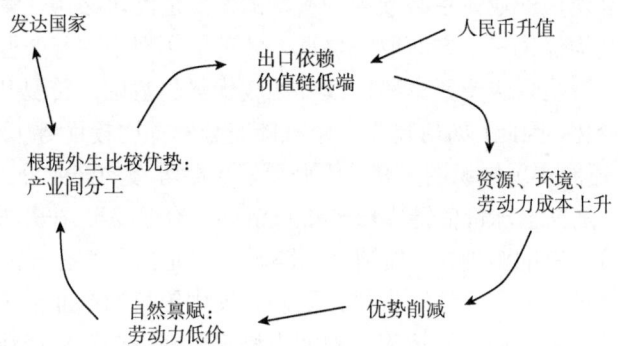

图1-4 基于产业间分工的现代产业体系运行的系统动力学模型

现代产业体系中,发达国家基于内生比较优势进行产业内的专业化分工,通过自主创新实现功能升级,占据价值链的高端,获得全球价值链的治理能力,实现收益的增长,收益的增长促进了人力资本的进一步积累和新比较优势的形成,在此基础上依据新的动态比较优势参与国际分工,形成一个正反馈的循环,如图1-5所示。

由现行产业体系向现代产业体系发展的关键是形成新比较优势。杨小凯等(2003)在批评新古典主流理论的基础上,从专业化和分工的角度拓展了对内生比较优势的分析。他们认为,即使个人没有先天的或者说外生的比较优势,通过参

与分工、提高自己的专业化水平，通过加速个人人力资本的积累，也能获得内生比较优势。但是，一国出口产品的结构变化与该国产品的空间结构有关，一国产品空间的初始结构对该国产品的结构有着重要影响，会影响该国的发展路径（Hidalgo and Klinger, et al., 2007）。新比较优势源于专业化分工的内生比较优势，但是它也受到该国初始结构的影响，更关键的是，为了实现产业的升级转型，专业化必须选择一定的方向。

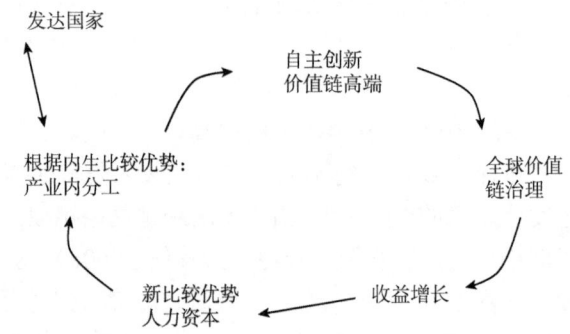

图1-5　基于产业内分工的现代产业体系运行的系统动力学模型

因此，建立现代产业体系必须遵循科学的发展道路，必须在禀赋升级、价值链升级和空间结构优化三个方面取得协调，才可能实现由现行产业体系到现代产业体系的转化。一是升级要素禀赋，改变比较优势的基础。转型升级的基础是比较优势的动态变化，因此，如何建立一个既能充分发挥比较优势，又能不陷入"比较优势陷阱"，还能实现知识的积累、提升要素禀赋等级的产业分工体系，是转型的关键之一。二是在全球价值链中获得价值链的"治理权"。在开放格局下，中国很多产业没有价值链的治理权；而国外的跨国公司充当了"系统的整合者"，甚至通过价值链的区域分割和等级制安排，限制发展中国家的产业沿价值链的学习和产业升级。因此，如何通过知识积累和能力培育，获得更多的产业升级的"话语权"是转型的关键之二。三是通过区域一体化，构建形成现代产业体系的市场基础。目前中国区域间产业同构的现象导致了资源分散和市场分割，难以形成对产业升级有利的环境。区域一体化通过要素流动和市场的统一，为产业升级提供一个良好的资源支持和市场支持，这以区域间产业分工的科学性为基础。因此，如何发挥市场配置资源的决定性作用是转型的关键之三。

发展现代产业体系必须在禀赋升级、创新链和价值链升级以及空间结构优化三个维度实现协同。首先，只有实现禀赋升级、建立新的比较优势，才有可能实现由垂直分工向水平分工的转变；其次，自主创新必须有一定的战略方向，才能实现知识的积累、促进价值链的升级、推动比较优势的演化；最后，只有实现市场的一体化，才能为产业升级提供最大的技术跃进空间。

第四节 创新驱动发展与产业转型升级的评价指标

一、创新驱动产业转型升级的评价指标体系

国际上评价创新驱动经济的绩效主要把全要素生产率（total factor productivity，TFP）增长对经济增长率的贡献率作为指标。一般认为，如果经济增长主要是由技术进步、劳动素质提高、管理创新等因素推动的，就可以称之为创新驱动的经济增长，这种情况下全要素生产率相对较高。但该指标计算复杂，因此在实际工作中通常也用劳动生产率、研究与试验发展经费支出占地区生产总值比重、每百万人发明专利授权数等指标进行评价。

卡内基—梅隆大学的 Florida（2005）从推动一国经济增长的主要动力出发，把世界的经济社会发展分为农业经济时代（A）、工业经济时代（M）、服务经济时代（S）、创新驱动型经济时代（C）四个时期。在 1900 年以前，世界还处于农业经济时代（A），那时的经济以农业为主，工业经济、服务经济和创新驱动型经济还处于萌芽状态；1900～1960 年，工业经济迅速崛起，成为世界的主导经济，而农业经济在经济社会中扮演的角色渐渐不再重要，服务经济和创新驱动型经济在此期间有所发展；1960～1980 年，在世界范围内服务经济超过工业经济成为领头羊，工业经济经过成熟期后，占世界经济的份额开始有所下降，创新驱动型经济则开始进一步发展；1980 年以来，虽然服务经济依然占据主导地位，但是创新驱动型经济增长速度很快，有超过服务经济的趋势。Florida 设计了一套衡量创新驱动型经济发展水平的指标。它由才能指标（talent index）、科技指标（high-tech index）、宽容指标（tolerance index）组成。三者权重各为 1/3。按照他的计算，在世界各国的创新水平排名中，瑞典排名第一，日本排名第二，芬兰排名第三，美国排名第四，中国名列第 36 位。

我国目前对创新驱动产业转型升级的评价指标主要从创新驱动经济发展与产业转型升级两个一级指标进行评价（表 1-1）。

表 1-1 我国目前对创新驱动产业转型升级的评价指标

一级指标	二级指标	三级指标
创新驱动经济发展	创新投入	R&D 经费占 GDP 比重
		风险投资率
	创新主体	每万名劳动力中研发人员数
		高学历人数比例
		产学研联盟数量

续表

一级指标	二级指标	三级指标
创新驱动经济发展	创新过程	每万名研发活动人员科技论文数
		每10万人授权专利数
		技术市场成交额
	创新效果	专利转化率
		科技进步贡献率
		企业新产品产值率
产业转型升级	总量规模	GDP占全国的比重
		人均GDP
		第三产业占GDP比重
	结构转型	高端制造业占GDP比重
		现代服务业占GDP比重
		高新技术产业占GDP比重

二、产业转型升级的指标体系

如何综合界定和定量评价河南省产业转型升级水平，是把握河南省产业结构演进机制特征，进而探索产业结构提质增效路径的关键。产业转型升级是指通过产业间结构关系的动态调整，在社会经济动态增长中实现产业结构合理化、高级化、高效化目标的过程。产业结构合理化、高级化、高效化构成了产业转型升级的三个基点。产业结构高级化以产业结构合理化为基础和前提条件，脱离合理化的高级化只能是一种"虚高级化"。产业结构合理化可以促使产业结构效益不断提高，进而推动产业结构高效化。产业结构合理化主要从静态状况或在一定阶段上要求优化产业结构，产业结构高级化主要从动态趋势上要求优化产业结构。

综上所述，产业转型升级水平的评价是一个系统工程，很难凭单一指标做到全面衡量。近年来供给侧结构性改革也给河南省产业转型升级赋予了新的内涵，对其测度也应包含新内容。依据指标选择的科学性、完整性、独立性和可比性原则，在系统梳理产业转型升级的内涵和外延基础上，从产业结构合理化、高级化、高效化三个方面构建评价指标体系，利用客观赋权法，系统衡量产业转型升级水平。

（一）产业结构合理化指标

产业结构合理化是指各产业内部保持符合产业发展规律和内在联系的比率，产业结构与需求结构、就业结构相适应，实现供给侧与需求侧对接，保证各产业持续、协调发展。根据产业协调和可持续发展的合理化目标，选取如下指标。

1. 产业结构偏离度

产业结构偏离度是指三次产业的增加值比重与相应的就业比重的比值，正值表示产值比重大于就业比重，负值表示就业比重大于产值比重。产业结构偏离度的绝对值越接近于零时，产业结构与就业结构就越协调。由于第一产业比重在现代经济中比较稳定，故选取第二产业和第三产业的结构偏离度作为衡量产业结构合理化的适度指标。

2. 居民人均消费性支出

产业转型升级的主导方向无论是制造业还是服务业，最终价值判断标准只能是能否提高城乡居民人均消费水平和生活水平，故可选取居民人均消费性支出作为衡量产业结构合理化的正向指标。

3. 消费—投资比

进入 21 世纪以来，GDP 核算中河南省消费占总需求的比重不断下降，投资所占比重则相应上升，投资和消费失衡问题日趋严重。考虑到河南省所处的经济新常态的特征，结合国内外发展经验，假设当前阶段国民经济构成中合理的投资与消费比例关系为投资率不应高于 40%，消费率不应低于 60%，即两者比率大概为 1.5。故选取消费—投资比作为衡量产业结构合理化的适度指标。

4. 能源供需比

能源供需比为本区域内各类能源生产总量与各类能源消耗总量的比值，反映地区能源的自给能力和相对消耗水平，以万吨标准煤为单位。该指标值越接近 1，说明能源自给能力和相对消耗水平越协调，故选取能源供需比作为衡量产业结构合理化的适度指标。

（二）产业结构高级化指标

产业结构高级化是指通过技术进步和人力资本增进，使一国产业结构重心由第一产业向第二、第三产业逐次转移，由劳动密集型产业为主向资本和技术密集型产业为主演进，由低附加值产业向高附加值产业演进，最终表现为生产效率的提升和产业竞争力的提高。根据其内涵特征，选取如下指标。

1. 第三产业产值比重

虽然服务业占比增加的动因分为需求拉动、供给推动、分工细化等，因此并不是一个经济体的第三产业比重越高越好,但是从世界经验和中国事实来看,区域经济发达程度、居民生活富裕程度基本与第三产业比重成正比,这也正是配第-克拉克定理的主要内容。并且考虑到受长期计划经济影响,河南省的第三产业比重偏低,在较长时间内提升第三产业比重仍将是必由之路,故选取第三产业产值比重作为衡量产业结构高级化的正向指标。

2. 城镇化率

城镇化率是指城镇常住人口占总人口的比重。在当前阶段,城镇化仍是推动河南省产业转型升级的主要动力和核心枢纽,是提升产业层次质量、提高区域产业竞争力的主要抓手。城镇化率越高,说明从事第二、第三产业的劳动力越多,高附加值产业占比越大,人们生产、生活、居住方式越现代化,产业层次越高级。故选取城镇化率作为衡量产业结构高级化的正向指标。

3. 外贸依存度

外贸依存度是指进出口总额与国民生产总值之比,可以反映一个地区对外贸易活动对该地区经济发展的影响,即外贸依赖程度。从最终需求拉动经济增长的角度来看,该指标还可以反映一个地区的经济外向程度。一般来说,一个经济体的外向型程度越高,越容易吸收外来新进先进技术、管理经验、金融资本,产业结构越高级,故选取外贸依存度作为衡量产业结构高级化的正向指标。

4. 专利申请受理数

技术创新包括生产工艺、制造技能、组织运行效率等方面的革新和改进,是改善产品质量、提升产业结构层次的内生动源。产业演进理论认为,技术创新可以促使产品内智力含量的浓度不断上升,提高产品的附加值,为产业提供超额利润,从而促进产业转型升级。专利申请受理数可以反映一个地区在技术创新方面的资源投入力度和实践效果,可作为技术创新层面上衡量产业结构高级化的正向指标。

5. 教育经费占一般财政预算支出的比重与普通高等学校在校学生数

人力资本水平提升是产业结构高级化的核心驱动力,是产业转型升级的内在表现。人力资本的扩展可以通过改变需求结构、加速技术进步和提高资源配置效率三个方面来提高产业结构的高级化程度。人力资本的外部性在提升整体产业结构效率上也发挥着重要作用。故选择教育经费占一般财政预算支出的比重体现区域人力资本投资力度;选择普通高等学校在校学生数体现短期内可被产业转型升级所利用的人力资本支撑存量。

（三）产业结构高效化指标

产业结构高效化是指通过节能减排和生态环境治理，提高产业资源配置效率，实现产业发展集约化、产业间协调效益最大化和产业比重优化的动态过程。在产业转型升级过程中，因科技创新和要素禀赋变化，生产资源在产业间流动，不断优化配置，最终表现为产能利用率的提升及投入产出效率的提高。根据其内涵特征，选取如下指标。

1. 工业企业总资产贡献率和成本费用利润率

企业生产经营效率或效益的提升是产业结构高效化的主要内容和根本动力。工业企业总资产贡献率和成本费用利润率是从规模以上工业企业的角度考察资产配置效益水平和盈利能力的指标。这些指标值越大，说明工业企业的资产利用效率越高、单位产出的生产成本及费用投入越低、经济效益越高，是产业结构高效化的主要表现。计算方法为

$$总资产贡献率 = \frac{利润总额 + 税金总额 + 利息支出}{平均资产总额} \times 100\%$$

$$成本费用利润率 = \frac{利润总额}{成本费用总额} \times 100\%$$

2. 能源产出率和水资源产出率

在当前资源紧缺、能源价格高涨的背景下，只有节约自然资源使用、提高能源使用效率，才能保障产业转型升级的可持续性。能源产出率为 GDP 与能源消耗总量的比值，可以反映能源总体利用效率的情况。水资源产出率为工农业增加值与工农业用水总量的比值，反映水资源利用效率水平。这些指标值越大，说明单位能源或水资源消耗所能创造的 GDP 越高，即能源利用效率高。故选取能源产出率和水资源产出率作为衡量产业结构高效化的正向指标。

3. 亿元 GDP "三废排放量"

高效的产业结构必定要建立在废气、废水、固体废物不断减少，生态系统自愈能力不断提升，物资能量良性循环的基础上。亿元 GDP "三废排放量" 是每亿元 GDP 所产生的废气、废水排放量及固体废物产生量之和，反映单位 GDP 带来的环境损耗。该指标值越小，说明单位 GDP 带来的环境损耗越低。其中废气排放量为工业废气排放量、二氧化硫排放量、工业粉尘排放量之和，废水排放量为工业废水排放量与生活污水排放量之和，固体废物产生量为工业固体废物产生量。

第五节 创新驱动产业转型升级的机遇与挑战

一、面临机遇

（一）国际上创新驱动转型已成为各国的国家战略

由国际金融危机倒逼的新一轮世界经济结构调整步伐仍在加速，这次结构调整本质上是一场抢占新科技制高点的全球竞赛，并由此催生具有强大发展推动力的战略性新兴产业。其中，发达国家的核心战略是运用高端科技打造核心制造业和相应的服务业，从而巩固和发展竞争优势；发展中国家则力争建立高起点的新兴制造业，以期在未来的全球竞争中占有一席之地。在此背景下，我们要跟上新的技术革命步伐，要以科技创新为先导推进结构调整，以结构调整为目标促进科技创新，实现创新驱动，推进经济转型升级。我们要积极促进需求潜力大、市场前景好、技术含量高、引领作用强的产业形成规模，把一批先导产业培育成新的支柱产业，加快发展金融、物流、信息服务等现代服务业。要着力延伸产业链、提升价值链、培育创新链，突破一批对产业转型升级制约明显的关键环节和核心技术，力争在科技创新上取得领先优势，抢占经济转型升级上的制高点，赢得主动权，实现经济可持续发展。

（二）国内经济发展环境变化

当前我国经济正处于转型发展的关键时刻，支撑经济发展的要素条件正在发生变化，单纯依靠规模扩张推动发展的道路越走越窄，所以应把转向以质量和效益提升为主的发展模式提上日程。这就必须要创新，以科技创新为核心，打造中国经济新的核心竞争力。在中部崛起战略背景下，河南经济在产业结构调整、产业结构升级和资源整合等方面都获得了很大进展，已进入振兴河南的重要时期。河南要从经济大省向经济强省转变，实现经济社会全面协调可持续发展，就必须增强自主创新的能力，从资源依赖型向创新驱动型转变。

（三）国家创新驱动发展战略实施

党的十八大提出要实施创新驱动发展战略，并强调科技创新是提高社会生产力和综合国力的战略支撑。党的十八大以来，我国积极推进科技体制改革，中共中央、国务院专门印发文件，制定了深化科技体制改革、加快国家创新体系建设的"路线图"。自 2012 年我国全社会 R&D 支出首次突破 1 万亿元以来，2017 年研发支出达到 1.76 万亿元，同比增长 17.3%，占 GDP 的 2.15%，超过欧盟 15 国平均 2.1%的水平，研发支出的增长为中国创新增添蓬勃力量。自 2012 年以来我国的专利申请总量和授权专利总量已经连续 5 年位居全球首位，2016 年的专利申请总量更是占全球总量近 40%，超过美国与日本专利申请量的总和。2016 年全国技术合同成交额同比增长 15.97%，首次突破 1 万亿元大关，达到 11 407 亿元。

（四）河南省国家重大战略的实施

河南推进的郑州航空港经济综合实验区、郑洛新自主创新示范区、河南自由贸易区试验区和中原城市群等国家重大战略规划与战略平台，为河南创新驱动转型提供了载体，有助于打造河南经济"升级版"。国家重大战略实施形成了引领河南在一个较长时期内持续健康跨越发展的战略规划体系。粮食生产核心区是整个中原经济区建设的基础性工程，从粮食数量安全、质量安全、生态安全三个层面，需要运用科技支撑高标准粮田建设工程，促进单产增加，稳步提高粮食生产能力。中原经济区建设必须更加注重融合发展，以深度融合推动工业化和城镇化良性互动、城镇化和农业现代化相互协调，逐步实现三化协调四化同步。郑州航空港经济综合实验区是要在全球化背景下，为内陆省份搭建参与国际经济循环的窗口、打造战略突破口。围绕产城融合的现代航空大都市建设模式，郑州航空港将全面推进"米"字形高速铁路网建设，加快郑州铁路一级口岸和中原国际陆港建设，全面启动国际集装箱班列过境中转试点、汽车整车口岸、食品药品口岸、综合保税区、过境免签等申报工作，把郑州航空港打造成中部地区发展的增长极。

二、面临挑战

（一）创新氛围尚未全面形成

创新氛围与创新绩效成正比，但由于受历史文化和教育发展的影响，我省与其他地区相比，创新文化氛围不浓厚，培育和激励创新人才以及支持创新人才脱颖而出的社会环境还没有形成。不少地方和有关工作部门抓经济发展仍着眼于铺摊子、扩规模，没有形成依靠自主创新推动发展的自觉意识和行动。不少企业仍单纯追求数量和速度，缺乏依靠自主创新实现可持续发展的意识和动力。社会也尚未形成鼓励创新、支持创新的意识和氛围，对创新重要性的认识有待提高。

（二）政策体系不健全与制度落实不到位

从整体上看，河南省的创新政策体系还不完善。政策体系结构不够合理，各项相关政策如科技政策与产业政策和投资政策之间没有形成恰当的衔接，甚至存在着不同政策相互矛盾和抵触的现象,深层次的科技与经济结合的机制尚未完善。目前,制度落实不到位也是影响创新驱动战略目标实现的关键因素。虽然国家提出了创新驱动发展战略,但这些制度和政策的落实还有待进一步加强,国家和省内激励科技创新的政策没有全部得到很好落实。有利于培养、吸引、留住人才,支持创新人才脱颖而出的社会环境尚未充分形成。

(三)没有现成可借鉴的模式

河南省作为我国人口大省和农业大省,在实施创新驱动发展战略过程中,有其自身的特点,需要因地制宜,具体谋划。虽然在实施创新渠道发展战略过程中,各地在大的方向即协同创新、自主创新和技术创新等方向上已有过一些理论研究与实践探索,各地的问题也有相似和共通之处,但在具体的发展策略与措施上,并没有现成的模式可供借鉴,也没有创新驱动经济发展战略实现的指标可供参考。

(四)长期积累的结构性矛盾仍然存在

目前,河南经济总量不断扩大与人均 GDP 仅为全国平均水平的 78% 并存;结构不断优化与第三产业比重仅为全国平均水平的 85% 并存;发展质量和效益不断提高与一般公共预算收入占 GDP 的比重仅为全国平均水平的 35% 并存。长期积累的结构性矛盾没有得到根本解决,调整结构、优化配置推动"四个强省"建设的任务十分艰巨。同时,脱贫攻坚任务依然艰巨,河南 38 个国家级贫困县、15 个省级贫困县大多产业体系薄弱,仍守着传统农业"一亩地里打转转"。

第二章 河南省创新驱动产业转型升级载体：产业集聚区创新能力

创新已成为国际经济竞争中的决定性因素，决定着一个国家或地区在未来世界竞争中的命运和前途，是一地经济持续快速发展的根本保证。自 2008 年河南省开始实施产业集聚区建设规划以来，产业集聚区从无到有、从小到大，创新发展越来越快，支撑作用越来越突出，品牌效应越来越彰显，已经成为河南省产业转型升级的突破口、招商引资的主平台、农民转移就业的主渠道、改革创新的示范区、新的经济增长极。实践证明，规划建设产业聚集区符合河南省情，符合工业化、城镇化发展规律，充分体现了产业集聚、人口集中、土地集约的内在要求，对产业转型升级起到了支柱和引导作用。

当前，经济发展进入新常态，市场环境、政策环境发生变化，产业集群、融合创新趋势明显，资源环境、要素支撑约束增强，产业集聚区发展进入了更加注重提高质量、转型升级、创新驱动的新阶段。加快推动产业集聚区提质转型创新发展，有利于抢抓产业转移及新一轮科技革命和产业变革的机遇，加快先进制造业大省建设；有利于推动产业集聚区更大规模、更高水平发展，促进经济稳定增长和结构优化；有利于增强竞争新优势。

第一节 产业集聚区实施创新驱动的意义

产业集聚发展已逐步演变成为一种世界性的经济现象，是现代产业发展的重要特征。产业集聚区之所以能引起人们的高度关注，关键在于它具有较强的持续竞争优势。产业集群竞争力不仅体现在市场占有率上，而且体现在增长速度、生产率、结构转化方面，更体现在创新能力方面。企业在集群内的合作交流、知识共享、人才流动以及政府对高新技术产业集群的积极培育政策，这些都为企业的知识创新提供了良好的平台和强大的动力。在产业的成长过程中，创新活动影响着产业的市场结构与技术结构的演进。产业集聚区的一个最主要的优势便是其创新的效应，产业集聚区实际上就是一个特殊的创新系统。在产业集聚区中创新的思想可以得到孵化，同业者合作更为方便，规模经济效益将会增大，风险将会减少，它具有的群体竞争优势和集聚发展的规模效益是其他形式无法比拟的。产业集聚区中的大小企业比邻密集，产生了令人难以想象的综合集聚效应，它们相互之间进行频繁的交流、沟通，发生思想和观念的碰撞，产生了新的智慧火花和创意。创新是产业集群的未来，是产业集群升级的动力，产业集群在创新中前行。创新是产业集群竞争力的一个重要来源，产业集群的创新能力始终是支撑产业集群持续发展的决定力量。研究产业集群科技创新及其途径，促进产业集聚区的创新速度和创新水平的提高，增强产业集聚区的竞争能力，对促进区域经济的发展具有重要的意义。

第二节 产业集聚区实施创新驱动的理论解析

一、产业集聚与产业集聚区的内涵

（一）产业集聚的概念与内涵

古典经济学对产业集聚动因的研究主要集中于分工（斯密，1776），这成为现代产业集聚成因理论的基础。Young（1928）对斯密直观朴素的分工思想进行了重新阐述，并突破了斯密的分工受限于市场范围的观点，第一次严格论证了市场范围、迂回生产和企业间分工的动态正反馈机制。马歇尔（1920）继承了斯密分工理论和报酬递增现实在产业发展中的作用，提出了外部经济理论，认为产业集群形成的原因在于社会层面的规模报酬递增带来的外部经济，即创造出熟练劳动力市场、专业化服务性中间行业和技术外溢，并且改进铁路交通和其他基础设施所带来的报酬递增是导致产业在特定空间集聚的动因。

新经济地理学在不完全竞争、规模报酬递增、差异产品、生产要素可以自由流动等假定条件之下，认为当企业和劳动力集聚在一起以获得更高的要素回报时，存在本地化的规模报酬递增，具有规模报酬递增的工业生产活动的空间格局演化，最终结果将会是产业集聚，产业集聚的动力在于规模经济、运输成本、市场规模以及关联效应和外部效应所带来的收益（Krueger，1978；Fujita，Krugman and Venables，1999）。

另外，还有大量产业经济学家或空间经济学家对产业集聚进行研究，包括意大利学者别卡提尼提出"新产业区"，工业区位理论的创立者阿尔弗雷德·韦伯从工业区位理论角度解释产业集聚现象，迈克尔·波特从竞争角度来研究产业集聚的成因，等等。

与国外比较系统的产业集聚理论相比较，我国对于产业集聚的研究起步较晚，主要是借鉴和运用国外已有的产业集聚理论来分析我国现有的产业集聚发展状况。李小建（1997）、王缉慈（2010）等对中国产业集群的理论进行了探索，认为产业集聚是指同一产业在某个特定地理区域内高度集中，产业资本要素在空间范围内不断汇聚的一个过程,产业空间集聚能够实现企业的报酬递增。

产业集聚的类型主要包括:一是指向性集聚。这是为充分利用地区的某种优势而形成的产业(企业)群体。通常是在拥有大量廉价劳动力的地区、原材料集中地、市场集中区或交通枢纽节点。这些区位优势因素作为某种重要指向,吸引形成了产业(企业)集聚体。二是经济联系集聚。这种集聚的目的在于加强地区内企业之间的经济联系,为企业发展创造更有利的外部条件。它又分为两种类型:一种是纵向经济联系而形成的集聚。纵向经济联系是指一个企业的投入是另一个企业的产出,这是种投入产出关联关系。另一种是横向经济联系形成的产业集聚。横向经济联系是指那些围绕着地区主导产业与部门形成的产业集群体之间的关系。

(二)产业集聚区的概念与内涵

产业集聚区是在某个特定区域内以一个主导产业为核心,大量产业联系密切的企业及相关支撑机构(包括供应商、生产商、顾客、地方政府、中介组织、知识生产机构等)在空间上集聚,依靠比较稳定的分工协作和纵横交错的网络关系形成有利于产业组织协调的空间集聚体,是一种新的空间经济组织形式。

产业集聚区是要通过集聚实现"企业(项目)集中布局、产业集群发展、资源集约利用、功能集合构建"四个要素的有机融合,其中,空间集聚是表现形式,关联性是核心特征,集约化发展以及生产生活服务社会化是本质要求。正确理解和把握产业集聚区的科学内涵,必须把握好以下几个关键点。

1. 产业集聚区要突出"关联"

产业集聚区与传统工业园区、开发区的根本区别就在于区内企业的关联,这也就是说产业集聚区不是企业和产业简单的集中。传统工业园区、开发区只是要求企业在空间上的集聚,解决了企业的集中发展问题,没有注重入区企业的关联性,受此限制,传统的工业园区、开发区很难形成产业集群。而产业集聚区则有指定的特色主导产业,既要求企业在空间上的集聚,又要求这些企业具有产业关联性,区内还要有相关的支撑企业、机构,它们以较完善的组织方式在一定空间范围内的柔性集聚,才能成为"有机组合的产业集群"。

2. 产业集聚区要推进"集中"

改革开放以后,我国发展商品经济、乡镇企业,确实取得了举世瞩目的成绩,但也走了不少弯路,其中一个很大的问题是生产力没有很好地集约化布局,企业布局无序散乱,既没有按照一定的关联性把企业集聚在一起,也没有把产业的发展和城市的发展有机融合起来。河南省作为后发地区,在规划上坚持科学化、全局化,留足充分的配套空间满足未来工业集中发展需求,明确项目分布的功能区,为不同规模、不同类型的项目提供相对集中的适宜场所；全力推进基础设施建设，为投资者营造一个良好的发展环境，充分发挥基础设施对项目投资的承载作用；从单纯引进企业、引进项目向形成产业链、做大做强产业转变，要按照科学发展和增强竞争力的要求，避免走一些发达地区走过的弯路，通过产业集聚区建设，统筹考虑区域产业结构和产业布局，促进优势产业、关联企业和相关保障要素集约建设，以实现生产力的集中布局，促进资源的集约利用、污染物和废弃物的集中治理与综合利用，降低经营成本，增强竞争力。

3. 产业集聚区要"集约发展"

"集中"和"集约"不是一个概念，"集中"起来并不一定"集约"。"集约"就是通过技术进步和改善管理，提高生产要素的质量和效益来实现经济增长。它要求在人力资源利用上不断提高劳动生产率，不断提高科学技术在经济增长中的作用；在物质资源利用上不断降低物耗水平，不断降低产品成本；在财力资源利用上不断提高投资收益率和资金使用效果。也就是说，通过科学合理地布局生产力，用最小的资源产生最大的效益，用同样的资源代价、资本代价来产生最大的效益、最大的产出。在生产要素组合方式上，与粗放式模式相比，集约化发展最主要的特点是要素组合的集结、协调和优化，粗放式组合是"外延扩张"，集约化组合则是以提高效率和效益为要求的"内涵增长"。目前，河南资源环境约束矛盾日益突出，在建设产业集聚区的过程中，必须通过加大投资力度、节约土地资源、发展循环经济，来实现土地、资金、人才、信息、装备和服务设施的集约高效利用，以较少投入获得最大产出，通过降低成本提高效率，增强竞争力。因此，产业集聚区建设一定要体现发展方式的转变，真正体现"节约、循环、复合、紧凑"理念，实现集约化发展。

4. 产业集聚区要"功能集合"

一要体现"产城一体"，要依托城镇发展产业，依托产业兴建城市，完善城市功能，促进产业发展。"产城一体"指的是产业集聚区的产业功能要与城市功能融合起来，充分利用城市的集聚功能和城镇化的经济效应，以获事半功倍之成效。产业的发展要与城市发展相互依托、相互促进，以产业的集聚发展实现人口的集中，为城市化提供基础支持，又以城市的服务功能为产业发展、人口集中创造条件。二要推动企业生产生活服务的社会化。在企业内部功能上，可以通过社会化把企业自身独立承担的事情分离出去。例如，原材料和零配件供应、仓储物流、职工公寓、食堂餐厅、职工培训等都可以通过市场第三方服务、社会化运作。在企业外部条件上，可以把科技创新、金融、环保、供排水等外部服务功能统一起来为多个企业服务。

二、产业集聚区实施创新驱动的优势

(一)产业集聚区的集聚效应为企业提供了地理环境上的便利

在产业集聚区内部集结了大量的从事相同业务的企业和机构,具有相同实践的人们在地理上的接近导致了知识在正式和非正式交流中的扩散。地方区域内的知识、信息流动比远距离的流动要容易得多。企业的空间集中提高了竞争强度,同行竞争更趋激烈,迫使企业不断创新和降低成本,形成了集群的竞争协同性。产业集群是具有自身优势循环累积特性的经济系统,有极强的自组织、自适应、自增强的性质。随着企业集聚度的上升,集群的竞争优势渐趋明显,形成"磁吸效应",大量企业在集群区自动集聚,相关的服务体系和基础设施也随之不断完善,集群优势进一步增强。集群内的企业尽管存在创新的相互依赖,但逐利是企业的本性,因此企业之间也存在竞争,而且这种竞争遍存于集群的各个角落。竞争使企业始终保持足够的动力和高度的警觉性与灵敏性,并依靠协作伙伴关系在竞争中发展壮大。

(二)产业集聚区具有明显的人才资源优势

高新技术企业中的工程师和技术人员的工作变动会产生知识的溢出。劳动力市场的共享使人才在集聚的企业间流动,人才的高流动必然形成信息的高流动,客观上增加了不同企业人员间的信息、技术、经验交流的机会。这样,集聚的企业有比孤立的厂商更好的知识溢出渠道,从而容易获得更多的技术信息、市场信息等。这种群体优势是集聚区以外处于单打独斗状态的企业享受不到的。

(三)产业集聚区能够为企业提供一种良好的创新氛围

集群是培育企业学习与创新能力的温床。企业彼此接近,会受到竞争的隐形压力,迫使企业不断进行技术创新和组织管理创新。技术创新是由市场的需要引起的,企业通过组合各种创新资源,运用科学的方法与手段创造出新产品、新工艺,并进行生产,最终进行商业化,当它商业化成功、企业取得利益时,这项技术创新才算成功。在产业集群中,比邻而居的企业之间由于频繁的交往和经常性的合作,产生了面对面观察与学习的机会,一项技术创新很容易为其他企业所发现,其他企业通过对此项技术创新的消化、吸收与模仿,在此基础之上进行技术改良,又导致渐进性的技术创新不断发生。另外,在产业集群中各行动主体因地域的接近、交往的频繁、亲友的情缘等因素形成与积累了丰厚的社会资本,减少了学习与交流的费用。这一切导致了"集群中飘荡着行业秘密的空气"(马歇尔,1890),集群中技术溢出效应更强。产业集群的生命力就是持续创新。一些具有强大技术创新能力的产业集群都是以科技创新系统为基础的,世界上很多成功的产业集群都是借助于集群与技术创新的互动而发展起来的。产业集群为企业创新提供了很好的"栖息地",有力地促进了产业技术创新能力的提高。产业集群作为新经济形式下一种极具活力的产业组织形式,在技术创新方面具有创新所需的组织架构、产业文化基础、知识积累和扩散的内在机制,产业集群为创新领域的构建提供了现实的基础。

(四)产业集聚区有助于企业建立技术创新的支持网络

产业集群的技术创新网络是指在一定的地域范围内,构成产业集群的各个行为主体(企业、高校、研究机构、政府管理机构、金融机构等)在交互作用与协同创新过程中,彼此建立的各种相对稳定的、能够促进技术创新的正式或非正式关系的总和。产业集群内的企业、相关机构(政府、高校、研究机构以及中介机构)以及各种创新的思想和设计构成创新网络的节点,交流尤其是面对面的交流使各个节点联结成网或类网,并在交流中产生"网"中新的节点。交流越频繁,则节点越多,节点密度越大,交流的机会也就越多、越频繁,创新的机会就越多,创新的能力也就越强。产业集群的技术创新网络反映了集群中创新行为主体之间的关系,通过横向、纵向的联结,信息、技术、资源在网络内部不断流动和优化配置,从而促进了集群中企业的技术创新行为。企业不仅要与产业集群内的同类企业之间形成一种网络关系,更重要的是还要与非同类企业之间也结成一定的网络关系。产业的区域集聚就为形成创新的产业网络奠定了基础。在产业集群内,高校和研究机构作为知识与技术的源头以及专业人才的有效供给者,不仅可创造新知识与新技术,还可通过教育、培训以及成果转化等方式,有效地促进产业集群中知识、信息、技术等的扩散,保障创新人才的有效供给,为企业创新的实现提供智力和人才支持。政府对企业技术创新提供公共服务,中介机构为企业技术创新及时地传递科技信息、市场需求信息,金融机构为企业技术创新提供资金支持以及分担创新风险等。这些都会使产业集群内的企业技术创新较容易进行。正是通过五大行动主体的共同行动,产业集群内比较容易实现企业的技术创新,产业集群是企业技术创新的良好平台和有效温床。产业集群创新网络的各个行为主体(企业、高校和科研机构、中介结构、政府、金融机构)在网络中协同作用而创新,并融入到产业集群技术创新环境中,便组成了产业集群的技术创新系统。

三、产业集聚区创新平台建设

(一)产业集聚区创新平台建设的必要性

产业集聚区创新平台是市场与政府之间相互补充、相得益彰的通道,是促进科技与经济相互结合的广阔平台,它在科技管理服务中具有承上启下的作用,是各类创新主体的黏合剂和创新活动的催化剂。

1. 对完善和优化创新系统的结构和功能具有重要作用

科技知识的循环流转及应用是国家创新体系的核心,国家创新体系强调技术和信息在社会、企业与机构之间的流动,科技创新和发展是该系统中的各个部分复杂运行的结果。创新体系中每个角色都具有特定的作用和不可替代性,系统的高效运转有赖于各个构成因素的协调互动。但在我国政府与社会之间出现了一个"断层",它制约着政府和各类创新主体之间的良性互动,也降低了各种创新资源整合的效率。

市场经济体制的运行迫切需要建立一种机构来填补这一"断层",创新平台弥补了这一缺憾,它通过自身服务使我国的技术创新体系形成"政府+创新平台"的科技主体(科技企业和科研机构等)的最佳结构,从而促进国家创新体系运行效率的提高。所以完善的创新平台服务体系是提升我国创新体系的基础。

2. 提高政府科技管理效率的前提

随着我国行政体制改革的深入,科技管理部门必须理顺其职能,把工作重点放在关系国计民生的重大科学技术问题的研究和规范市场行为等宏观公共事务的管理上,而对于能够通过市场机制解决的大量事务性问题和微观管理协调职能,应交给更为专业的科技中介来承担,使科技管理真正达到宏观管好、微观搞活的良性循环。因此,如果没有实力雄厚的科技中介承接这些从政府中转移出来的管理职能,政府的职能转变就不可能达到预期的效果,于是科技中介的规模和发展水平就直接关系到政府职能转变的进程。所以,建立以我国产业集聚区创新平台为主体的科技中介服务体系就显得尤为迫切。

3. 发挥市场对科技要素资源的决定性配置作用

创新平台服务体系既是政府与市场的中介,也是各类科技资源的中介。它能按照市场运作机制和规律,实现科技要素的优化配置,并通过提供综合服务,发挥纽带、桥梁作用,促进科技成果转移、转化,实现科技成果商品化、科学技术产业化和科技产业集聚化,具有其他任何社会组织都难以替代的重要功能。

4. 提供专业化、社会化服务,优化科技创新环境

提供专业化、社会化的服务是创新平台服务体系的基本功能,服务的方式有软、硬两种:软性服务主要包括信息服务、咨询服务、策划服务、营销服务等;硬性服务主要指专业化的技术服务,如提供中间试验、产品设计、性能检测、高新技术企业孵化等。通过这些服务,创新平台为产业集聚区内科技产业的结构调整和发展创造了良好的环境。

综上所述,产业集聚区创新平台服务体系服务于科技活动的各个环节,实现

了科技活动的良性循环。尤其在日益以技术为驱动力的市场经济中，高效率的创新平台体系能大大活跃企业的技术创新，提升科技产业集聚区的凝聚力和实力，提高整个国家的竞争力。

（二）创新平台的概念与内涵

"平台"本是指通常高于附近区域的平面。平台作为一个工程概念，其出现最早可追溯到 20 世纪初亨利·福特的《Modern Man》一书，书中详细阐述了组成期初的各子系统，探讨了为提高汽车的舒适性和易使用性在公司内外出现的技术，其中就用到了平台的概念。随着信息时代的到来，"平台"一词有了更广泛的含义，泛指人们进行交流、交易、学习的具有很强互动性质的舞台，如信息平台、建筑平台等。

理论界至今对"创新平台"没有统一明确的定义。美国竞争力委员会 1999 年在《走向全球：美国创新新形势》的研究报告中指出：创新平台的内涵主要是指创新的基础设施以及创新过程中不可或缺的要素。有人认为从事创新活动的场所可称之为创新平台。根据我国情况，创新平台可定义为由政府或某一组织牵头，通过政策支撑、投入引导，汇集具有科技关联性的多主体创新要素，形成一定规模的投资额度与条件设施，便于开展关系到科技重大突破、长远发展、国家经济稳定需要的创新活动，以支撑行业和区域自主创新与科技进步的集成系统。

创新平台应该在承担部分研发任务的基础上，为其他主体的技术研发与创新提供服务支撑，而且应更好地体现其服务的特质。创新平台的服务对象不仅包括行业、企业，任何利用创新资源的相关主体都可以成为创新平台的服务对象与受益者，如政府部门、中介机构、高校，甚至是具有技术、产品创新服务需求的个人。

综合多种有代表性的说法，创新平台作为市场中介体系的重要组成部分，应该是联系科技与经济的纽带，它以各类科技中介机构为主体，面向企业技术进步，特别是科技企业的创新、创业活动，提供信息交流、决策咨询、科技资源配置、技术服务及科技签证等一系列专业化服务，以促进政府、各类创新主体与市场之间的知识流动、技术转移，从而达到降低创新成本、化解风险、加快科技成果转化、提升科技产业实力、提高整体创新功效等目的。

参考科技中介的划分标准可以将创新平台归为以下类型。

（1）根据在社会经济中发挥的作用分为科技产业的行业协会、科技咨询机构、技术产权交易机构、生产力促进中心和创业中心等孵化器、技术金融机构、科技成果确认机构、市场行为的监督机构等。

（2）根据在科技成果转化转移过程中的作用分为孵化器型、交易平台型、转移代理型、技术扩散型。

（3）根据组织主要活动性质以及活动的主体分为狭义创新平台（包括生产力

促进中心、创业服务中心、科技情报信息中心、科技咨询机构、技术市场等机构）、广义创新平台（包括提供实现技术创新所必需的咨询、信息、评估、监督、会计、审计、法律、人员培训、决策支持、融资投资等组织）。

（4）根据创办主体性质的不同分为国家资助设立的创新平台、高校和研究机构创办的创新平台、各种协会设立的创新平台、民间独立的创新平台、商业化的创新平台等。

由以上分类可以看出，创新平台是一个庞大的服务体系，因此，就定性研究而言，自然要囊括各种类型的创新平台，即从系统科学的角度出发，把创新平台定位于战略通道和系统平台的高度，来揭示整个科技中介体系与产业集聚的互动关系。

从创新平台的内涵可以看出，虽然它属于现代服务业及市场中介体系的组成部分，但它的层次高于一般的市场中介。因为它处于沟通科技和经济两个领域的特殊地位，它的发展反映了两个领域的要求，所以，完善的创新平台体系应具有以下特征：

（1）体制独立化。在国外，活跃在市场上的大都是具有独立法人资格的科技中介，而国内，科技中介机构一般依附于行政部门，缺乏市场竞争意识。因此，随着科技体制改革的深化，产业集聚区创新平台只有脱离政府部门，建立起现代企业制度和法人治理结构，按照市场经济规律运作，才能保证其服务的公正性和有效性。

（2）功能社会化。创新平台服务应立足于产业集聚区、面向全社会，提供全方位的科技服务，服务过程中应更多地从市场角度和企业需求出发，做到更真实、更客观、更简捷、更高效、更贴近市场。

（3）体系专业化。创新平台体系专业化包括服务专业化和机构专业化两个方面。从事创新平台服务的机构应获得国家专业资格认证，其从业人员也应具备上岗资格，拥有丰富的专业知识和经验；同时，创新平台应以规范化的程序和方法提供服务。

（4）服务产业化。作为现代服务业的组成部分，我国的科技中介发展相对落后，因此要加快建立完善的行业体系框架、行业自律机制和组织管理体系，形成一定的产业规模，形成适应市场要求的配套服务体系，建成真正能支持产业集聚发展的平台和通道。

（5）组织网络化。我国目前的创新平台机构数量不少，但单个机构的规模不大，彼此间缺乏沟通，对市场反应迟缓，极易丧失发展时机。因此必须加强各环节、各机构间的联系，加快创新平台的网络化建设，以实现信息和资源共享，从而提供快捷、高效、一体化的服务。

（6）市场国际化。我国各行业各领域都要实现与世界接轨，科技中介必然会遭遇到更多的挑战，在这种情况下，产业集聚区创新平台寻找合作伙伴，加强行业间交流,参与国际竞争与合作,开拓国际业务将成为我国发展过程中的必由之路。

(7)高风险高收益性。科技产业的发展具有风险性,为科技产业提供服务的创新平台也相应地面临着高风险。但是高风险总与高收益相伴,因此在创新平台运作过程中,应该结合这种特点采取有效的监控、预防措施,将风险控制在最低水平。

(三)产业集聚区创新平台类型

产业集聚区创新平台包括三个类型:工程实验共享平台、科技公共服务创新平台、产业共性技术创新平台。

1. 工程实验共享平台

工程实验共享平台是指建在高校、科研院所,依托现有的研发平台,开展创新性基础研究和应用基础研究,获取创新成果和自主知识产权的研发中心。在现阶段,依靠单个的高校或科研院所的力量来独力进行共性技术的研发,实力还是比较单薄的,但是联合高校和科研院所各方力量,高效整合各方技术资源,形成优势互补则是产业共性技术创新平台建设的有效形式。

在基础研究方面,研究型高校和大型科研所是最重要的研究主体。在研究型高校参加的共性技术开发平台中,高校研究能针对企业所需,将产业技术与科学研究相结合,有利于企业更好地利用研究成果。具有很高学术声誉和造诣的高校研究人员能够吸引产业界相当多的资金,同时产业界也很少限制高校对技术成果的公开发表,这有利于新技术的快速传播和扩散。作为另一个重要研究主体,科研院所具有较强的研究能力且具有长期从事共性技术研究和技术扩散的经验。工程实验共享平台将高校和科研院所很好地链接在一起从事基础研究。

2. 科技公共服务创新平台

科技公共服务创新平台是产业创新服务平台,建在产业集聚区,由高校、科研院所与企业共建。科技公共服务创新平台具有基础性、开放性和公益性特征,是向社会提供科技资源共享服务、公共技术服务、创新创业服务的科技基础设施,它以科技资源集成开发和共建共享为目标,通过整合、集成、优化科技资源,完善相关基础条件建设,提升公共技术服务能力,为高技术研究、产业技术创新、科技创新创业和社会可持续发展提供支撑。包括各种形式的产业孵化基地、科技创业中心、实训基地知识产权公共服务平台、投融资公共服务平台、科技咨询服务平台、成果转化服务平台和质量检测中心等。

科技公共服务创新平台是专门针对中小企业科技创新的综合服务平台,支持科技成果中试和产业化,推进技术检验和检测工作。大量的中小企业借助共享创新服务平台的优势,避免了单个中小企业难以与科研院所建立稳定合作关系的难题,使中小企业得到了与大企业不相上下的信息服务,增强了其市场竞争的能力。

目前，国内科技公共服务创新平台的运行模式主要有虚拟组织和实体组织两种，其中虚拟组织主要是指两个以上的独立实体为了一个共同的利益目标，在一定时间内结成的动态联盟，它不具有法人资格，没有固定的组织层次，是一种开放的组织结构。相对于技术创新的公共服务创新平台需求而言，这种模式易因公共利益和私人利益的冲突而贻误服务功能。在河南省产业集聚区创新平台这种以政府为主导建立的创新平台中选择实体型运行模式。在建设投入前，市场机制作用发挥尚不充分、企业创新主体还没有完全到位的条件下，通过政府的大力支持，搭建平台的基本框架，一旦平台基本成型，政府可以担负起引导的作用。

3. 产业共性技术创新平台

产业共性技术创新平台是指在产业集聚区内，由企业、高校、科研院所与管委会共建，为突破产业集聚区主导产业关键共性技术、提升产业核心竞争力、加速创新成果转化而搭建的产业创新服务平台，是工程化基础研究部分在产业集聚区内的延伸。

在产业共性技术管理委员会下要设立中心实验室，其成员为来自产业共性技术创新平台的成员单位的技术负责人和专家，下属的项目小组可以由各联盟成员抽调人员组成，管委会成员也可直接进入中心实验室工作，同时高校、科研院所以及各成员企业的 R&D 机构也应承担一定的研究项目以充分利用各成员的科研资源，对于各成员都不擅长的领域可以以合同形式外包给外部科研机构进行研究。中心实验室作为产业共性技术联盟的中心节点和指导小组，将分散的研发团队联结起来保证项目团队与共性技术平台的决策层的信息沟通，同时负责整个项目实施的进程控制和管理，并协调各个研发团队之间的任务职责和利益冲突。

通过这种方式来组织共性技术的研发，产业共性技术创新平台便会具有较强的创新优势，通过不同项目小组的交流与合作，容易产生全新的理念，包括工艺创新、产品创新、组织创新等多方面的内容。这种组织形式既保证各个模块的独立性和创造性，也保障整个研发项目的整体性和协同性。中心实验室将相关的研发成员集中在一起，不但可以大大提高研究开发的效率，而且有利于知识的沟通和交流，尤其是经验类知识的共享和扩散，从而推动产业共性技术创新平台的创新能力的提高。

第三节 产业集聚区创新的系统动力学作用机制

一、产业集聚区创新"流"的系统动力学分析

系统动力学极力从系统内部的微观结构入手，以系统内部结构、参数及总体功能为基础，注重系统的动态变化与因果影响，分析并把握系统特性与行为。与传统

分析方法将研究对象分成独立的部分不同，系统思维着重考察作为系统一个组成部分的研究对象如何与系统其他组成部分相互作用。用系统动力学的角度分析产业集聚，可以更全面地把握产业集聚过程中的诸多影响因素，以及因素间的作用关系。

产业集群与外界时刻进行着物质、能力和信息交换，其功能不仅受外界环境的影响，而且在很大程度上取决于过去的行为和决策，具有典型的信息反馈结构。按照系统动力学的核心思想，产业集聚效应的发挥依靠集群系统内部"流"的循环作用，形成连接关键变量和其他变量的反馈回路，进而呈现出相互联系、相互制约的系统结构。在产业集聚运行过程中，人才流、技术流和资金流起着决定性作用。

（1）人才流。企业对专业人才的需求巨大，高校和科研院所等研究机构则为人员培训提供了多种渠道，能够满足专业培训和信息等需要，提高了人力资源素质和企业创新能力，进而有利于提升产业集群的竞争优势和吸引力，并增加新产业出现的可能性。产业集聚区创新人才流的动力学机制如图2-1所示，正关系表明某变量增加会引起相关联的另一变量增加，负关系相反，分别用带"＋""－"号的箭头表示。

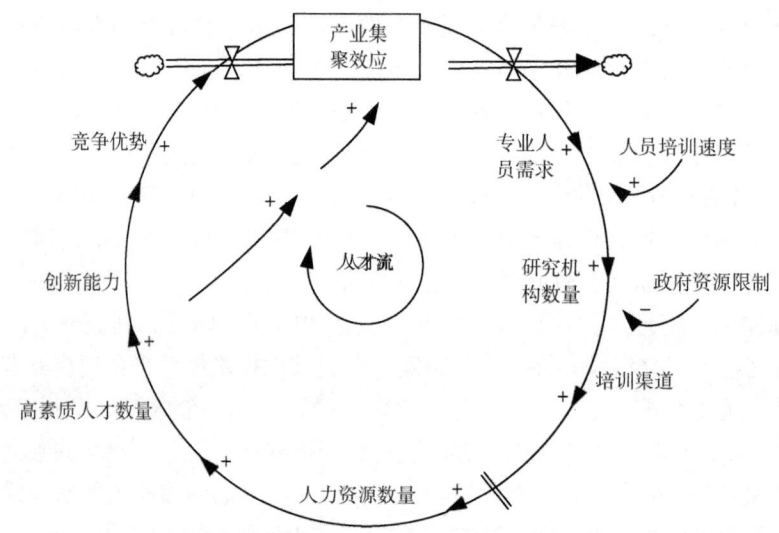

图2-1　产业集聚区创新人才流的动力学机制

（2）技术流。技术溢出和科研机构的技术创新能产生丰富的知识资源，企业技术水平的提升有助于增强企业竞争力和盈利能力，从而增加企业合作机会和扩大生产范围，带来集聚效应（图2-2）。

（3）资金流。在产业集群的资金流循环过程中，健全的基础设施、完备的制度和法律所形成的投资环境将增加投资吸引力，这不仅有利于提高企业的生产能力，而且提高了信用等级和偿还能力，使企业能够相对容易地获得银行贷款。越来越多的可利用资金提高了企业创新能力，为企业带来竞争优势的同时增加了新产业机会，形成集聚效应的正反馈回路。投资成本限制着投资欲望，除资金以外的其他资源的短缺制约着生产能力，同时过高的负债率带来财务风险，影响着企业再投资（图2-3）。

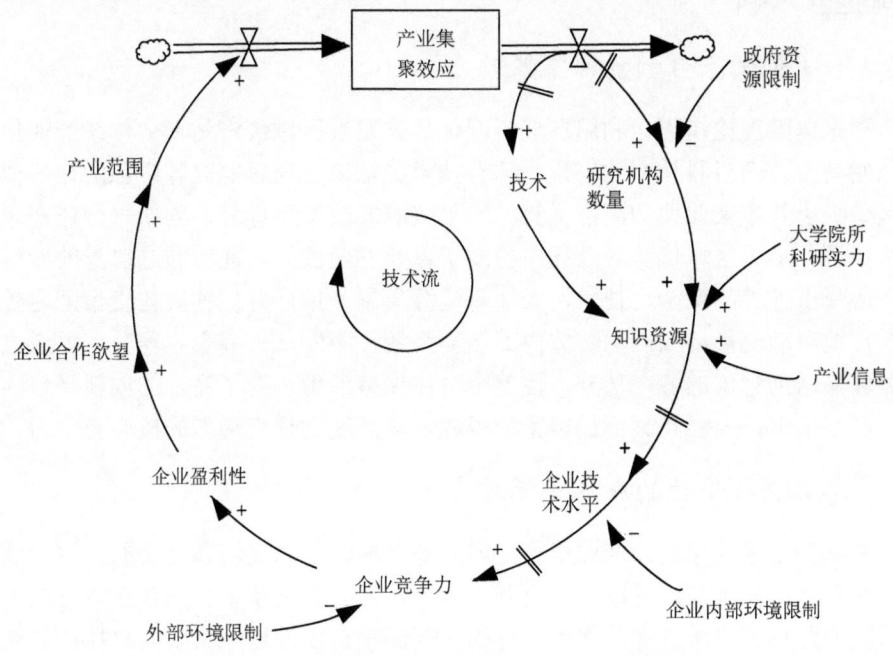

图 2-2　产业集聚区创新技术流的动力学机制

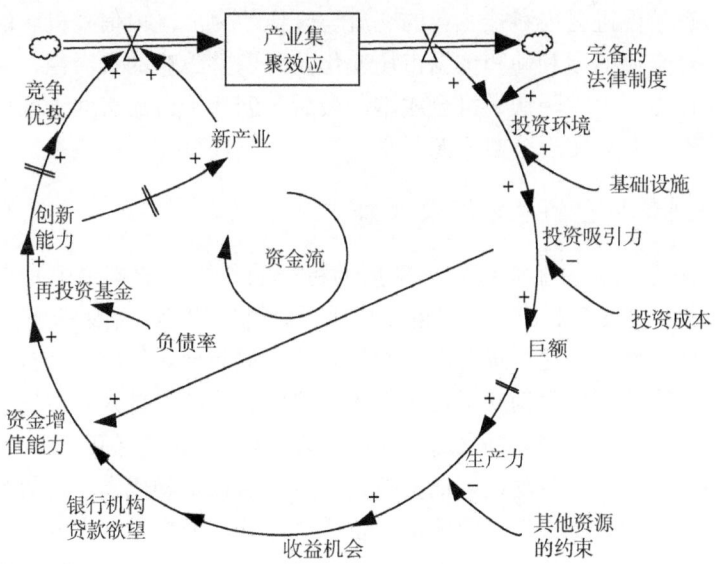

图 2-3　产业集聚区创新资金流的动力学机制

二、创新平台的效力

创新平台的效力包括资源集聚、成本降低、人才汇聚、网络构建、创新引导、"政府之手"六个方面。

(一) 创新平台的资源集聚效力

要素禀赋理论指出,利用自然资源优势来发展区域经济是形成传统产业集聚的原始动力。而对科技产业来说,拥有技术、知识、信息等高等资源的地区似乎更具备吸引其集聚此地的区位优势。除了政府的政策引导外,创新平台还在聚集高等资源、形成区域优势的过程中扮演了重要的角色。它能够通过自身的专业化服务,吸引外界的资金、技术、人才等资源集聚一地,并促使其在集聚区内外自由合理地流动交换,如同生物体内的循环系统,不断从外界吸收养分,再通过血液循环输送到身体的各个部分,使整个机体保持活力。有了完善的创新平台的协助,产业集聚区内会集聚更加丰富的资源,从而使之拥有动态的核心竞争力。

(二) 创新平台的成本降低效力

交易费用理论指出,产业集聚能够降低运输、信息交流和交易的费用,从而降低企业运作成本和产品成本,提升竞争力,那么,创新平台的存在将有助于强化科技产业集聚成本方面的优势。首先,创新平台使地理上集中的科技产业充分享受信息成本、搜寻成本以及合约谈判和执行成本等大大降低的好处。其次,创新平台能够有效促进区内科技企业的交流与合作,促成区内信誉机制的建立,增强企业间信息交流的便利性和依据市场变化及时调整战略的灵活性,从而产生一种空间上的拉力,大大降低了机会成本。最后,创新平台还有助于区域软、硬环境的培育建设,有效实现公共资源共享,减少重复投资造成的浪费。

(三) 创新平台的人才汇聚效力

人才资源在以脑力驱动或知识密集为特征的科技产业集聚中具有突出的作用,这也是许多科技企业选择在靠近高校或科研机构的地区集聚的原因;反过来,随着产业集聚程度的深化,也会吸引大量人才聚集此地,形成一个特定的"人才市场"或"蓄水池"作为创新平台服务体系组成部分的科技人才市场。它的形成一方面能迅速满足科技产业集聚对人才的需求,减少企业搜寻和招聘人才的成本;另一方面能促进人才的流动,降低科技人才流动的风险和成本,有效解决区内科技人才"流动"与"流失"之间两难的矛盾。此外,创新平台本身作为吸引人才留区创业的支持条件,将为科技人才提供优越的创业环境,为其搭建发挥才干的舞台。

（四）创新平台的网络构建效力

新制度经济学认为，经济行为是根植于网络与制度之中的。产业集聚就是这样一个建立在区域企业间（上下游关系、互补合作关系、竞争关系的企业），以及企业与科研机构、服务机构、行政机构等组织之间的开放的、创新的、动态的区域网络系统。创新平台作为这些网络节点之间的连线，利用专业化服务，为网络中信息、技术、人才、资金等要素的流通铺设了诸多管道，使区内不同的行为主体采取合作的运作方式，在相互作用、相互激发中，取得"整体大于局部之和"的效果。通过创新平台的"穿针引线"，产业集聚区内形成的科技网络系统拥有了比市场稳定、比等级组织灵活的关系，大量的机构与资源交融在一起，达到了资源与信息的互补，激活了环境，增加了创新能力，减少了不确定性，稳定了产业集聚的周边环境。

（五）创新平台的创新引导效力

创新平台作为区域创新系统的重要组成部分，引导科技产业向特定的地理区域集聚，不仅能通过合理配置科技资源来提高生产力，而且能促进企业之间在知识、技术、信息、经验和诀窍方面的交流，使"技术溢出效应"得到强化。创新平台利用各种方式加强区内企业间正式或非正式的交流，加快新技术、新思想的传播，使区内的技术创新具有极强的传导性，从而推动整个产业集聚区域创新水平的提升。

（六）创新平台的"政府之手"效力

对于市场经济不发达的我国而言，政府一定程度的干预对促进产业集聚、增强产业竞争优势具有积极作用。但是面对"政府失灵"与"市场失灵"并存的尴尬局面，面对与国际接轨的要求，政府直接干预似乎显得不合时宜，作为政府职能转变有力助手的创新平台，能够结合政府意向和市场需要，向区内企业提供融资、信息收集与传输、技术扩散与转移、咨询等服务，还可出面融资兴建区内的科技、信息等基础设施。这样既代表政府为区内企业创造了良好的科技环境，又避免了政府在特定时期的尴尬境地，还利用了自身的服务优势，为产业集聚的发展提供了科技支撑平台。因此，创新平台可以称得上是政府推动科技产业集聚发展的"左膀右臂"。

三、产业集聚区集聚创新的路径

（一）资源共享

在产业集聚区内,各企业之间以及高技术产业内各行业之间形成了共生关系,在这种关系的形成过程中,资源共享是驱动其形成的重要机制。高技术企业通过集聚到一起,能够共享各种有形资源和无形资源,因而倾向于地域上的集中,通常以产业园区的形式集聚在一起。它们共享园区内提供的公共设施,如交通设施、医疗保健、教育培训、邮电通信、文化娱乐等,同时还能享受政府的补贴和帮助,享受产业政策、税收优惠等。同时,由于高技术企业之间的共生关系,大量的科技、广告、法律、金融等中介机构也会入驻到产业园区,为高技术产业的集聚提供更好的发展空间和资源。

除此之外,产业集聚还可以共享产品宣传平台和信息传播渠道,由于单个中小企业一般很难单独进行开创品牌的宣传投资,则可以借助集群整体的宣传平台,为自己的产品进行宣传。产业园区的信息中心负责收集与发布集聚企业的各项生产活动,包括原材料的采购信息、产品类型、副产品的销售信息及合作伙伴招募信息等,它对产业的信息传播有着重要的作用,高技术产业园区内的各企业可以共享这种信息传播渠道。通过资源共享,企业弥补了单独创新时资源不足的缺陷,降低了单个企业资源享用的成本,也使整个产业的资源利用效率得到了提高。

(二)信息交流

企业间的信息交流可以分为正式交流和非正式交流。正式交流通常是以契约、规定等正式的形式进行的。非正式交流没有固定的形式,通常发生在员工非工作时间或集聚环境的某些非正式信息流通渠道。区内企业通过正式交流方式可以学习到正式的知识,如一项具体技术、一个关键性的研发、一项规则或一种管理方法等。然而由于企业的专业化分工和存在的竞争性,正式交流往往比较困难且频率较低。非正式交流能够克服正式交流开展的困难,企业员工通过结交朋友、开展比赛、参加社会活动、就餐时的闲聊等多种方式或渠道的非正式交流便能获得很多关于其他企业产品、生产或管理的信息。这些信息虽然比较零星或琐碎,但是随着非正式交流不断进行,这些零星的信息往往能提供一些了解对方的线索和思路,带来一些意想不到的收获。所有的企业在这种信息交流机制的作用下,形成集聚,相互发生联系,使得信息更灵通、交流更有效率、知识的流动和转化更快、企业的共生环境更加开放,最终提高整个集聚系统的共生水平。

高新技术企业的非正式信息交流中最明显的是 R&D 的溢出。同行企业间的信息交流主要是有助于企业创新。但是由于同行之间的竞争关系,为了保持产品或服务的差异化,企业之间关键信息的正式交流是比较困难的。然而各企业通过集聚在一定地域,会无法避免地发生知识、技术以及管理等其他方面信息的非正式交流。R&D 活动的知识溢出便是一种很常见的非正式信息交流。R&D 活动与一般的企业生产过程的不同之处就在于它不只是产品的生产过程,还是技术知识的生产过程。在这个过程中，知识和技术同时充当了生产工具和产品的角色，知识的溢出效应便会在不经意间发生。因此一个企业的 R&D 活动除了对本企业的生产经营活动会产生作用以外，还会影响到产业内的其他企业或相关产业的企业。美国学者 Mansfield 通过对产品专利的研究，发现在申请的专利中大约有 60% 的创新在之后的 4 年内便会被其他许多企业模仿大部分。集聚在一定区域内的企业都会从事 R&D 活动，同一公司既可能是知识的接受者，也可能是知识的溢出者。知识的这种双向流动能让每个企业都能得到比单独创新更大的效益。集聚区内企业通过从知识溢出中所获得的技术和知识，能迅速取得进步，达到技术改良，提高生产效率和降低生产成本。同时，这种信息交流也能提高整个集聚系统的效率。

（三）协同创新

现代企业发展的核心是技术创新，通过技术的不断创新走向产品高端化、精细化，以达到其产业发展的目的。而创新不是一件孤立的事情，相反，创新通常需要各个部门、各个环节乃至不同企业之间的协作，它更倾向于集中在技术集中或人才集中的部门及其邻近部门，而不是均匀地分布于社会经济的各个领域。由此可以看出，企业的技术创新不是孤立地进行的，而是需要与其他企业或机构共生在一起，形成协同创新。

在产业集聚发展过程中，企业之间存在的专业化分工，使得不同企业更专注于某一方面的开发和创新，这样不但能够促进企业间有序竞争，而且还使得各个企业拥有专精的某一项技术。但是如果要达到某项技术的全面进步或创新，则需要不同企业之间协同创新，这样能够更高效地完成整个创新，同时还能尽可能地降低各个企业的创新成本。任何一项技术的创新或新产品的开发都会面临风险，尤其是高新技术这种高研发、高投入的行业。企业通过集聚，形成共生关系，互相合作，协同创新，能够降低创新的风险。另外，在协同创新的整个过程中，企业间会增加资源共享和信息交流，员工之间能互相学习对方的技术、方法以及理念。通过这种共享、交流和学习，技术知识能够得到更好的扩散，新技术的开发会变得容易，同时技术工人之间通过长期的频繁交往和紧密合作，也能提高他们的技术能力和创新水平。

企业在发展过程中，往往会有技术创新项目的开展，有的是政府鼓励、扶持的项目，有的是企业之间的合作项目。这些高技术项目的开展并不只是涉及单个企业或单个知识领域，而更多的是需要同一产业内精通于不同技术的企业之间的配合，或者相关行业的企业之间的协同研发，因此，这些项目的实施依靠的是高技术企业之间的协同创新。

第四节　产业集聚区创新驱动产业转型升级的趋势

随着大数据、互联网在产业中的应用，产业集聚区在产业集聚发展的基础上，涌现出许多新业态新模式，呈现出以下新趋势。

趋势一：融合发展。产业融合，消费市场的多样化、产品供给的时效性，对单个产业来说难以应对，供应链管理应运而生。对人流、物流、资金流、信息流的有效整合，使得供应链趋于一体化，产业之间的关系将不再是简单的投入产出、上中下游关系，产业集聚区内服务业、制造业的边界更为模糊。产城融合，产业集聚区的生产、生活功能将更为丰富浓缩，汇集一流的城市综合服务功能，将使生产、生活共融成为可能，钟摆式生活现象趋于弱化，以产兴城、以城促产、产城互动的局面得以出现。

趋势二：动态更新。随着大数据、云计算、物联网等新一代信息技术的大规模应用，产业技术创新、商业模式创新、科技成果转化将更为便捷，产业更新换代频率也将提高，产业集聚区伴随科技浪潮，不断更迭演变。工业 4.0 带来的基于信息物理融合系统的"智能工厂＋智能生产"，将使企业的生产能力和灵活性得到大幅提升，大规模的个性化定制生产成为可能。互联网嫁接下的产业集聚区，内部产业将动态推陈出新，产业也将往价值链两端高附加值方向延展，以此保持发展活力与竞争力。

趋势三：产业聚焦。产业定位的精准和差异化是今后产业集聚区的核心竞争力。结合区位条件、资源禀赋、发展基础和产业演变动向，产业集聚区将围绕特定产业特色化、错位化发展，有效改变以往产业同质化严重、区域特色不明显的局面。产业链的延伸、创新链的完善，外加大中小微企业梯队的形成，使产业集聚区内企业间的市场关联度、资源关联度稳步提升，规模经济、范围经济等集聚效应逐步显现。与此同时，本地配套的成熟资源要素的集聚，将显著提高骨干企业的根植性，吸引关联企业的积极进驻。

趋势四：开放协作。产业集聚区将由政府一手操办为主向政府主导、国资、外资、民资多主体参与，市场化运作的模式转型。伴随经济社会发展由要素、投资驱动向创新驱动的转变，产业集聚区将跨越边界与外部环境互通，产学研政各司其职、通力协作，在多中心、多节点的全球创新网络中谋求自身的地位。企业产品的研发、生产、销售也将不再受特定空间的束缚，全球范围内生产要素的共用、消费市场的共享，将共同推进资源要素的优化配置，生产效率得以大幅提高。

趋势五：生态文明。社会公众的生态保护意识逐步增强，参与环保的主动性、深入性逐渐提升，产业集聚区内建筑节能、绿色照明、雨污分流、集中供热、中水回用和餐厨垃圾集中收集处理等绿色低碳环保方式将更为常见，高科技、高效益、低能耗、低排放的生态型产业集聚区成为主流。经济效益、社会效益、生态效益相得益彰，同样也对企业人才的留住、引进与成长，发挥出强大的磁场效应。

第五节　河南省产业集聚区创新发展的现状与举措

河南省委、省政府坚持把加快产业集聚区建设作为加快经济发展方式转变的有效抓手，2009年省委、省政府出台了《关于推进产业集聚区科学规划科学发展的指导意见》，全面启动了产业集聚区规划编撰和建设工作，在全省312个产业园区中确定了180个产业集聚区规范发展，相继出台了一系列政策措施。

一、河南省产业集聚区发展现状

目前，河南省共有产业集聚区180个，其规划面积2414.6平方千米，建成区面积788平方千米；涉及乡（镇、办）392个，建制村2579个，包括国家自主创新示范区、郑州航空港经济综合实验区2个国家战略规划建设。河南省产业集聚区经过多年的探索实践，现已成为土地集约程度高、现代制造业集中、产业集聚效应突出的外向型工业区，充分发挥了窗口、示范、辐射和带动作用，对经济强省建设做出了重要贡献。

（一）产业集聚区创新驱动转型发展取得的成效

1. 主导产业规模扩大

河南省产业集聚区的建设在依托骨干企业、集中优势资源、做强优势产业的同时，促进企业和项目向产业集聚区集中，加速主导产业聚集，不断壮大主导产业规模。2015年，产业集聚区规模以上工业增加值同比增长13.3%，比全省工业增幅高4.7个百分点，占全省工业增加值的比重60.4%，同比提高8.1个百分点，对全省工业增长的贡献率89.8%，同比提高15.5个百分点，拉动全省工业增长7.7个百分点。产业集聚区持续快速发展为工业稳定增长提供了有力支撑。

2. 产业配套能力增强

河南各地在产业集聚区建设中，一方面加快基础设施建设，包括标准化厂房、道路、水电气暖等，为企业入驻提供良好的条件；另一方面抓配套服务，包括企业急需的金融、物流、信息、人才引进培训、生活服务等方面，为企业生产和职工生活提供便利，降低生产成本和商务成本，并围绕龙头企业集中引进更多的配套企业，帮助龙头企业实现配套生产本地化。同时，一些产业集聚区在发展中结合自身特点，进一步理清产业定位，积极推动在集聚区内发展上下游产业、重点企业配套产业，产业链逐渐完备，开始或已经形成较稳定的分工协作关系，产业配套能力不断强化。

3. 龙头企业项目建设初见成效

围绕产业集聚区内的龙头企业建设，各地政府一是盘活存量，二是扩大增量。盘活存量，就是从区内骨干企业中选择市场占有率高、发展前景广、辐射带动能力强的企业，加大政策扶持力度，加快重大项目建设，尽快将其打造成支撑发展的行业龙头企业。扩大增量就是通过招商引资、承接产业转移，直接引进带动力强、关联度高的龙头企业和大企业，带动一批配套企业入驻。2010年以来，河南省以产业集聚区建设为平台，加强统筹规划，突出区域特色，按照品牌企业共生、总装和零部件集聚、制造业和服务业融合三类路径，加快培育竞争力强的优势产业集群，重点围绕新一代智能终端、电子核心基础部件、智能制造装备、新能源汽车及智能汽车、智能电力及新能源装备、生物医药、尼龙及化工新材料、高端合金材料、智能传感器及物联网、节能环保十个领域，培育千亿级新兴产业集群。2016年产业集聚区规模以上工业增加值比2015年增长11.9%，占全省规模以上工业的63.4%；主营业务收入51 613.89亿元，增长12.0%；利润总额2972.41亿元，增长10.0%。郑州航空港经济综合实验区规模以上工业增加值增长13.7%，主营业务收入2674.69亿元，增长0.9%。

4. 形成一批特色产业集群

以特色产业为主导，是产业集聚区发展的内核。2017年，河南在产业集聚发展方面取得很大成效，在食品加工、机械制造、工艺陶瓷、冶金、纺织服装、化工医药、煤炭、汽车配件等许多行业形成了特色产业集群，已形成了郑州百万辆汽车、洛阳动力装备、中原电气谷、周口鞋业、鄢陵箱包等一批重大产业基地和特色产业集群，主营业务收入超100亿元的产业集聚区超过40个，完成投资超50亿元的集聚区超过20个。

结合中原城市群四个主要发展轴带建设，以省辖市为主体，重点围绕装备制造、汽车制造、新型材料制造、电子制造、食品制造五大主导产业，引导龙头项目和产业链关联项目向发展轴带沿线产业集聚区集聚，打造市域千亿级优势产业集群品牌，推动郑州航空港、中牟汽车等产业集聚区，争创国家级新型工业化产业示范基地。

近年来，河南省通过优化完善规划布局，加强政策扶持引导，推进体制机制创新，大力实施投资倍增计划和大招商行动计划，产业集聚区保持良好发展态势，产业集聚水平不断提升。但是，应清醒地看到，产业集聚区建设涉及面广、创新任务重，而各地发展基础和发展条件也不尽相同，在发展过程中还存在一些亟待解决的突出矛盾和问题。

(二) 产业集聚区创新驱动转型中存在的问题

当前，宏观经济形势复杂多变，沿海及周边地区产业转型升级步伐加快，产业转移呈现新特点，区域资源环境约束持续强化，在新的经济形势和新的条件约束下，河南产业集聚区发展也存在着一些问题。

1. 主导产业同质性较强，区域恶性竞争现象依然存在

全省产业集聚区发展仍存在较强的产业同质性，各个集聚区差异化、互补性仍偏低。总体上看，全省180个产业集聚区主导产业涉及装备制造的有79个，涉及农副产品加工的有34个、食品加工的有32个、纺织服装的有27个、化工行业的有22个。由于各集聚区在初期发展中，以规模扩张为首要目标，在项目引进、产业培育上没有充分依托本土资源优势或产业基础，普遍存在产业培育与本土优势、传统产业改造升级与战略新兴产业引进、产业链延伸与服务环节增值、龙头企业与中小配套企业等领域的割裂发展，导致各地在招商引资、承接产业转移中争项目、争企业、争产业的情况时有发生，甚至陷入恶性竞争。

2. 产业链接度偏低，现代产业分工合作网络远未形成

从各个集聚区内部看，产业链环节不完整、本地配套率低仍是产业集群发展的主要制约。在产业集聚区发展初期，主管部门往往容易重"项目"轻"产业"、重"大块头企业"轻"小体格配套企业"、重"生产制造环节"轻"服务增值环节"，导致产业链条环节缺失，产业发展缺乏配套，产业集群以"堆"代"链"，集群效应发挥不足。与此同时，产业链整合难度大也较为突出，当前多个产业集聚区中，能真正充分发挥培养行业核心竞争力、引导中小企业进行配套供应生产、进行产业链式发展的领袖型龙头企业较少，各个行业的龙头企业与中小企业的关系还处于松散型的状态，甚至有些还存在较为激烈的竞争关系。

3. 自主创新能力弱，传统的产业发展模式仍在延续

目前，产业集聚区内传统制造、加工企业占比仍然较大，高新技术企业和有自主知识产权的企业偏少，缺少研发机构和高素质人才，企业拥有的发明专利较少、科技经费支出低、科技从业人员不足。甚至作为各地市自主创新高地的高新技术产业集聚区，其发展战略也多与真正意义上高新区的内涵和定位开始有所偏离，也把上规模放在首位，而忽视投资规模小、发展潜力大的高技术项目，有"制造"无"创造"，创新驱动的后劲不足。当前大多数产业集聚区依然延续着基于投资驱动和规模扩张的传统产业发展模式，项目建设上新兴产业、新型项目的"双新"色彩不明显，产业结构中高新技术产业占比仍然偏低，发展路径上仍是过多依赖低端产业、低小散企业、低成本劳动力、资源要素消耗和传统商业模式。

4. 产学研合作层次和深度有待继续强化

一是产学研合作层次不高。目前，多数"共建平台"产学研合作主要还停留在技术咨询、合作开发和委托开发等较低层次的合作上。据调查统计，2016年"共建平台"产学研合作中技术咨询、合同委托各占58%和51.6%；而围绕产业集聚区主导产业实现联合攻关、人员互动、资源共享的网状高层次战略的合作仅占22.6%，且规模比较小；通过技术参股共担风险的合作类型更为少见，仅占3%。二是产学研合作深度不够。"共建平台"现有的产学研合作中，多数采取了由企业出资金，高校出技术和研发人员的合作模式，进行新产品开发的技术研发。合作项目也多集中在特定企业生产过程中的技术难题，据统计，35%的合作形式以单一企业、单一项目为主，多是短平快项目，周期短、合作力度小、影响面窄，真正围绕行业发展的关键、共性技术的深层次合作研究还较少，产学研合作的深度明显不够。

造成这种情况的主要原因是校企区三方合作的紧密度不够，一方面是企业自身技术力量薄弱，多要求科技成果直接送到生产线上，这种"交钥匙"的成果产业化方式，使产学研的合作层次无法提升；另一方面还是产学研合作机制的深层次原因，合作模式过于保守，仍需深入实践探索，进一步发挥"共建平台"对产学研合作的促进作用。

5. 创新平台建设需要统筹规划、协调发展

当前，"共建平台"主要以高校为主导，结合产业集聚区合作企业共同建设发展，发展规模还较小，且各自为政、自我发展，未形成协同发展的合力，造成研发基础设施投资重复、资源配置与产业发展需求差距较大、影响力和共享度不足等一系列问题，特别是战略性新兴产业对创新资源的旺盛需求远未得到满足。因此，"共建平台"的建设亟须开展顶层设计和规划引导。

此外，现有的促进产学研合作发展的政策环境与现实要求还有差距，虽然出台了部分促进产学研结合的相关政策，但缺乏必要的监督、协调机制，在金融、税收、信贷、知识产权和人员流动等方面尚未形成有效、完整的配套措施。

二、河南省促进产业集聚区创新能力提升的举措

（一）着力完善创新平台建设机制

优化区域创新布局，推动产业集聚区集群创新发展，提升高新区建设水平，构建科技创新的支撑服务平台，构筑区域创新多个增长点，以点带面，提升区域自主创新能力和内生发展能力。

1. 推进产业集聚区创新平台建设

以推动创新资源聚集为重点，以科技创新公共服务平台为抓手，加大产学研合作力度，促进主导产业核心竞争力提升，使之成为创新型产业集聚区发展的重要引擎。以现有的180个产业集聚区为依托，以建设创新型产业集聚区为抓手，推动产业集聚区成群成链发展，做到技术链条清晰、关键技术环节明确，优先实施重大专项和产业技术联盟，有力推动产业集聚区的集群创新发展。要立足于政府科技部门由"项目管理"向"资源管理、知识服务"的职能转变，着力于科技创新服务的主体培育、资源整合、机制建立、手段完善和能力提升。力求构建基于服务企业自主创新、产业集聚发展和新农村建设的技术、信息、市场、人才、知识、政策、管理一体化的现代科技创新服务模式。

2. 推进国家创新型城市建设

以创新驱动发展为导向，以体制机制创新为动力，整合区域创新资源，提高自主创新能力，将郑州、洛阳两个创新型试点城市打造成特色鲜明、氛围浓厚、辐射带动作用强的创新高地。使之形成区域创新中心，发挥对全省自主创新的引领和示范作用。围绕创新城市建设，不断加大科技投入，提高财政专项科技经费。例如，洛阳市明确各级财政科技经费投入的增长幅度不低于财政收入经常性增长幅度，确保国家创新型城市试点工作顺利实施。设立创业投资引导基金，对以高科技项目为主要投资对象的新设创业投资企业，可予以不高于30%比例的参股扶持，对参投科技创新型企业的创业投资企业，可予以实际投资额30%以下比例的跟进投资。洛阳市对研发平台建设等方面也加大了扶持力度，在政策上给予倾斜。财政每年从产业优化资金中安排7000万元产业集聚区建设专项资金，主要用于支持产业集聚区内公共服务体系建设和项目建设。鼓励建立多层次的科技中介服务机构，制定完善有关中介机构发展的法律、规章。

3. 加快国家高技术产业基地建设

培育龙头企业，推动自主创新和科技成果转化，将郑州、洛阳、南阳三个国家高技术产业基地建成具有国际影响力的创新型产业集聚区，带动全省高技术产业快速发展。支持省级高新技术产业开发区创建、升级，积极发展创业孵化器，建设高水平的成果转化中心，促进高新技术企业集聚发展。研究制定加快高新技术产业开发区发展的意见，加强对高新区的领导和统筹规划，形成战略性新兴产业和高新技术产业集中在高新区布局发展的市级统筹机制。支持高新区实施"二次创业"，采取一区多园或异地托管等方式，加快发展速度，扩大规模。

4. 建立科技创新支撑服务平台

建设科技研发平台、科技服务平台、科技资源共享平台，引导支持建立政、产、学、研、用、资相结合的"产业技术创新战略联盟"。围绕河南省现代产业体系建设，以主导产业和高新技术产业的骨干企业为重点，优先布局产业集聚区，加快建设和发展工程实验室（工程研究中心）、工程技术研究中心、企业技术中心等各类研发平台，优先考虑建立省级、国家级重点实验室，对集聚区企业提供研发和公共服务。

（二）重点实施协同创新工程

1. 提升高校和科研院所的知识创新能力

深化科研机构改革，充分发挥科研机构在自主创新中的引领和骨干作用。支持鼓励科研机构和科技人员积极面向经济社会发展进行基础与应用基础研究，提升原始创新能力。强化高校生力军功能。根据河南省产业发展对自主创新体系的需要，调整学科建设和科学研究方向，改革高校科研绩效评价机制，引导高校科研人员更加积极主动地投身经济社会发展主战场，与企业联合开展能够提升企业和产业核心竞争力的应用开发研究与成果转化。同时支持高校在基础前沿技术、社会公益技术领域开展原始创新和集成创新。

2. 提升协同创新水平

鼓励不同形态的产学研创新组织加快发展，支持企业成为产学研合作投资主体、创新决策主体、利益分配主体。推进行业骨干企业牵头，联合科研院所、高等学校，组建产业技术创新联盟。整合产学研创新资源，制订产业发展规划，主导产业发展走向，开发共性关键技术，掌握自主知识产权，制定行业技术标准，提高河南省产业技术水平和产品质量。面向前沿、特色、优势产业需求，重点建设政府主导、企业主体、院校支撑、市场化运作、社会化服务的产业技术研究院。以"高校协同创新中心"和"产业集聚区产学研工程研发创新平台"建设为抓手，围绕产业集聚区重点发展的产业和关键技术领域，探索建立企业、高校和科研院所共同参与的产学研协同创新合作机制，瞄准产业集聚区主导产业发展的核心技术问题，联合开展技术创新、成果转化。

3. 推进发展技术创新战略联盟

坚持以企业为主体，支持各种类型的产学研合作模式，鼓励企业在公共技术研发设计中心、行业协会等技术平台的基础上，加强在重点工业领域的对外合作和开放度，尤其是加强与省外、国外高校和科研院所开展的各种形式的技术合作以及人才合作，加强协同创新，加强产业共性关键技术研发攻关和推广应用，加速技术成果的产业化，推进行业技术水平的整体提升。实施产业联盟创新发展工程。充分发挥现有产业创新联盟牵头作用，优化资源配置，推动产业联盟由开展单一的联合技术攻关向关键共性技术标准体系制定、产业链资源配套、新产品市场开发等多元化合作共享的模式转变，形成优势互补、协同创新、互利共赢的产学研用合作机制。

4. 强化创新资源开放共享

建立完善全省大型仪器、科技文献、科学数据等科技创新资源开放共享的运行机制、管理模式。财政资金资助购置的大型科研仪器，向企业开放使用时间的比例应不低于50%。完善财政资金购置科研仪器设备的查重机制和联合评议机制，防止重复购置和闲置浪费。建立企业公共检测服务体系，建设区域或行业质检中心。

5. 完善科技成果转移转化机制

建立与产业、区域经济紧密结合的成果转化机制，积极推动高校与企业之间的人员流动，支持高校人才、技术等创新要素向企业研发机构聚集。支持有条件的高校、科研院所建立专门的技术转移机构，推动高校孵化高新技术企业。鼓励和支持省重点建设的高校与地方政府或省级以上高新区联合设立大学科技园。建立并完善区域技术转移网络体系和服务体系，加快完善"发现、筛选、撮合、转化"的服务体系，全方位促进主体间知识与技术的流动，提高科技成果的转化率。

三、郑州航空港经济综合实验区创新能力建设

郑州航空港经济综合实验区是中国首个航空港经济发展先行区，它是以河南省郑州市新郑国际机场附近的新郑综合保税区（郑州航空港区）为核心的航空经济体和航空都市区，是郑州市朝着国际航空物流中心、国际化陆港城市、国际性的综合物流区、高端制造业基地和服务业基地方向发展的主要载体。在相关政策的支持下，郑州航空港经济综合实验区会成为郑州市经济发展的新板块和中原经济区的龙头。航空港实验区目前拥有"5+7"的国家战略和平台，其中独有的国家战略有5个：郑州新郑综合保税区、郑州航空港经济综合实验区、中国郑州航空港引智试验区、跨境人民币创新业务试点、国家"大众创业，万众创新"示范基地。其他与航空港实验区密切相关的战略和平台有7个：中原经济区、郑洛新自主创新示范区、郑州跨境电子商务综合试验区、国家综合交通枢纽示范工程城市、国家中心城市、中原城市群、河南自贸试验区。

河南省将以郑州机场为核心，把"郑州航空港经济综合实验区"打造成为中原经济区发展的引擎和国家内陆开放高地，而且，未来的实验区将是一个宜居、生态、绿色、环保等为一体的"新都市"。到2025年，郑州航空港经济综合实验区将成为"大枢纽"，航空货邮吞吐量达到300万吨左右，跻身全国前列，国际航

空货运集散中心地位显著提升;拥有"大产业",形成创新驱动、高端引领、国际合作的产业发展格局,与航空关联的高端制造业主营业务收入超过1万亿元;建成"大都市",营商环境与国际全面接轨,建成进出口额达到2000亿美元的现代化航空都市,成为引领中原经济区发展、服务全国、联通世界的开放高地。

为贯彻落实《郑州航空港经济综合实验区发展规划（2013—2025年）》,全力建设郑州航空港经济综合实验区(以下简称实验区)。河南省科技厅出台了《支持服务郑州航空港区经济综合实验区建设的意见》,从十个方面为实验区的创新发展提供支持,着力把实验区尽快建设成为自主创新的战略高地、培育和发展战略性新兴产业的核心载体、高层次创新人才的富集区域、抢占国际高新技术产业制高点的前沿阵地、发展方式转变和经济结构调整的重要引擎、实现创新驱动和科学发展的先行区域。

一是支持实验区加快自主创新体系建设,围绕航空物流、高端制造业和现代服务业等主导产业建设各类研发机构,形成特色产业技术创新中心,建设各类特色科技园区,形成以企业为主体、以市场为导向的技术创新体系。

二是支持实验区加快建设电子信息、生物医药、信息服务等国家高新技术特色产业基地。支持实验区积极培育高新技术企业、创新型企业和节能减排科技示范企业,加强对符合国家高新技术企业条件的引进企业和新培育企业的认定工作,经认定的高新技术企业按照有关规定减按15%的税率征收企业所得税。

三是支持实验区围绕产业链部署创新链,编制产业技术创新规划和行动方案,建设重点实验室、企业研发中心、产业技术研究院等创新平台。新建设的国家重点实验室、企业研发中心等国家创新平台,给予一次性200万元的补助。支持实验区组织产业技术创新战略联盟。支持实验区建设国家超级计算机中心。

四是支持实验区企业开展技术研发、成果转化及产业化。围绕实验区的特色优势产业优先安排省重大科技专项、高新技术产业化项目、科技开放合作专项等项目的实施,对在实验区实施的具有重大技术突破和核心竞争力、能显著提升实验区产业发展水平的产业化建设项目给予重点支持。

五是支持实验区加快科技对外开放合作。针对实验区的创新需求,科技厅积极支持搭建科技合作交流对接平台,帮助实验区引进技术成果和高层次人才,积极吸引国内外科研机构、高校和企业在实验区建立研发中心、研发总部和创办科技企业,提升实验区的技术创新能力。对引进的研发机构,给予一定数量的经费资助,特别重要的,可按"一事一议"给予特别支持。科研院所、高校以科技成果作价入股投资的企业,科研院所、高校和国有控股企业转让或转让职务技术成果的,可将收益或技术收益的一部分奖励给成果完成人,最高可达70%。对引进的重大高新技术成果项目和合作开发项目,择优给予一定经费资助,并可优先列入省级科技计划给予支持。支持实验区建设国家和省级国际科技合作基地。

六是支持实验区创新创业服务体系建设，大力推进科技企业孵化器、大学科技园、生产力促进中心等建设，积极争取在实验区内建设国家科技企业孵化器、国家大学科技园等服务平台。支持实验区加强技术市场建设，建立技术合同登记站，经过技术合同登记认定的技术开发、技术转让合同，所取得的收入免征营业税。

七是支持实验区建设海外高层次人才创新创业基地，实施海外创新创业人才引进的普惠性政策，对引进的院士、"千人计划"、"百人计划"人才等高层次科技人才及其团队优先立项建设省级研发中心，对其申报科技创新项目优先予以支持。支持实验区内企业建设院士工作站，大力引进两院院士帮助解决产业化关键技术难题。

八是支持实验区加快科技金融改革创新的步伐。支持金融机构在实验区开展知识产权质押、股权质押和动产质押等灵活多样的金融创新服务，会同金融机构在区内设立科技支行，重点支持拥有自主创新产品、技术或商业模式的科技创新型企业破解融资难问题。

九是加大对实验区内企业财税政策的支持力度，落实高新技术企业、大学科技园、科技企业孵化器、创业投资企业、知识产权服务业、技术先进型服务企业税收优惠政策和小型微利企业减半征收企业所得税政策；切实用好企业研发费用加计扣除等税收优惠政策，积极争取国家同意扩大实验区企业的研发费用扣除范围，将在职研发人员"五险一金"、研发活动的仪器、设备维修费等纳入加计扣除范围。

十是建立"直通车"制度，省科技厅直接受理实验区申报国家和省级各类科技计划项目、创新平台建设、高新技术企业认定、技术合同认定、行政许可项目等。省科技厅及时与实验区管委会研究提升实验区自主创新能力的重大事项。议定的重要事项优先纳入省（政府）部（科技部）会商的重要内容，利用国家资源支持实验区建设。

第六节　产业集聚区创新平台建设的实践

一、国内产业集聚区创新平台建设经验

（一）科技创新载体模式创新

1. 北京丰台科技园区"一站式"服务模式

北京丰台科技园区凭借以生态为建设理念，以"绿色服务"为管理理念，

实行"一站式"服务模式的独特管理机制与运行机制,吸引了大量大型企业总部不断在园区聚集,形成了总部基地、总部国际、国美广场、托普科技园等大型特色园。

2. 江苏省政府在苏州工业园区内灵活的政策

经省以上科技主管部门认定为高新技术企业的内资企业,减按 15%的税率征收企业所得税。2008 年,江苏出台《苏州工业园区高新技术企业认定管理办法》,在全国率先按照新标准开展高新技术企业认定,放宽了部分认定标准(如要求企业"大专以上学历科技人员和研发人员分别占企业职工总数 20%和 8%以上",这个"地方标准"比"国家标准"分别降低了 10%和 2%;对研发投入在销售收入中的占比要求,在年限和比例上也有所放宽,年限由 3 年调整为 1 年,比例由"需占到 3%、4%和 6%"调整为"达到 3%以上"),对园区内未通过"国家高企"认定但符合"园区高企"认定的企业,给予部分科技扶持经费,用于支持企业的研发和科技创新。

3. 湖北省东湖高新区的"产权式"孵化器商业模式

2008 年,湖北省实施了创业导师计划,并推出"科技型中小企业成长路线图"计划,建立重点培育企业保荐制度,挑选了一批在孵企业纳入重点培育企业行列,由创业导师、孵化器共同从企业规划设计、政策辅导、项目牵引、专家帮扶、投资跟进、平台支撑六方面对在孵企业予以培育、引领成长。2016 年,东湖高新区建成各类科技企业孵化器 53 家(国家级 15 家)、众创空间 60 家(国家级 24 家)、产业联盟 55 家(国家级 8 家),孵化面积 450 万平方米,聚集创业服务机构 500 余家,在孵企业超过 4000 家。获批 2 家市级"创谷"。获批全国首批双创示范基地,全国 146 家高新区中仅 2 家高新区入选。"双创"做法得到李克强总理批示。

4. 浙江省建设的一批公共科技基础条件、行业和区域创新平台

浙江省苏州工业园区按照适度超前的原则,大力加强公共技术服务平台建设,已陆续建成一批针对集成电路、软件、生物医药、纳米、融合通信等 10 个科技产业的公共技术服务平台,基本覆盖了园区重点科技产业。围绕科技产业发展和企业快速集聚的情况,以企业共性需求为导向,不断加大投入,分步建设公共技术平台,充分发挥平台对企业研发的支撑作用,是苏州工业园区的一大特点。

(二)体制机制创新

辽宁省将创办科技型企业纳入高校校长任期绩效考核体系;鼓励高校教师、科研人员携带科技成果或有效专利创办科技型中小企业,或者以个人股份进入科技型企业,3 年内保留其原有身份和职称,档案工资正常晋升。将技术应用、成

果转化、有效专利和论文一并作为高校教师及科技人员晋升的条件；对高校科技成果转化业绩突出者，可破格评聘专业技术职称。湖北省对高校、科研院所科技成果转化收益分段按比例留归单位所有，科技人员转化职务科技成果获得的股权形式奖励，暂不征收个人所得税。高校和科研院所等事业单位，设置一定的岗位，支持科技人才在企业、高校、科研院所之间流动或双向兼职。推进高校、科研院所科技人员分类评价改革试点，建立以创新质量和实际贡献为导向的科技人才评价标准。推进科技评价和奖励制度改革。强化科技奖励对引导科技成果在鄂转化应用、企业技术创新、产学研用合作、创新型人才培养和关注基层的导向作用。建立完善基础研究成果的同行评议机制，应用型研究成果的市场评价方式和机制。

（三）设立产业技术研究院

作为优质创新要素的集聚平台，产业技术研究院是实现"政产学研用"有效结合的途径。上海紫竹新兴产业技术研究院依托上海交通大学建设，位于上海交通大学闵行校区和紫竹科技园所构成的"大紫竹区域"内，规划用地约600亩（1亩≈666.67平方米）。研究院包括"自主创新核心区""企业合作创新区""中试孵化区""商务区"四大区域，设有"产业战略研究中心""知识产权事务所""投融资基金服务平台""综合服务平台"四大公共服务平台。研究院重点聚焦新能源、先进制造和新材料、数字光电技术以及健康医疗四个领域。紫竹新兴产业技术研究院的成立，是上海提速产业结构调整的举措之一，是上海解决"科技与经济结合"、大力加强面向经济建设主战场的"产业技术创新"的产物。研究院旨在打造"桥梁"与"纽带"，使产业和技术能相互融合、相互促进，形成"产业推动技术创新，技术引领产业发展"的新格局。

江苏省强调加快组建南京产业技术研究院，鼓励本地企业与高校、科研院所联合建立产学研合作联盟、产学研合作产业基地或中试基地，搭建一批科技与产业创新对接平台，打造一批具有核心自主知识产权的产品、一批应用型科技创新成果转化为现实生产力的项目、一批高层次研发人才团队、一批能够创造较高经济社会效益的龙头企业。重点打造产业特色鲜明、创新产品领先、创新人才集聚的区域创新平台。

（四）制定产业技术路线图

产业技术路线图作为产业战略集成规划方法，已经在许多发达国家和地区得到广泛应用，已经被证明是一个行之有效的科技创新管理工具。广东省选择了"产业技术路线图"为研究实施对象，重点关注产业发展对区域经济的重要作用，关注产业共性技术和关键技术对企业技术创新的基础与支撑作用。重点从六个方面开展相关工作：一是成立专门研究机构，并通过国际合作，进一步加强产业技术路线图这一方法论的研究工作。二是利用生产力促进中心等科技中介机构和高校开展不同层次的产业技术路线图制定方法的培训工作，通过对各级科技管理部门的干部，高校、科研院所科技管理人员，以及企业高级技术管理人员的培训，全面提高科技创新管理水平。三是深入产业集群，利用已制定的产业技术路线图为指南开展产学研合作，推动集群式技术创新工作的开展。四是大力推动产业技术路线图制定工作，力争在更多的产业当中运用这一方法，服务于广东现代产业体系的建立。五是改进科技计划管理体系，利用产业技术路线图加强对产业共性技术和关键技术的科技攻关工作。六是利用产业技术路线图开展省市县（区）联动，为广东省产业结构调整和升级提供政策指引，优化科技资源配置。

（五）成立产业技术创新联盟

发展产业技术联盟是推动产学研紧密结合、突破产业发展的核心技术，是促进产业链技术创新的有效途径。广东为进一步深化省部院产学研合作，推动省内企业与国内外相关领域具有优势的高校、科研机构等合作，进行产学研技术创新，联合突破制约产业发展的关键、共性技术，加快提升广东产业集群的自主创新能力和核心竞争力。

辽宁省通过开展产学研合作，形成适应全省经济发展要求的，以政府为引导，以企业、高校、科研机构为合作主体，以市场为导向，以推动科技成果转化为突破口，以提高自主创新能力为重点，以提升河南省经济、科技核心竞争力为目标的体制全新、机制灵活、政策完备、功能完善的科技创新体系。通过加强省院校合作，鼓励联合科技攻关及科技成果转化；通过推进产学研合作重大载体建设，提升产业和区域核心竞争力；通过搭建产学研合作平台，提供高效便捷服务；通过构建科技中介服务体系，形成产学研合作的桥梁和纽带；通过实施产学研示范工程，促进产学研工作向纵深发展；通过联合培养高素质人才，为科技发展提供智力支持。

（六）建设高技术服务业集聚区

高技术服务业聚集区辐射带动作用突出，对培育壮大战略性新兴产业、促进产业转型升级具有重要意义。

中关村在信息服务业、科技服务业等产业领域聚集了一批全国甚至全球领军企业，逐步呈现出集聚式发展态势，具备了高技术服务业集聚区的特征，总部经济特征和高端产业集群效应明显，服务业规模、结构、质量和效益显著提升。中关村已经初步建立起多层次、全方位、多样化的企业孵化器群体，形成了国内最为完善的创业孵化体系，中关村拥有各类行业协会组织、专业服务机构包括信用评级、法律、财务、审计、认证等，形成了公共服务的重要主体和市场化的中介服务体系。创新创业是中关村生生不息的活力源泉，也是中关村现代服务业与时俱进、做大做强的法宝。随着移动互联网、云计算等新兴产业技术的不断突破和发展，不断催生一批新兴信息服务业态。

武汉光谷高技术服务业产值在 2012 年达到 1002 亿元，同比增长 3.67%，继光电子之后成为光谷第二个"千亿产业"。同年，光电子信息产业总收入达 1927 亿元。光谷高技术服务业的发展依赖于其服务外包和金融后台服务业的迅速壮大，以及动漫创意、地球空间信息等行业的裂变式发展。光谷已成为全国最大的金融后台服务中心和中部最大的服务外包产业聚集地。中国银联、光大银行、合众人寿、长江证券等 25 家金融后台机构在光谷落户。服务外包领域入驻了美国 EDS、微软、惠普、法国电信等百余家知名企业。2012 年开建武汉软件新城成为光谷与硅谷合作的桥梁。全国首个地球空间信息产业基地已在光谷未来科技城建设，光谷创意产业基地孵化中心也已建成开业。

2011 年，安徽省加速推进合芜蚌自主创新综合试验区，重点培育发展战略性新兴产业，继续推进高新技术改造提升传统产业，大力发展现代服务业，光机电、新材料、生物医药、电子信息、新能源与高效节能、高新技术服务业等战略性新兴产业，使规模进一步扩大。合芜蚌自主创新综合试验区每年安排专项资金，重点扶持试验区创新体系建设，合芜蚌三市均按高于同期省级财政投入的自主创新资金进行配套，拥有一批有重要影响的大院大所和高校，创新资源丰富，创新基础扎实，创新意愿强烈。三市与科技部、中科院、国家知识产权局等建立了工作会商机制，获得了人才、资金、技术、平台及项目等方面的支持；合肥将自主创新综合配套改革的各项目标任务纳入年度考核内容，芜湖建立工作部门联席会议制度，蚌埠建立专家咨询委员会和重点项目支持评估机制，省创新办与省直有关部门及中国科技大学、中国电子科技集团第三十八研究所等高校、科研院所开展工作会商。合芜蚌三市发挥优势，培养了一批创新企业和创新产业，积累了较为成功的创新经验。

二、河南省产业集聚区创新平台建设典型案例

随着"共建平台"建设的逐步展开，河南省涌现出以齿轮制造及装备工程实验室为代表的"技术参股组建实体"发展模式，以柔性制造工程实验室为代表的"工程技能人才定向培养"发展模式，以超硬研磨复合材料工程实验室为代表的"共建研发服务子平台"发展模式，以精密和特种加工技术与装备工程实验室为代表的"依托大学科技园区校企动态协作"发展模式，以畜禽智能化清洁生产工程实验室为代表的"学科群集成创新"发展模式。多样化的合作模式，促进了高校创新资源与产业发展的紧密结合。

（一）技术参股组建实体

洛阳先进制造业产业集聚区、国舰齿轮传动有限公司、河南科技大学三方各拥有良好的资源条件，又都面临着可持续发展的困局，三方以产学研合作项目为基础，以产业集聚区引导，企业出资，高校专利、技术成果入股的形式成立独立实体，在产业集聚区搭建了高精密工业齿轮研发、制造、试验综合性平台，产学研合作更加巩固。

从产业集聚区的角度看，洛阳先进制造产业集聚区聚集了 30 余家齿轮制造企业，且多为民营企业，长期以来企业发展各自为政，缺乏必要的交流协作，严重制约了产业的集群化发展。"共建平台"的搭建，为区内企业技术交流、资源共享、合作发展打造了技术创新公共服务平台，并以此为基础成立了行业联盟，打破了企业自身发展固有的闭锁。同时，它还影响带动了郑州机械研究所、洛阳矿山机械工程设计研究院、清华大学、华中科技大学等创新资源向产业集聚区汇聚，为区内齿轮企业集群化高端发展创造了良好的发展环境，产业竞争能力得到了有效增强。

从企业的角度看，企业的发展需要高附加值的产品，但仅仅依靠自身的技术力量，难以适应市场的需求和变化。河南科大是多项齿轮国家标准制定的组长单位，在精密齿轮加工制造方面具备国内领先的科技创新资源。"共建平台"的搭建，使企业在技术创新、新产品开发、产品性能检测等方面有了依靠，在引进消化吸收国外先进技术、装备等方面有了底气，在向附加值更高的增速箱、减速箱高端发展方面有了基础，企业核心竞争力得到有效提升。

从学校的角度看，精密齿轮的科学研究需要工程化的验证，青年教师及研究生的培养更需要工程实践，而高校大型综合性中试环境的欠缺严重制约了学科建设的稳步发展。"共建平台"搭建了集机械设计与仿真、工艺仿真与试验、齿轮精度及疲劳强度检测与测试于一体的产业化试验环境，弥补了高校科学研究的欠缺，满足了学科建设和高层次人才培养的发展需求，增强了学校优势学科的发展潜力。

2016 年，"共建平台"面向产业集聚区洛阳华冠齿轮股份有限公司、洛阳科大越格数控机床有限公司等 10 余家企业，启动了螺旋锥齿轮高速干切等 12 项共性技术研发，完成了螺旋锥齿轮干式粗切机、面齿轮插齿工装新产品、新工艺 9 个，获得省部级以上奖励 4 项，成果转化产值达到 1200 万元，带动洛阳科大越格数控机床有限公司销售收入从 1000 万元到 3000 万元的增长。

未来，"共建平台"以独立实体股份制企业的模式运行，将开展技术总承包、共性技术研究及转让、齿轮精密检测等工作，实现"共建平台"可持续发展。

（二）工程技能人才定向培养

河南工业职业技术学院位于南阳高新技术产业集聚区，与豫西工业集团有限公司（以下简称"豫西集团"）、河南陆德筑机股份有限公司（以下简称"陆德筑机"）、河南中光学集团有限公司等区内企业互为战略合作伙伴，校企双方长期开展机电设备控制系统研发、一体化成套检测等产学研合作，学校每年培养的工程技术类人才，已经成为产业集聚区机电产业可持续发展的重要支撑。

为推进"共建平台"的建设，产业集聚区免费提供30亩试验场地用于平台建设，同时定期组织学校科研团队对区内机电产业发展开展动态诊断、对接合作。学校则成立了独立的二级机构负责平台的运行管理，并重新配置校内资源，拨付150万元运行经费用于产学研项目的拓展，投入1500万元用于等离子加工设备、快速成型机床和三坐标测量机等研发及试验设备的购置，建设了实训基地、质量检测中心、科技创业中心等平台，为高素质工程技术人才培养和工程化试验提供了必要的基础环境。

2016年，结合产业集聚区企业需求，学校联合相关系部，采用"双主体"育人模式，以企业专场推介、学生自愿报名、企业遴选的方式，组建了定向培养班，采取"工学交替"的形式开展工程实践能力培养，学生毕业后直接走向工作岗位，为产业集聚区重点企业定向培养了500余名机械设计与制造、机电控制、电气自动化等专业产业一线急需的工程技能人员。实践证明，由于培养的针对性，学生在职业素养和工程实践能力等方面具有明显优势，受到用人单位的广泛好评。同时，学校在产业集聚区开展数控、模具制造技术培训100余人次，举办工程技能比赛200余人次，有30余名专家教授走进企业生产一线，合作开展一体化机电成套设备检测装置、柔性工业生产物流控制系统等产学研项目22项，有效缓解了豫西集团、陆德筑机等企业引进消化吸收国外先进技术、装备以及自主研发所面临的发展困局，实现直接经济效益1200余万元。

（三）共建研发服务子平台

超硬研磨复合材料工程实验室采用"联合立项，合作研发，共建创新服务平台"的发展模式，与柘城金刚石微粉产业聚集区惠丰钻石科技有限公司、鸿翔超硬材料有限公司以及联合磨料磨具有限公司、中原内配股份有限公司等企业共建了29家研发子平台，将技术研发、成果转化与企业生产融为一体，协同发展，实现了高校创新资源与产业发展更为紧密的结合。

2016年，合作企业已先后投入"共建平台"研发经费550万元，其中柘城惠丰钻石科技有限公司每年投入100万元，用于超硬微粉共性技术研发，开展了合成金刚石用新型石墨-触媒复合材料等产学研合作研发项目41项，其中16项获得省重点科技攻关项目经费资助，低温陶瓷结合剂、超硬材料磨具研究等 19 项成果达到国内先进水平，气缸套平台网纹加工专用立方氮化硼（cubic boron nitride, CBN）珩磨油石研究成果达到国际先进水平，获得省部级科技奖 8 项，申请发明专利 29 项，研发成果先后向郑州高新磨料磨具有限公司、洛阳惠尔纳米材料有限公司等转化技术成果 10 余项，实现产值 6320 万元。此外，"共建平台"结合企业需求，每年定期派遣教授、博士等相关领域专家前往 29 家研发子平台挂职服务，同时采取校企联合培养研究生、定期举办培训班、企业定向培养等方式为超硬材料产业输送各类急需人才 1000 余人。

（四）依托大学科技园区校企动态协作

河南理工大学为推动科技成果产业化，在焦作经济技术产业集聚区建设了大学科技园区。精密和特种加工技术与装备"共建平台"依托大学科技园区提供的 5000 平方米研发基地，建设了超精密加工、数字化制造、微制造三个基础研究实验室，依托河南中轴建设产品中试试验平台，企业拿出了产学研合作项目 10%的利润用于平台建设。"共建平台"采取"高校技术攻关，校企联合成果放大，企业加工制造，市场反馈成效，校企二次优化"的动态协作发展模式，使产学研合作发挥更大作用。

2016 年，"共建平台"已建成 3000 平方米的研发基地，投资 400 万元购置了超景深三维显微系统、超精密车床等仪器设备，合作开展了复合材料高效精密加工等产学研合作项目 10 项，完成新型缸套及凸轮轴加工工艺等新产品及新工艺 15 项，申请发明专利 15 项，成果转化 12 项，实现产值 2500 万元。特别是针对河南中轴集团有限公司、焦作市德克模具有限公司（以下简称"德克模具"）需求，攻克了汽车缸套精密加工等生产工艺，德克模具生产效率和产品合格率提高了 1 倍以上，开发的汽车凸轮轴等系列产品已形成 400 万台/套的生产规模，为合作企业带来 1100 万元的直接经济效益。未来，平台将利用大学科技园区优惠政策，成立管理运行机构，深化平台研发及成果转化功能，提升平台技术支撑服务能力。

（五）学科群集成创新

畜禽智能化清洁生产"共建平台"，依托河南科技学院兽医学、畜牧学、农业工程、信息工程等学科群优势资源，联合雏鹰农牧集团股份有限公司（以下简称"雏鹰农牧"）、河南谊发牧业有限责任公司（以下简称"河南谊发"）、河南广安集团有限公司（以下简称"河南广安"）等企业，多学科、多领域、多主体，围绕生猪、禽蛋生产行业清洁化、智能化、无害化等关键性共性技术问题开展联合攻关。"共建平台"汇集了学校的传统优势学科，拥有丰富的技术储备；合作企业具有较大产业规模，转型升级意愿强烈，技术需求旺盛；研发成果由学校和企业共享，为"共建平台"的可持续发展提供了坚实的基础。

"共建平台"由学校投入 1000 万元购置细胞融合仪（电穿孔仪）等研发仪器，建设了畜禽疫病监控与防控、环境控制、清洁饲料、生产制动化与智能化、粪便无害处理与利用 5 个研发平台和分析中心，与合作企业共建 1000 平方米的产业化试验基地，开展了从饲料、养殖、育种到粪便沼气发酵等养殖全过程的智能化清洁生产的研究。2016 年，"共建平台"已攻克了猪舍空气病毒污染的快速监测等畜禽产业关键共性技术难题 10 余项，研发成果推动了雏鹰农牧、河南谊发、河南广安等企业的转型升级，实现销售收入增长 6%以上，利润超过 1000 万元。

此外，抗疲劳制造技术"共建平台"以产学研合作项目为基础，郑州大学、中国中铁隧道股份有限公司利用各自的研发优势和技术积累，成功申报并获批国家 863 项目；陶瓷材料界面"共建平台"，以产业共性关键技术研发项目作为高校博士、硕士人才培养课题，既提高了人才培养质量又为产业提供了高素质研发后备力量。总的来说，多样化的发展模式促进了产学研合作更加紧密，推动了产业集聚区主导产业的稳步发展。同时，我们也注意到大多数"共建平台"仍然面临着产学研合作层次不高、积极性不强等问题，在一定程度上影响了"共建平台"作用的进一步发挥。

第七节　河南省创新驱动产业集聚区转型升级的机遇与挑战

一、面临的战略机遇与有利条件

（一）产业融合发展新趋势推动制造业重构步伐加快

当前新一轮科技革命正在深刻影响着全球产业模式，产业融合发展已经成为产业经济发展的主流趋势，尤其是现代信息技术与制造业的融合、制造业与服务业的融合已经成为全球产业发展的新亮点，产业边界逐步打破、产业组织重新构建、产业链条重新组合，传统制造中的大规模、大批量标准化生产模式越来越难以满足消费者的个性化需要。当前国内外在人工智能、数字制造、工业机器人等领域还未形成技术控制及市场占领，在这些产业发展上，各地基本上处于同一起跑线，这就为河南产业集聚区打破原有全球价值链低端锁定、重塑现代产业体系、融入世界高端产业链提供了一段难得的战略机遇期。

（二）国家战略的集中释放进一步扩大发展空间

当前，国内区域发展呈现新格局，区域布局形态由"块"演变为"带"，尤其河南成功被列为丝绸之路经济带的起点省份，更为产业集聚区带来了新的发展机遇。新丝绸之路沿线中亚国家石油、天然气、煤炭、有色金属等资源丰富，电力设备、机械设备、汽车配件、建材、食品等需求量较大，但当地资源开发技术、设备制造技术、农业开发技术比较落后。这与产业集聚区定位装备制造、食品加工、化工、有色金属、汽车及零部件等产业的发展格局具有较强的互补性，尤其当前产业集聚区面临产业升级、淘汰过剩产能等情况，融入丝绸之路经济带对于产业集聚区扩大海外市场、推动区内企业走出去具有重要意义。

（三）多项改革措施激发市场发展活力

党的十八届三中全会以来中央出台了一系列重大改革举措，激发了微观市场活力，为产业集聚区民营经济和中小企业发展提供了良好的市场环境。此外，上海自贸区的负面清单和可复制、可推广的经验为产业集聚区简政放权、运营管理、监管服务提供了发展经验，河南自贸区的获批为产业集聚区提供了先行先试的制度和政策优势，有助于进一步加快破除制约产业集聚区发展的深层次体制机制障碍，激发政府主体活力和创造力。

（四）区域性产业集群转移明显提速

受劳动力成本上升、土地资源保障制约以及市场需求不足的多重挤压，沿海地区产业开始新一轮不得不转移中西部地区的现实选择。与此同时，新一轮区域产业转移呈现一些新趋势，在能源密集型产业、资本密集型产业转移规模持续扩大的同时，产业集聚区作为全省招商引资的主平台产业转移重心由初级工业向高附加值工业、传统工业向新兴工业、制造业向服务业转变。

二、面临的重大挑战与制约因素

（一）全球经济发展有所放缓，集聚区对外贸易形势不容乐观

2013 年，河南对美国、欧盟、日本、巴西、俄罗斯、印度的出口值占比为全部出口总额的 65.7%。然而，2014 年，美国、日本和欧元制造区采购经理指数（purchase management index，PMI）呈现下滑态势，持续在50%的分界线附近波动。与此同时，新兴经济体方面，印度、俄罗斯工业生产指数处于整体走低态势。全球经济陷入持续低迷，发达经济体和新兴经济体经济发展都面临困境，这将意味着外需对产业集聚区经济增长的拉动作用有限。

(二)我国工业仍处于潜在增长率下降通道，集聚区产业转型减缓

当前，我经济进入新常态，经济增长转入中低速阶段，工业增加值持续回落。虽然中央采取了一系列稳增长、调结构、惠民生的常态化"微刺激政策"，但政策效应却出现递减现象，从工业企业运行情况来看，企业生产经营仍然面临较多困难，工业增长存在内在下行压力。在外围环境不乐观的环境下，集聚区的产业发展和业绩提升都面临较大挑战。

(三)智能化、信息化、绿色化发展趋势强化，集聚区传统产业发展日益困难

随着日趋激烈的企业竞争以及日益突出的环境问题，智能化、信息化、绿色化已经成为当前制造业发展的大趋势。这就要求产业集聚区在制造业的智能化、信息化、绿色化发展上提速，加快传统产业的转型升级，将技术和创新作为提升传统产业的重要途径，逐步摆脱全球价值链嵌入的低端锁定。此外，逐步提高的劳动力成本、日益稀缺的土地资源以及来自节能减排的环境压力等因素相互叠加，导致有色金属、钢铁、化工、纺织服装等传统产业的发展需投入更多的人力成本和环境治理成本。

(四)区域发展多元化格局显现，集聚区承接产业转移竞争加剧

承接产业转移是河南省产业集聚区借力发展的重要举措，但随着国家区域发展规划密集出台，中西部工业经济发展的多元化格局正在形成，周边区域中心城市竞相发展、相互赶超的竞争格局趋于强化。在2014年12月5日同济大学发展研究院发布的《2014年中国国家级产业园区持续发展竞争力综合排名百强榜》中，武汉东湖国家自主创新示范区、武汉经济技术开发区位列前10位，成都高新技术开发区、西安高新技术产业开发区、合肥高新技术产业开发区也挤入前20位，而郑州只有高新技术产业开发区排名最靠前，位居第34位；与周边省份相比，河南产业集聚区在政策体系、软硬环境、产业配套、创业氛围等领域综合优势并不突出，未来与周边地区的竞争将会更加激烈。

第八节 河南省产业集聚区协同创新发展总体思路

围绕国家战略实施和四个大省建设，紧紧抓住科技与经济紧密结合这一核心问题，创新产学研合作方式，统筹发挥市场导向、企业主体、政府引导作用，引导省内高校的创新要素和创新资源向园区、企业流动集聚，提升高校创新资源为产业发展服务的能力，促进产业转型升级。产学研合作要以加快产业集聚区内产

业结构调整和升级为主线，以提升产业核心竞争力为目标，以促进创新链与产业链深度融合为着力点，以产业集聚区创新平台建设为落脚点，以改造提升传统优势产业、加快发展高新技术产业为主要领域，以创新主体培育工程、产业牵引升级工程、科技创新工程、协同创新工程为抓手。要完善科技创新机制，优化科技创新环境，着力构建以企业为主体、市场为导向、产学研相结合的自主创新体系。要建设健全创新载体与平台，大力实施创新驱动发展战略，大幅度提升产业集聚区科技研发能力、科研成果转化能力、科技创新运用能力和科技人才集聚能力，推动河南省产业从"要素、投资驱动"向"创新驱动"转变，发挥科技创新在产业结构战略性调整中的重要支撑引领作用，促进经济社会更多地依靠创新驱动发展。

一、产业集聚区创新驱动产业转型升级的思路

（一）主要靠规模扩张向主要靠创新驱动转变

当前，受资源、环境、土地等因素的制约，河南产业集聚区很难再依靠规模扩张式的粗放发展方式。尤其现在我国经济发展进入"新常态"阶段，产业集聚发展的重点是产业形态的创新、产业组织的创新、商业模式的创新以及品牌价值的塑造。这是一种基于创新驱动的集聚发展模式，关键是要努力打造国内一流的知识密集型产业高地和河南研发创新中心，不断提升载体对其周边地区及产业发展的技术支撑力。

（二）企业堆积向产业集群、融合发展转变

建设产业集聚区的初衷，就是打造产业链条完整、企业合作配套网络健全、产业融合程度高、区域特色优势突出的产业集群。当前，河南产业集聚区发展还普遍存在主导产业同质性强、产业链环节不完整、本地配套率偏低、产业培育与本地优势割裂发展等问题，下一阶段，应引导产业集聚区围绕集聚龙头企业与主导产业、集聚上下游产业链与横向服务链、集聚产业内配套网络与产业间融合网络三大路径，推动产业发展由加工环节向产业链两端高附加值环节延伸，强化企业与企业、企业与科研院所之间的融合，资金、项目、管理、品牌之间的融合以及产城融合。

（三）硬基础投入向软环境塑造转变

当下应该把重点从加快区内基础设施建设转到软环境打造上来，注重运用云计算、互联网、物联网及大数据，建设智能化、信息化、网络化的智慧产业集聚区；注重节能减排、循环发展，建设集约化、绿色化的生态产业集聚区；注重塑

造创业氛围、鼓励技术创新、疏通科技成果转化渠道，建设科技化、品牌化的高新技术产业集聚区。

（四）政策优惠向制度配套转变

随着形势的发展，以政府主导产业不再适应当下产业集聚区的发展诉求，应该更加发挥市场的主导作用，政府也应该由主导转化为服务，由政策优惠转变为制度配套，注重制定并完善产业集聚区管理条例，从顶层设计上明确各个集聚区的地位、功能、特色等；制定并完善地市政府建设产业集聚区间的沟通协调、利益分享等机制；重视完善集聚区管委会自身的管理制度设计，使各项效益最大化。

二、产业集聚区创新驱动发展的着力点

（一）统筹规划空间和功能布局

紧紧抓住"三区一群"等国家战略实施的重大历史机遇，立足比较优势和发展基础，深化体制机制改革，开展创新政策先行先试，深入推进大众创业、万众创新，激发各类创新主体活力，营造良好的创新创业环境，培育一批"百千万"亿级创新型产业集群。高新区强化战略先导地位，突出"高"和"新"，充分发挥引领、辐射、带动作用。辐射区突出"专"和"精"，发展特色产业。加快形成示范区优势互补、错位发展、特色明显的产业格局，开创各有侧重、各具特色、协同发展的创新新局面，全面提升区域创新体系整体效能。

郑州片区。重点发展智能终端、盾构装备、超硬材料、新能源汽车、非开挖技术、智能仪表与控制系统、可见光通信、信息安全、物联网、北斗导航与遥感等，打造国内具有重要影响力的高端装备制造产业集群和新一代信息技术产业集群。以建设国家科技和金融结合试点城市为抓手，重点开展科技服务业区域试点和科技金融结合方面的试点示范。

洛阳片区。重点发展工业机器人、智能成套装备、高端金属材料、新型绿色耐火材料等，打造国内具有重要影响力的智能装备研发生产基地和新材料创新基地。以建设国家小微企业创业创新基地示范城市为抓手，重点开展创新创业生态体系和新型研发机构建设方面的试点示范。

新乡片区。重点发展新能源动力电池及材料、生物制药、生化制品等，打造新能源动力电池及材料创新中心和生物医药产业集群。充分发挥科教资源集聚优势，全力争创国家创新型试点城市，重点开展新能源领域科技成果转移转化和产业组织方式创新方面的试点示范。

（二）突破关键核心技术

以高端装备、电子信息、生物医药、新能源及新能源汽车等为重点，强化科技创新的全链条设计，围绕产业链系统部署创新链，提升主导产业创新发展效率，推动主导产业成群成链发展。实施产业技术创新战略联盟发展工程，积极引导企业、高等学校和科研院所等建立机制灵活、互惠高效的产业技术创新战略联盟。以产业技术创新战略联盟和创新龙头企业为主体，实施一批省重大科技专项，力争突破主导产业关键核心技术，获取一批自主知识产权，推动产业向中高端迈进。

（三）加快培育创新主体

健全企业主导的产学研协同创新机制，推动企业成为研发投入和成果转化的主体。积极培育创新龙头企业，支持一批对产业发展具有龙头带动作用、创新发展能力强的创新龙头企业做大做强。加大高新技术企业培育力度，确保落实国家支持高新技术企业的税收优惠政策。促进科技型中小企业发展，加快培育一批年营销额超亿元的"科技小巨人"企业。实施知识产权强企行动，加强创新型企业知识产权能力建设。加快形成以创新龙头企业为引领、以高新技术企业为骨干、以一大批科技型中小企业为生力军的全产业链创新型企业集群。充分发挥高等学校、科研院所在基础研究、应用基础研究、行业共性关键技术研发及知识产权创新中的引领作用，大力增强其服务经济社会发展的能力。

（四）积极打造研发平台

实施大中型企业省级研发机构全覆盖工程，优化重点实验室、工程实验室、工程（技术）研究中心、国际联合研究中心（实验室）、企业技术中心布局，构建向企业特别是中小企业有效开放的机制。探索建立产业技术创新研究院、产业协同创新中心、制造业创新中心等新型研发机构，组织开展共性和关键技术研究。推进国家粮食作物协同创新中心、中科院郑州工业先进技术研究院、郑州信大先进技术研究院、北斗导航军民融合研究院、郑州大学产业技术研究院、中科院过程工程研究所郑州分所、洛阳中科信息产业研究院（中科院计算技术研究所洛阳分所）、中科院自动化研究所（洛阳）机器人与智能装备创新研究院、洛阳特种材料研究院、新乡云计算数据中心、中科院过程工程研究所华兰蛋白质工程分离纯化联合实验室、新乡电池研究院等创新平台建设，全力打造示范区支撑体系。

（五）加强创新载体建设

强化国家高新区的核心作用，把提升高新区发展质量作为建设示范区的重要支撑。郑洛新三市大力支持国家高新区快速发展，重点在高新区集中布局战略性新兴产业和高新技术产业。依托省认定的产业集聚区建设一批省级高新区。支持发展良好的高新区等各类开发区按照国家和省的审批原则,优先升级和扩区。培育创新型产业集聚区,辐射引导省级产业集聚区走创新发展道路。发挥示范区引领带动作用,加快推进可持续发展实验区、农业科技园区、高新技术特色产业基地、国际科技合作基地、专利导航产业发展实验区、省科学院高新技术创新基地等创新载体建设。

(六)加强创新人才队伍建设

牢固树立人才为先、人才为重、人才为本的理念,在示范区建设省人才管理改革试验区,支持郑州国家海外高层次人才创新创业基地和国家级河南留学人员创业园等建设,通过一批先行先试政策,把示范区打造成为人才智力高度密集、科技创新高度活跃、新兴产业高速发展的人才特区。树立不求所有、但求所用的理念,完善柔性引才政策。设立首席科学家、特聘研究员等特设岗位,按照人在岗在、人走岗销的管理方式进行管理。加大力度实施国家千人计划、省百人计划等,支持实施智汇郑州·1125聚才计划、河洛英才计划等,广泛吸引海外高层次人才来豫创新创业。建立灵活高效的人才培养开发、评价发现、选拔任用、流动配置、薪酬激励等机制,形成"两院"院士、中原学者、科技创新杰出人才和科技创新杰出青年、创新型科技团队组成的金字塔形科技创新人才培养体系。加快培养创新型企业家、专业技术人才和高技能人才。

(七)加快国家技术转移郑州中心建设和运行

以国家技术转移郑州中心为核心,积极融入全球和全国创新网络,主动承接技术转移,促进知识产权交易。推动国家技术转移郑州中心运行体系化、网络化,吸引国内外知名高等学校、科研机构参与运行,引导新建一批技术转移服务机构,提高技术转移和成果对接水平与成效。充分发挥国家技术转移郑州中心对示范区的辐射带动作用,把示范区打造成为支撑全省科技创新的技术转移集聚区。

第三章　河南省创新驱动产业转型升级动力：高校创新能力

李克强指出，加强产学研合作是打通创新链条、促进创新发展的重要支撑。高校作为创新的重要主体，围绕区域产业转型升级和培育发展新动能面临的现实需求，根据"需求导向，项目驱动，优势互补，资源共享"的原则，要大力开展产学研协同创新，构建更加高效的产学研合作机制，推动以市场为导向、产学研深度融合的技术创新体系，有力促进科技难题攻坚和成果转化，全面提升产业集群和区域创新能力，为产业转型升级持续提供科技成果支撑，为产业创新发展培育汇聚新动能，助力区域经济再上新台阶。

第一节　高校创新能力提升的逻辑内涵

高校产学研协同创新是指在经济、科技、教育和社会发展的推动下，以企业、高校和科研院所为主体与政府、中介机构、私人基金会等相关主体在社会主义市场经济条件下，通过内外部环境要素的相互作用，共同从事科学研究、市场开发、咨询服务等活动，建立产学研合作联合体的这种组织形态，以实现技术创新、人才培养、社会服务、产业发展、经济进步等功能。长期以来，国内外学者针对产学研合作创新进行了大量研究，但随着合作层次的进一步深入，协同创新已成为当今合作创新领域的一个新主题。党的十八届三中全会部署深化科技体制改革的战略时，提出要建立产学研协同创新机制，进一步指明了产学研合作的方向，丰富了中国特色产学研合作的内涵，产学研协同创新适应了时代的潮流。当今世界创新模式正在发生重大变化，产学研协同创新已经成为产学研合作的一个新的趋势。

一、大力推进高校协同创新的紧迫性和必要性

新一轮科技革命和产业变革正在孕育兴起，世界各国都在尝试打破资源壁垒，促进产学研等创新资源的深度融合。产学研协同创新已成为助推产业转型升级，提高国家和区域竞争力的重要着力点。当前正值我国科技创新能力提升的关键时期，党的十八大报告提出了实施创新驱动发展战略的重大部署，强调要坚持走中国特色自主创新道路，以全球视野谋划和推动创新，提高原始创新、集成创新和

引进消化吸收再创新能力,更加注重协同创新。党的十八届三中全会指出,要建立产学研协同创新机制,促进企业成为创新主体。当前,河南省面临国家战略实施和四个大省建设的机遇,正处于全面实现小康的决战决胜阶段,大力推进产学研协同创新,已经成为河南创新驱动产业转型升级的重要载体。

科技创新是创新驱动发展战略的核心,目前我国科技创新市场发育还不完善,科技创新成果转化率、原创性以及经济增长效应均较低,当前科技创新并未成为经济发展的主要动力,创新驱动发展战略的实施需要以先进的科技协同创新模式为支撑。基于创新驱动发展战略理念,构建以企业、高校和科研院所、政府为主体的"政产学研用"科技协同创新模式,转变创新主体观念和行为,强化创新人才培养和管理,推动科技创新成果的转化,将为创新驱动发展战略的顺利实施提供充分有力的科技创新支撑。

(一)有利于推动区域经济发展

高校产学研合作作为自主创新体系的一种途径,围绕经济、社会和科技发展的重大战略需求,使高校主动对接战略新兴产业规划和社会发展规划,开展重点产业领域的核心技术研发、社会发展重大理论和实践问题的研究,有利于更有效地配置科技创新资源,激发科研机构的创新活力,并使企业获得持续创新的能力,转化技术优势为产业优势、发展区域优势产业群、推动区域经济发展。这种合作使高校成为支撑区域创新驱动转型发展的技术创新源和产业孵化器,成为区域经济社会发展创新的策源地。

(二)有利于增强高校服务于创新驱动转型发展的能力

产学研结合有利于充分发挥高校的优势,探索符合创新规律的科技创新和成果转化的组织管理与运行机制,增强高校主动对接区域和国家经济社会发展规划的意识,加强产学研合作,有利于提升高校的知识服务能力、供需对接能力和技术转移能力。河南省是人口大省,经济规模居全国第五、中西部之首,使高校服务于粮食生产核心区建设、中原经济区建设、郑州航空港经济综合实验区建设、国家自主创新示范区和自贸试验区建设,更是当前和今后一个时期全省高等教育系统面临的重要任务。高校要以深化产学研合作为契机,主动参与河南自主创新体系建设,促进创新驱动发展,全面提高科技成果转化的数量和质量,切实提升对经济社会发展和国家战略实施的科技创新支撑能力。

(三)产学研相结合为技术创新提供科技人才支持

据 2014 年中国科技人力资源发展报告,我国的研究开发人员有 42%分布在企业之外的研究机构,有 22%分布在高校,只有约 27%分布在企业。而发达国家的研究开发人员有一半以上集中在企业。例如，美国 75.4%、英国 68.5%、日本 64.8%。实行"产学研相结合"，将高校和科研院所的研究力量、科技成果与企业相结合，可以迅速地提高企业的自主创新能力，帮助它们更快地进入市场的良性循环中。

（四）"产学研"是创新体系中不可缺少的环节

在国家创新体系中，企业、高校、科研院所等都是不可或缺的环节。其中，直接面向市场的企业以效益最大化为目标,通过市场的良性循环实现科技产业化，所以是自主创新的主体。同时，在"市场为导向"的前提下，实行"产学研相结合"，高校、科研院所可以帮助企业实现科技产业化。

（五）协同创新是科技创新的趋势

由于当今科技创新的源头主要在科学发现和知识创新，因此科技创新不能只是靠企业，还需要高校和企业的协同、科学家和企业家的协同，构成知识创新——孵化高新技术——企业采用高新技术的创新链条，改变长期以来这两大体系"两张皮"现象，建立知识创新和技术创新有机衔接的机制与路径。

二、产学研协同创新文献梳理

1992 年，国务院发起"产学研联合工程"，产学研合作进入政府介入阶段。1995 年产学研合作被纳入科教兴国战略。2005 年，《国家中长期科学和技术发展规划纲要（2006—2020 年）》中明确指出，产学研是全面推进国家创新体系建设的突破口。2006 年和 2011 年的政府工作报告中两次提出要更好地实现产学研有机结合。2013 年，习近平在十二届人大一次会议和国家科学技术奖励大会中提出，实施创新驱动发展战略，建设创新型国家，破解经济发展深层次矛盾和问题。同年李克强在国务院常务会议和第十二届中国发展高层论坛中指出，完善科技创新体制机制，加快建立以企业为主体，市场为导向，产学研相结合的技术创新体系，推动经济尽快走上内生增长和创新驱动的轨道。这标志着产学研合作已上升到建设创新型国家的高度。因此，深化对科技创新、产学研结合运行机理、绩效评价等方面的探讨，是我国教育、科技和企业界应持续关注的议题。

（一）研究主题概述

1. 产学研合作模式

产学研合作模式是针对特定的环境、条件、目的等总结出来的有代表性且较为成功的合作形式。合作模式是学者们历年研究的重点，合理的模式可以有效促进产学研合作的顺利进行并深刻影响合作效果。我国学者通过文献研究、案例分析及实证等方法，从合作模式的分类、特点、选择依据及提高合作效果的途径等方面进行了论述。具体内容如表3-1所示。

表3-1 产学研合作模式研究概况

研究视角	作者	研究方法	观点及结论
模式分类	杨榕等（2001）	文献分析	自由组织结合模式、项目契约结合模式、政府集成模式
	王文岩（2008）	文献分析	分别按合作方式、合作形态和政府作用对产学研合作模式进行了分类
模式对比	谢科范（2008）	对比论证	对比合作研发、平台运作、战略联盟、人才流动四种模式的异同
	李成龙（2011）	对比论证	指出技术转让和委托研发呈现低互动特征，内部一体化和共建研发实体呈现高互动特征
模式选择	王文岩等（2008）	规范研究	探讨了不同类型产学研合作特点，提出了合作模式的选择依据
	李宇（2013）	规范研究	提出了"区中园、一体化、虚拟结合"三种"双核"区域创新驱动模式

2. 产学研成果转化

产学研合作的最终目的是将科技成果转化为现实生产力，从而推动社会的进步与发展。科技成果转化率与产业化程度偏低的状况，造成了资源大量浪费，直接制约了我国国民经济的发展，影响了我国综合国力的提高，因此，建立完善的科技成果转化机制是保证产学研合作顺利实施的关键。针对我国科技成果转化率普遍较低的现实状况，学者们主要探讨了成果转化机制的设计、选择、评价，科技成果转化的影响因素，促进科技成果转化的对策，等等。

3. 产学研政策及建议

推动企业自主创新是我国实施建设创新型国家战略的重中之重。产学研合作主体间的利益不完全一致，使得合作效果不能达到社会最优水平，因此需要政府介入创新体系。产学研作为有效途径，其发展直接受到国家政策的推动和影响，学者对此方面的研究集中在政府在促进研发投资、消除技术转移障碍和强化合作等方面的作用，而且，他们据此提出了具有普适性或针对性的政策建议。袁翔珠（2004）指出应该从市场、科研、学科建设等方面对地方高校在产学研合作中的合理定位进行重新认识，建立科学、高效的运行机制。周元（2006）提出对不同区域、不同形式、不同产业的自主创新进行分类指导，用户主导紧密型产学研合作和围绕区域共性技术需求建设创新平台是提升区域自主创新能力的重要手段。胡冬雪等（2013）从产学研合作中各种社会关系的调整、创新主体的塑造、合作成果的保护和利益分配三个方面分析我国产学研合作的法制需求与立法重点,从完善我国产学研合作法律基础和弥补产学研合作法律空白两个方面提出完善我国产学研合作法律体系的立法构想。

4. 产学研激励机制

激励约束机制是以目标责任制为前提,以绩效考核制度为手段,以激励约束制度为核心的一整套激励约束管理制度。良好的激励机制可以促进产学研合作的顺利实施并保证科技成果的有效转化。学者们采用问卷调查、实证分析等方法研究总结了产学研合作的障碍与动力机制,并在此基础上提出相应的对策及建议。

(二)产学研绩效评价体系文献梳理

产学研合作并非只有成功的案例,因此需要我们对产学研合作的实践和评价等问题进行理性思考。研究产学研合作绩效评价体系的根本目的是通过绩效评价发现产学研合作中存在的不足,提出合理的对策和建议,从而更好地指导产学研合作的顺利进行。学者们主要从产学研合作绩效评价的理论模型、指标设计原则方法及今后的发展方向等方面进行了深入研究。具体内容如表3-2所示。

表3-2 产学研绩效评价体系

研究视角	作者	研究方法	观点及结论
绩效评价体系的设计和应用	刘广珠等(2008)	实证研究	从创新能力、创业环境、经济发展绩效、经济化程度、国际辐射力等方面建立评价指标体系
	金芙蓉等(2009)	文献+案例实证研究	基于投入产出原理建立了产学研合作绩效评价指标体系,并验证其实用性
绩效评价的理论模型	周国红(2005)	案例研究	研究了产学研对企业竞争力的影响程度,提出企业要建立学习网络的建议
	张万宽(2008)	实证研究	分析了资源特性、资源匹配程度、资产专用性和不确定性对联盟绩效的影响并进行验证
影响绩效的因素	朱桂龙等(2008)	实证研究	认为影响合作绩效的内部因素包括公司规模、吸收能力等;外部因素包括风险投资和政策;相互作用因素包括合作模式等
	樊霞等(2015)	实证研究	验证产学研对新产品销售收入提升和获取专利有正向影响

(三)产学研合作研究述评

通过对产学研合作相关研究文献的梳理和分析可以发现,我国关于产学研合作的研究文献主要集中在合作模式、成果转化、利益分配、激励机制、政策建议、评价体系及风险管理七个主要领域，其中尤以合作模式与政策建议两方面研究较为深入和广泛。文献分析研究得到的结论如下：一是我国关于产学研合作模式的研究开展较早且已渐趋成熟，多数学者认为由于合作方式的不同可将合作模式划分为技术转让、委托研发、联合攻关、共建科研基地、内部一体化和共建研发实体等。但由于分类角度的不同以及行业特征和企业特征的差异性，不同学者对模式的划分均有所区别。近年来，除对模式的分类以外，研究更多地关注于创新型模式的发展，其在实践中的应用效果还有待检验。二是随着产学研合作的不断发展和扩大，我国关于产学研合作中成果转化、激励机制、利益分配和风险管理方面的研究也在逐步深入，其中成果转化和激励机制方面相对成熟，利益分配方面目前较多停留在理论探讨的层面，部分模型及方法在实践中的应用还有待加强，而风险管理方面则处于初步理论探讨阶段，需要更加深入的研究来为实践提供指导和理论基础。三是产学研合作的绩效评价体系和影响因素分析已有一定的研究成果，但仍需进行深入研究，更多地将研究成果与实际环境相结合，完善相关政策和实施办法，并对其加以充分利用，进一步探索能够对产学研合作效果产生直接或重大推动作用的方法和途径，从而推动产学研合作的发展和国家创新能力的提升。

三、产学研协同创新的发展现状

纵观全球，产学研协同创新已经成为创新型国家和地区提高自主创新能力的全新组织模式。随着技术创新复杂性的增强、速度的加快以及全球化的发展，当代创新模式已突破传统的线性和链式模式，呈现出非线性、多角色、网络化、开放性的特征，并逐步演变为以多元主体协同互动为基础的产学研协同创新模式，受到各国创新理论家和创新政策制定者的高度重视。纵观发达国家创新发展的实践，其中一条最重要的成功经验，就是打破领域、区域和国别的界限，实现地区性及全球性的产学研协同创新，构建起庞大的创新网络，实现创新要素最大限度的整合。美国硅谷成功的关键在于区域内的企业、高校、研究机构、行业协会等形成了扁平化和自治型的"联合创新网络"，使来自全球各地的创新创业者到此能够以较低的创新成本，获取较高的创新价值。韩国在20世纪80年代后期模仿日本"技术研究组合"的模式，成立了以国家电子通信研究所为牵头单位，由三星电子、LG半导体以及高校、政府机构等组成的共同研究开发组织，主要从事记忆存储芯片及其制造设备和生产材料的研发。经过10年的协同攻关，研发终于获取成功，涌现了三星、LG等世界半导体巨头，在通信、存储芯片、平面显示等技术领域拥有世界领先的核心技术。在欧洲，随着欧洲一体化进程的加快，产学研协同创新网络蓬勃发展。特别是芬兰、爱尔兰、瑞典、瑞士等北欧国家，技术创新实力虽然不如德国、英国、法国等老牌国家，但通过积极推进产学研协同创新，建立全球性创新网络，创新能力也得到跨越式的发展。芬兰的"信息通讯技术联盟"由诺基亚等 200 多家信息通信企业、29 所高校和金融服务机构以及一批科技中介机构组成,极大地促进了芬兰的通信产业发展,使芬兰从一个林业国家一跃成为世界通信强国。

环顾国内,产学研协同创新已经成为各地区竞相探索的新型创新模式。我国载入史册的两弹一星工程、载人航天工程、嫦娥工程等重大技术攻关,无疑都是具有中国特色的产学研协同创新的成果。在我国创新驱动转型和新常态时期,需要借鉴发达国家产学研协同创新的经验,创新产学研协同创新的体制机制,激发创新主体的活力,推动创新型国家建设。目前,我国科学技术总体水平与发达国家还有较大差距,体制机制对创新的约束条件仍然存在,诸如各方面科技力量自成体系、分散重复,整体运行效率不高;科技宏观管理各自为政,科技资源配置方式、评价制度等不能适应科技发展新形势和政府职能转变的新要求,阻滞了创新水平的全面提升。近年来,北京、江苏等省市在全面推进原始创新、集成创新、引进消化吸收再创新的同时,也在不断探索推动产学研协同创新模式,力求在新一轮创新竞赛中先走一步,争创新优势。如北京已经成立了产学研协同创新服务联盟,主要服务于重大科技成果转化和产业化,大力促进战略性新兴产业发展。

四、产学研协同创新的发展态势

(一)产学研协同创新的政策环境逐步完善

胡锦涛在清华大学建校 100 周年庆祝大会上的重要讲话指出,要积极推动协同创新,鼓励高校同科研机构、企业开展深度合作。要自觉参与推动战略性新兴产业加快发展,促进产学研紧密融合,加快科技成果转化和产业化步伐。习近平在科协、科技界委员联组会上的讲话指出,要加强统筹协调,促进协同创新,优化创新环境,形成推进创新的强大合力。习近平系列讲话和出台的一系列政策明确指出,深化科技体制改革,探索产学研协同创新新机制,促进科技成果转化。国家先后出台了《关于深化人才发展体制机制改革的意见》《中共中央 国务院关于深化体制机制改革加快实施创新驱动发展战略的若干意见》《关于进一步完善中央财政科研项目资金管理等政策的若干意见》等一系列促进产学研协同创新的政策。河南省出台了《河南省人民政府关于深化高等教育综合改革全面提升服务经济社会发展能力的意见》《河南省人民政府办公厅关于进一步激发高校科技创新活力提高支撑经济社会发展能力的实施意见》《关于加快推进高等学校众创空间建设的通知》等促进高校产学研协同创新的系列政策。

(二)产学研协同创新日益成为各创新主体的内在需求

产学研协同创新是国家创新体系的重要构成要素,企业是产学研协同创新的积极参与者和主体,高校是产学研协同创新的重要结合点,政府是产学研协同创新的重要推动力量。

产学研协同创新有效满足了企业、高校和科研院所各创新主体对各自短缺资源的需求,在更大范围内更高水平地实现了资源整合、优势互补,进而为形成新的竞争优势、提升各主体的核心竞争力提供了物质可能、条件基础和实现途径。当然这个自我发展需求是一个全面的发展目标,不仅包括硬实力方面核心竞争力的提升,也包括精神层面文化软实力的提升,如创新主体社会地位、品牌、形象、声望和名誉等影响力的提升。特别是高校作为学术组织,和企业不同的是,本身就有追求卓越、探索新知的使命和传统,在知识创新方面有着更大的动力和较强的成就动机,在提高学术水平、人才培养水平、社会声誉等非物质利益方面比企业有着更多的追求和强烈愿望。

(三)市场机制在产学研协同创新中的主导作用不断增强

产学研协同创新既是一种创新活动,也是一种以技术转化为目的的经济活动,必然依托一定的市场环境而发生,并受到所处经济环境的驱动和引导。市场既通过需求提供协同创新合作的起点,也是科技成果转化为商品的终点,因此,来自市场环境的推动是协同创新的直接动力。

市场对于协同创新的驱动主要表现为市场的供需状况。企业通过预测发现了对企业发展具有极大意义的新市场,且这个目标市场存在着较大的供需空间,但产学研各方均不具备对这一较大需求的独立开发能力。在这种情况下,广阔的市场空间激发起强烈的增值期望,对产学研合作各方就产生了巨大的拉动效应,便形成了协同创新的可能性(图3-1)。

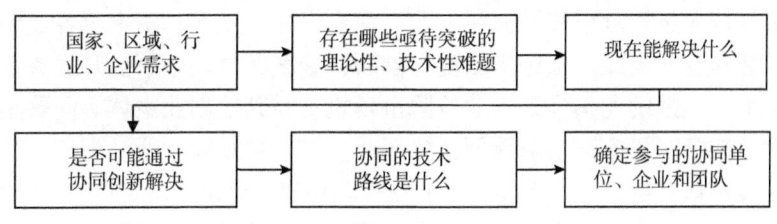

图3-1　协同创新的市场运行机制

斯坦福着眼世界产业结构调整,瞄准行业共性技术,以学科群对准产业群,实现学科链转为产业链,集群化推动产学研协同创新,它贡献的一个个产业链、一个个公司都是当今世界人类发展的需要。高校产学研合作要着眼区域创新驱动转型和产业结构调整,瞄准行业共性技术,构建"人才链—学科链—创新链—产业链"与"人才集群—学科集群—创新集群—产业集群"相互耦合发展的人才培养体系(图3-2),以学科群对准产业群,实现学科链转为产业链,集群化推动产学研合作。学校要以服务本地区经济社会发展为导向,号准本区域产业发展的脉搏,注重与本区域特色产业、行业、企业、事业合作研发,将人才培养和科研的重心放在解决企业技术创新及其应用等实际问题上。应用型本科院校在服务方面,一是要注重培养服务于本区域特色产业、行业、企业、事业的地方性、本土化的高级应用型技术和管理人才;二是要根据本区域经济社会的现状有针对性地开展教学、科研,为本区域经济社会发展过程中出现的技术、管理等问题提供实用技术与智力服务;三是要为区域经济的支柱产业、特色产业、新兴产业成立研发中心,开展科技开发和成果转化,积极探索产学研用一体化的基地建设新模式。

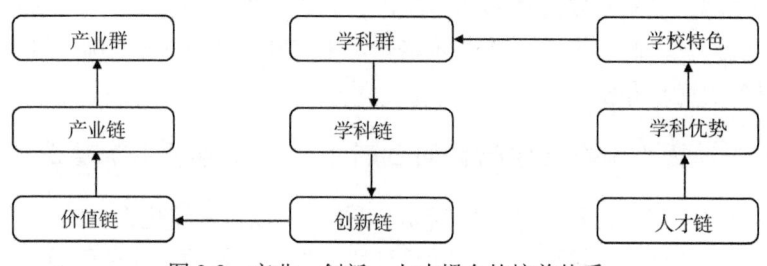

图 3-2　产业—创新—人才耦合的培养体系

(四)产学研协作平台从"以物为本"转向"人物结合"模式

随着互联网的普及和大数据时代的到来,面向知识社会的下一代创新,由科技创新 1.0 时代发展为科技创新 2.0 时代(图 3-3),更加强调用户创新、大众创新、开放创新、共同创新,实现以人为本的创新民主化。产学研合作平台出现了线上与线下相结合、孵化与投资相结合的众创空间模式,通过龙头企业、中小微企业、科研院所、高校、创客等多方协同,打造产学研用紧密结合的众创空间,吸引更多科技人员投身科技型创新创业,促进人才、技术、资本等各类创新要素的高效配置和有效集成,推进产业链、创新链深度融合,不断提升服务创新创业的能力和水平。鼓励龙头骨干企业按照市场机制与其他创业主体协同聚集,优化配置技术、装备、资本、市场等创新资源,实现与中小微企业、高校、科研院所和各类创客群体有机结合,有效发挥引领带动作用,形成以龙头骨干企业为核心、高校院所积极参与、辐射带动中小微企业成长发展的产业创新生态群落。

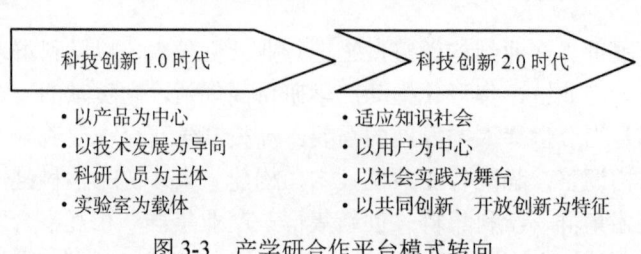

图 3-3　产学研合作平台模式转向

（五）高校产学研协同创新的特点

高校产学研合作具有产学研合作共有的特点，同时具有自己独特的特点，包括以下几个方面。

1. 多主体性

高校产学研合作除了高校、企业两个主体外，还需要政府、中介机构、金融机构等主体协作配合，这些主体通过聚集而发挥作用，实现高校科研成果向企业转移，帮助企业提高科技创新能力，增加其品牌价值，使企业长期适应不断变化的环境。

2. 非线性

高校产学研合作中各主体之间的关系是非线性的，这主要体现在高校产学研合作所取得的成果具有不确定性，其表现为技术上的不确定性、利益分配上的不确定性和市场上的不确定性。

3. 扩散性

高校产学研合作一旦成功，其取得的成果将在企业中转化为现实生产力，占据一定市场，引起其他企业相继模仿，形成创新高潮，从而促进经济社会发展。当其形成一定经济规模后，市场处于饱和状态，企业利润下降，又开始新的科技成果转化，高校科研活动始终为社会经济发展服务。

4. 风险性

高校产学研合作过程中，风险无处不在，主要有合作主体文化不同带来的风险、合作主体占有资源和信息不同带来的风险、高校产学研合作对象选择风险、对产学研合作认识的偏差带来的风险、信用危机带来的风险、市场预测失灵带来的风险和替代技术带来的风险等。因此，我们应该完善产学研合作制度，建立有效的沟通机制，提高各主体间信任度；建立利益共享、风险共担机制，明确各主体责任与权利；建立风险管理机制，有效预防与规避风险。

5. 多流性

高校通过人员的流动、资金的流动、物质的流动、信息的流动、成果的流动等实现与企业的合作，使社会有限资源发挥其最大作用，实现高校科技成果向现实生产力的转化，提高整个社会的科技创新能力。

（六）产学研协同创新的新理念

1. 新观点

观点一：提升产学研协同创新水平，首先要解决的是市场经济体制问题，其次才是科技体制问题。企业技术创新积极性不高主要是由于市场无序竞争、知识产权难以保护、人才流动困难等。

观点二：提升产学研协同创新水平，首先要找企业家，其次才是科学家。要调动企业技术创新的积极性，核心是要调动企业家技术创新的积极性，增强企业家技术创新的意识和管理技术创新的能力。

观点三：产学研协同创新必须考虑区域经济发展水平和企业技术创新能力的差异。不同的区域经济发展水平决定了不同的产学研协同创新模式和产学研载体的运行机制；不同的企业技术创新能力决定了产学研协同创新的不同深度，与技术创新能力越强的企业进行产学研协同创新，其合作点越靠近创新链上游，其合作的深度越深。

观点四：政府应在创新链各层面支持产学研协同创新。政府不仅要支持高校科技成果的转化，更应该支持上游的产学研协同创新，因为上游的产学研协同创新往往带有前瞻性；政府要支持有企业需求的高校科技成果的中试，提高成果的成熟度，这是创新链的重要环节。

2. 新认识

认识一：产学研协同创新的目标是共同发展。高校强调"以合作求发展"，本质上是以高校发展为中心。这种认识不够全面，因此常常会提出过高的要求，使政府或企业难以承受或接受。高校产学研协同创新的导向应是企业、社会的需要，这种合作应是以共同发展为主驱动的协同合作，而不是以高校发展为主驱动的合作。

认识二：产学研协同创新需要创新。产学研协同创新涉及合作观念、合作基础、合作模式和合作机制等；产学研合作的创新过程是一个逐步减少"待转化"的科技成果的过程。

认识三：产学研协同创新需要顶层设计。产学研协同创新需要对合作模式、运行机制和合作点进行顶层设计；顶层设计必须考虑区域经济的发展水平、企业的技术创新能力和高校自身的科技创新优势。

认识四：产学研协同创新应该实现三个转变。从强调产学研协同创新的定位和作用转变为强调围绕市场需求或技术推动的产学研融合；从强调产学研协同创新各方资源的存量转变为强调各方资源的优化配置；以企业为主的产学研协同创新主体应该从科技成果的"汇聚地"转变为创新需求的"供应商"，即由卖方主导向买方参与转变，这有利于实现以市场为导向的技术创新。

认识五：产学研协同创新必须不断出新。一是要有"新高度"。与行业龙头企业的合作，目标是引领行业的发展；国家目标牵引下的合作，目标是解决行业的关键、共性问题；与创新活动活跃的企业合作，目标是转化高校的知识创新成果。

二是要有"新方向"。新领域，即新业态，产业融合、产业链分解衍生行业；新产业，即战略新兴产业；新产品，即企业新产品研发。三是要有"新模式"。根据区域经济发展水平的不同采取不同的产学研协同创新模式，并逐步实现。发达地区由高校技术推动，较发达地区、欠发达地区由市场需求拉动。

第二节 产学研协同创新的内涵及主体要素

一、产学研合作的内涵

产学研即产业、学校、科研机构等相互配合，发挥各自优势，形成强大的研究、开发、生产一体化的先进系统，并在运行过程中体现出综合优势。产学研合作通常指以企业为技术需求方，以科研院所或高校为技术供给方的合作，其实质是促进技术创新所需各种生产要素的有效组合。产学研合作创新指通过企业、高校与科研院所之间的协同创新，按照"利益共享、风险共担、优势互补、共同发展"的原则，以技术合约为基础，依照各自的优势分担技术创新不同阶段所需投入的资源，建立起来的合作创新机制，实现资源在新起点的配置，推动行业技术进步。

——产（企业的市场经济）。在市场经济的前提下企业寻找更加适合企业发展的合作方式，以科研机构、高校的人才、研究成果输出为企业发展的原动力。同时也为高校、研究机构提供研究和人才开发的利用资源。

——学（高校人才的培养计划）。高校的人才培养能更加适应社会企业的需求，以高素质的专业人才来满足行业内的转型需求，在人才产出的同时引进社会专业人才对高校的人才库进行充实。

——研（科研机构的科学技术研究）。借助社会企业的良好平台及资源，科研机构在开发技术的同时完成对研究方向的规划，从单纯的技术型研究机构转型成技术、方向性兼顾的研究结构，同时以研究成果推动企业以及行业的整体发展。

——政（国家政府管理）。由政府出台相关政策来推动一体化的发展，在强有力的政策保证下使产学研合作得到快速发展。

——用（用户）。知识社会以及创新民主化的进程使得生活、工作在社会中的用户、大众成为创新的主体，传统意义的实验室的边界以及创新活动的边界也随之"融化"。知识社会的创新2.0重新定义了创新中用户的角色、应用的价值、协同的内涵和大众的力量。以生产者为中心的创新模式正在向以用户为中心的创新模式转变，以用户为中心、社会为舞台的面向知识社会、以人为本的创新2.0模式正逐步显现，用户创新成为科技创新活动的重要战场。

较为完善的产学研合作不仅包括企业、高校、科研机构，还包括政府部门、中介机构和金融组织等,简称为"产、学、研、官、中、金"。其中,产、学、研组成了基础和核心部分,而官、中、金形成了相对的外围部分,各主体根据其战略诉求和创新优势的不同在平台中发挥着不同的作用。

二、产学研协同创新的主体要素及互动关系

(一)主体要素

随着技术发展和创新形态演变,政府在创新平台搭建中的作用、用户在创新进程中的特殊地位进一步凸显,知识社会环境下的创新2.0形态正推动科技创新从"产学研"向"政产学研用",再向"政用产学研"协同发展的转变。

1. 主导性主体:企业

企业特别是大中型企业在产学研合作创新平台中处于主导地位。企业参与平台的战略诉求主要是知识产权和人才,包括获得关键产品技术、前瞻性技术,外包部分科研项目、降低研发成本,吸纳和培养人才、弥补企业研发能力和研发领域的局限性等。企业的创新优势在于对市场需求和动向的把握更加准确。企业的诉求和优势决定了其在产学研合作创新平台中的主导定位,具体表现在:第一,作为创新平台的发起者主导建立与高校和科研院所利益共享、风险共担的长期合作形式,满足技术创新对于合作长期性、深入性的要求;第二,作为平台运行的主要投入者,企业利用自身的研发经费和申请的政府科研项目经费支持合作的研发项目、共建的研究机构及人才联合培养等;第三,作为新产品和技术的开发者对高校与科研院所研发的前瞻性技术和上游技术进行市场转化;第四,在创新成果出现后,作为创新效果的提升者和主要受益者通过市场开拓,尽可能地提升其价值,谋求最大的综合收益。

2. 支撑性主体:高校与科研院所

高校与科研院所作为知识创新体系的核心主体,在产学研合作创新平台中发挥着支撑作用。高校和科研院所战略诉求的核心是经费支持与创新成果转化,即能够获得足够的资源进行知识创新活动和开展前瞻性的技术研究,得到的技术创新成果能够产业化。高校和科研院所的创新优势在于聚集了大量人才资源、学科资源和创新成果资源,具备优良的基础科学和前瞻性技术科研环境,拥有优秀的师资队伍和高效的人才培养能力等。高校和科研院所的诉求与优势决定了其对产学研合作创新平台强大的综合支撑作用,主要表现在:第一,高校和科研院所是产学研合作创新平台的知识产权资源库,企业可面向市场需求和机遇发掘与利用其中现有创新成果并将其产业化,创造市场价值。第二,高校和科研院所可以弥补企业研发能力的不足,满足企业对于上游技术、前瞻性技术的研发需求,以及

承担企业有外包需要的研发项目。第三，建立国际技术转移平台，推进国外先进技术向国内的转移，作为国内企业和跨国公司及海外企业联系的渠道，为国外先进技术在国内的引进、消化和再创新提供多种形式的服务。

3. 协调性主体：政府、中介机构和金融组织

作为平台重要的外围参与方，政府、中介机构和金融组织在产学研合作创新平台运行中发挥着政策导向、沟通协调投资融资、相关服务等协调性功能。这三者的组织背景和行为方式都与政府直接或间接相关，体现着政府意愿，其直接行为动机有所不同，但共同的战略诉求都是通过推动产学研合作创新平台的成熟完善，提高产业自主创新能力，支持建设创新型国家的发展战略。其创新优势表现在行政能力、信息资源和融资渠道等方面。政府在产学研合作创新平台建设中的作用体现在以下几方面：第一，制定促进产学研合作创新平台发展的激励政策，建立中介机构和信用担保平台，支持中介机构建立与企业网、商业网、金融网联通的信息网络，为平台各方提供大量准确、快捷的信息资源及配套服务；第二，为合作科研项目和创新成果产业化提供融资渠道，包括提供优惠政策、税收减免，吸引风险投资，启动创业板市场，增加产学研重大专项基金等；第三，与高校合作共建研发和技术转移平台，如政府或高校研究院、科技成果孵化园等，支持企业研发中心的建设和升级。中介机构，如金融中介机构、信息中介机构、信用中介机构等，是知识和技术扩散、转化与应用的重要环节，主要功能包括构建信息网络、协调利益关系、搭建项目风险投资平台等。目前，为产学研合作创新平台服务的中介机构主要由政府和部分高校筹建，功能发育和相关政策还不健全，随着产学研合作创新平台的发展将逐步成熟起来。金融组织的主要作用是解决产学研合作创新平台融资渠道的问题，除了商业银行贷款外，风险投资资本和创业板市场将成为拓展融资渠道的关键。

4. 环境要素：产学研合作创新生态系统

平台的环境是指影响平台存在、发展和变化的条件的总和。每个系统都有自己独特的外部环境，系统与外部环境之间相互依赖、相互作用，不断进行能量、物质及信息的交换。平台的环境可分为内部环境、中间环境和外部环境。内部环境指企业、高校与科研机构之间以及企业、高校与科研机构的内部要素之间的相互作用关系；中间环境包括政府、市场、金融机构及中介机构等为平台的发展提供导向、需求、资金及服务等；外部环境包括社会文化、社会教育、社会服务、社会经济、综合技术、制度法规等。

（1）内部环境。内部环境是指高校与企业之间及其内部要素之间的相互作用关系。企业、高校与科研机构是不同性质的两种组织，其文化背景和价值取向存在较大差异，通过共建创新平台，形成了平台内部特有的文化环境、技术创新环境、资源整合环境，为平台发展打下了良好的基础。

（2）中间环境。政府、市场（消费者）、金融机构及中介机构构成了平台的中间环境，任何一方的变化，都会对平台产生很大的影响。政府具有制定各种政策法规的权利，对平台发展具有政策导向作用；市场通过消费者对产品的选择，最终影响和决定着合作创新成果市场化的成功与否；金融机构通过对平台进行投资及制定相关的金融支持政策，为企业、高校与科研机构的合作创新提供了源源不断的经济动力；中介机构在产学研合作中起到桥梁和纽带作用，为平台的建设和发展发挥其服务功能。

（3）外部环境。尽管平台的创新活动会对外部环境产生影响，但在很大程度上，这种影响是有限的，平台对外部环境主要表现为适应。外部环境决定了平台的发展方向、发展速度及发展规模，好的外部环境能为平台的合作创新活动提供良好的社会氛围，使平台各子系统内的创新主体积极投身于合作创新活动之中，并对合作创新产生很强的信心；使平台内部资源得到合理配置和有效共享，实现主体间共赢或多赢。在平台的外部环境中，社会文化、教育及服务为平台发展提供了氛围保障，并在一定程度上影响着平台的发展水平；综合技术环境及社会经济环境为平台发展提供动力；制度环境的改善，可使平台从外界吸引更多的优秀人才、高新技术，促使平台系统尽快发展与完善；法规制度的健全和政策环境的完善，使合作主体间形成健康有序的合作关系，增强平台主体关系的稳定性，有效保护合作主体的权益。

（二）互动关系

1. 校企双赢是产学研合作长效机制的基础

产学研合作是科研、教育、生产不同社会分工在功能和资源优势上的协同与集成化，其符合社会生产力发展和技术创新规律，是优化公司科技开发行为的有效实现形式和途径，极大拓宽了创新人才的培养途径。学校和企业的双向交流，高校教师和科研人员深入企业，参与解决企业生产中遇到的实践问题，既推动了企业创新发展，又促进了高校学科发展和教学改革。

2. 高水平的学科建设与发展是产学研合作的前提

产学研合作机制的主体是学校和企业用人部门，前者是人才的输出者，后者是人才的接收者，二者之间互相依存、互相促进。学校要深化教学改革，按需育人，就要根据职业和岗位发展需求与培养学生技术应用能力的需要，合理进行课程体系和课程内容改革，合理进行实践教学体系改革。应进一步更新教育观念，转变教育思想，对产学结合的必要性、紧迫性、重要性有深刻认识。应根据产学结合的本质特征及各专业的培养目标，树立实践教学和整体观念，打破各实践环节各自为政的局面,建立一个产学结合的独立完整的实践教学体系以及教学计划。学科建设要紧贴现代产业发展的态势,专业设置要满足企业对人才的需求,才能真正发挥创新科技和培养创新人才的双重作用。把学校发展主动纳入高新技术发展潮流、学科建设发展规律之中,主动纳入满足人民群众日益增长的对优质教育资源的迫切需求之中,主动纳入社会主义市场经济竞争之中。学校的服务对象是企业,产品是人才,作为服务者,学校应主动征求客户对"产品"的要求,重视客户对"产品"的使用情况的反馈。而企业用人部门是人才的需求者,企业用人部门通过参与学校教学活动,把不断变化中的企业对技术应用型人才的知识结构、能力结构和素质的要求,反馈并体现到学校的教学改革方案中去,这样,企业用人部门就可以源源不断地从学校招聘到称心满意的技术应用型人才,促进企业自身不断发展。随着社会的进步、经济的高速增长和人民生活水平的显著提高,企业用人部门不仅需要从事科学研究、规划设计的专家,而且需要大量在生产、建设、管理、服务第一线工作的技术应用型人才,需要各类人才发挥各自的专长,相互协作,共同努力。

3. 技术开发是产学研合作的动力

创新是企业的生命力,企业只有不断进行技术创新、提高市场竞争力,才能有长足发展。许多企业都建立了技术部或研发部,投入资金进行企业科技攻关及技术创新,促进新技术得到运用和推广。但目前存在的问题是,有些企业虽然有技术开发等部门,但是技术力量配备不足,尤其是实验室投入不足,多数企业技术部门处于应付生产的局面。就企业而言,与智力、知识、信息资源丰富的高校、科研院所的交流与合作成为企业提高技术创新能力的必然选择。提高科技投入,尤其是与当地高校进行产学研合作,是提高企业创新能力、提高产品科技含量的最佳选择,更是最经济的方案。就高校而言,产学研合作是其进入经济建设主战场的最佳模式。河南省高校及企业非常认同产学研合作对高校及企业科技创新能力及高等教育的促进作用,一些高校、企业已经实施并收到显著实效。

4. 科技创新是产学研合作中生命力最强的机制

科技创新是指创造和应用新知识与新技术、新工艺,采用新的生产方式和经营管理模式,开发新产品,提高产品质量,提供新服务的过程。科技是第一生产力,在日趋激烈的市场竞争中,科技创新扮演着非常重要的角色。高校具有人才、实验室条件等优势,是科技创新的摇篮;相对而言,多数企业并不具备这样的条件。高校在科技创新上需要针对社会发展需要,即与市场接轨。企业是科技创新成果的使用者,在某些领域又亟须与高校开展合作。高校和企业在科技创新上合作,实现优势互补,高校的科技创新能力得以发挥,企业从中受益,进而获得显著的经济效益和社会效益,是互利互惠和双赢的。这样的结合是产学研合作中生命力最强的机制,也是长效机制。已签约的产学研合作企业、科研院所中,以开展实质性科技创新合作的单位最稳定。

5. 科技资源共享机制是产学研合作的平台

产学研合作机制下,科技资源共享机制整合各种资源,满足创新需要。产学研合作科技资源共享为科技人员创造的良好的社会及人文条件,是高校本身及企业本身所无法比拟的。产学研科技创新与高校的科研和学科建设有所不同,前者的方向是解决生产中亟须解决的技术问题及新产品开发,是科学的应用范畴,依赖于深厚的科学背景;而后者注重的是深层次理论研究。通过与企业合作,促使一部分科研人员从理论研究中分化出来,从事技术研究。企业一般不具备高校所拥有的人力及智力资源,而这些人力资源在高校中出现严重的过剩及闲置现象。科研人员以理论研究为主,大量的重复研究和验证性研究,造成资金及设备浪费。通过产学研合作,为科研人员找到发展的出路和空间,为他们施展个人才华提供平台,更为社会发展起到积极的促进作用,增强研究经费的有效使用率。各高校都非常重视学科建设,实验室投入大,科研条件好,这些都是企业所不能及的。

三、产学研协同创新的载体

随着产学研协同创新的深入开展,产学研合作创新的平台与载体也日趋丰富、形式多样,具体来说包括以下几种。

(一)产业技术研究院

产业技术研究院是区域科技创新体系的重要组成部分,是面向产业发展需求,整合科技创新资源,围绕产业技术创新链,开展产业共性关键技术研发、科技成果转化、产业技术服务等活动的公共技术创新服务平台。它基于问题导向和市场需求,建立集"需求挖掘、技术评估、资源支持、项目落地、市场推广"等多个功能于一体的产学研合作机构。这种模式有助于建立产业技术创新生态圈,解决技术产业化"最后一公里"、技术商业化"最先一公里"问题。目前,全国很多高校都在探索产业技术研究院的运行模式。

(二)技术市场

技术市场是连接科技与经济的桥梁,其在促进科技与经济的结合、增强科技事业的自我发展能力、加快科技的社会传播与普及、增强企业的活力、促进科技人才的流动、发展商品经济等方面都具有重要作用。改革开放40年来,伴随着科技体制、经济体制改革的不断深化,我国技术市场的法律政策、监督管理和技术转移服务体系初步完善,成为国家创新体系和社会主义市场经济体系的重要组成部分。截至 2013 年，全国已建立国家、省、市（地）、县四级 1000 多个技术市场管理机构和 800 多个技术合同认定登记机构，全国共有技术或技术产权交易所 40 个，技术交易机构 2 万个，国家技术转移示范机构 369 个，覆盖 26 个省（自治区、直辖市）的跨区域技术转移网络中国创新驿站站点共 83 个，从业人员达 50 万人。作为发挥市场在资源配置中的决定性作用的重要平台，我国技术市场将肩负更加重要的历史使命。要加快技术市场重点领域和关键环节的改革创新步伐，构建结构合理、功能完善、机制健全、规范有序的现代技术市场，使技术市场成为大众创新创业的广阔舞台，成为优化科技资源配置的重要平台，成为整合利用全球科技资源支撑我国创新的前沿阵地。

（三）校内产学研结合平台

校内产学研结合平台主要是高校通过自己创办科技企业或建立实践基地等形式，实现产学研的有效结合，促进高校科研成果的有效转化。它兼顾了技术创新源头和主体双重角色，在经济结构的重组和科技发展中发挥着重要作用。北大方正、清华同方、清华紫光、东大阿尔派等都是校内产学研结合的成功典范。

（四）大学科技园区

大学科技园是以具有较强科研实力的高校为依托，将高校的综合智力资源优势与其他社会优势资源相结合，为高校科技成果转化、高新技术企业孵化、创新创业人才培养、产学研结合提供支撑和服务的平台、机构。它是高校、科研机构和企业相结合的产物，其主要功能是充分利用高校的人才、学科和技术优势，孵化科技型中小企业，加速高校科技成果的转化与产业化，同时通过开展创业实践活动培育高层次的技术、经营和管理人才。2000 年 12 月，科技部、教育部首次批准了 15 个国家大学科技园建设试点，截至 2014 年底，全国大学科技园已达到 115 个。大学科技园是国家创新体系的重要组成部分和自主创新的重要基地，是区域经济发展和行业技术进步以及高新区二次创业的主要创新源泉之一，是中国特色高等教育体系的组成部分，是高等学校产学研结合、为社会服务、培养创新创业人才的重要平台。大学科技园区具有一流的产业环境和创新环境，既能够促进科学技术转化，培植先进技术及高新技术，培育企业及企业家；又能够为科学技术人员提供完整的生态系统及良好的创业环境，为企业持续发展提供强劲动力，全面提升企业所在区域内的创新能力、核心竞争力。

（五）众创空间

众创空间是基于网络时代、顺应新一轮科技革命和产业变革趋势、满足高校师生乃至大众创新创业需求、体现高校特点、挖掘高校潜能、共享高校资源的新型创新创业服务平台,为实施创新驱动发展战略、推进大众创业万众创新提供低成本、全方位、专业化的服务,进一步释放全社会创新创业活力,加快科技成果向现实生产力转化,增强实体经济发展新动能。高校众创空间可以发挥科研设施、专业团队、技术积累等优势,充分利用大学科技园、工程(技术)研究中心、重点实验室、工程实验室等创新载体,建设以科技人员为核心、以成果转移转化为主要内容的众创空间,通过聚集高端创新资源,增加源头技术创新有效供给,为科技型创新创业提供专业化服务。

四、产学研协同创新的模式

目前,我国的产学研协同创新模式主要分为技术转让、技术开发、共建经济实体、共建实验室或研发机构、共享科技资源、联合培养人才和公共技术服务平台七种。

(一)技术转让模式

技术转让模式是通过签订技术转让合同进行产学研合作的模式。企业转让高校、科研机构相对成熟的技术成果,包括高校、科研机构的新技术、新产品、新工艺等,使技术成果能够迅速市场化和产业化。

技术转让模式比较传统,也比较成熟,但只有少数企业采用技术转让模式。其原因在于,不够成熟的技术成果,企业不会转让,而比较成熟、有市场前景的技术成果,高校、科研院所倾向于自行实施转化,或与企业合作开发转化。技术转让模式优点是权责分明、容易操作,技术成果较为成熟,有利于短期内促进出让方科研成果产业化;缺点是多为一次性转让行为,产学研各方关系较为松散,注重短期效益。

(二)技术开发模式

技术开发模式包括合作开发、委托开发,是目前企业产学研结合的最主要形式。企业通过与高校和科研机构合作开发、联合攻关或委托高校、科研机构开发新技术、新产品,充分利用高校、科研机构的人力资源和实验设施攻克技术难关。

技术开发模式有三大特点:一是将高校、科研机构研究开发的优势与企业的市场优势、产品化优势有效结合,实现产学研各方的"资源共享""优势互补";二是开发风险较高,且主要由企业承担;三是所取得技术成果的知识产权比较明晰,一般为双方共有或由研究方享有。在技术开发中,研究方在乎发表科研学术论文的数量和质量,而企业则在乎技术成果转化及市场价值的实现。

据调查,"合作开展科技攻关"是产学研结合的主要模式,而且企业规模越大,越倾向于运用技术开发模式,国有或国有控股企业比民营企业更倾向于使用"合作开展科技攻关"模式。

企业针对高校研发人员流动性较大、注重科研成果及发表相关论文的特点，把项目分解为一个个小课题，由高校科研人员将小课题完成，由公司进行技术集成。这样企业在合作中掌握了主动权，使项目的研发过程能有条不紊地进行，除此之外，双方针对合作项目的知识产权、利益分配等，在合作之前就签订合同进行约定。一些企业还针对高校的特点，采取弹性工作、目标考核的办法，将研究任务划分为前、中、后三个阶段，在任务开始时严格把关、中途进行检查、最后检查研究结果是否达到要求，研究过程中不加干涉、各司其职、给予最大信任。

（三）共建经济实体模式

企业受让共建经济实体是产学研之间最紧密、以资本为纽带的合作模式，也是最成熟的合作方式。虽然这种模式在产学研结合中所占比例不高，但却能反映出产学研结合从松散型向紧密型发展的态势。

共建经济实体的特点首先是以市场为导向，是科技与经济一体化的具体体现。高校、科研机构是技术的源头，企业作为生产、销售的基地，相互结合形成研究、开发、生产、销售"一条龙"。其次是高校与科研机构主要以技术（无形资产）入股，企业主要以固定资产、现金等投资入股。再次是有比较合理的管理体制与运行机制。最后是产权明晰，各方利益共享、风险共担。

共建经济实体模式一般适用于在科学研究、技术开发方面具有优势的高校、科研机构和在资金投入、市场开拓等方面具有明显优势的企业；也适用于合作各方有较好的合作基础、价值观念基本趋同的情况。高校、科研机构的主要优势是研究开发，不是企业经营，不追求利润最大化，因此这种模式是否有效，还取决于企业能否充分发挥高校、科研机构在研究开发方面的优势。

共建经济实体并不广泛，其主要原因在于，企业追求利益最大化和高市场占有率，高校追求高学术水平、较强的学科优势和优秀人才的培养，科研机构追求研究开发能力的提升。各自追求的目标不同，要通过建立经济实体走到一起很不容易。即使走到一起，也存在观念的冲突、文化的碰撞，有一个磨合的过程。磨合得好，能够成功；磨合得不好，就容易失败。

（四）共建实验室或研发机构模式

企业选择有技术优势、人才优势和科研条件优势的高校、科研机构联合成立具有独立法人资格或不具有法人资格的实验室或研发机构，是产学研结合的高级形式。

共建实验室或研发机构模式的特点如下：首先是高校、科研机构以优秀的科研人才加盟，企业投入研发经费，安排产业化人才加盟，形成"人才＋资金"的产学研结合模式；其次是有比较合理的管理体制与运行机制，实行管委会、理事会或董事会领导下的主任负责制；最后是实验室或研发机构独立运作，具有经营自主权，对研发成果的知识产权归属、利益分配均有明确的约定。

这种模式适用于有良好合作基础的企业、高校或科研机构，各方均有比较显著的优势和较强的实力，且互补性比较强，属强强联合。缺陷是利益分配、知识产权的归属容易产生分歧，因此要加强多方交流。

企业与高校或科研院所设立实验室或研发中心是比较常见的一种产学研合作模式，这种模式使企业能够对高校或科研院所专业领域的技术创新进行持续投入，也使科研活动更贴近市场需求，缩短产品化周期。同时，这种模式还能够为企业储备技术和人才，并能充分运用各主体的优势和资源，实现效用最大化，是产学研合作体系中对技术需求和供给对接最有效的方式之一。

（五）共享科技资源模式

企业在技术创新中需要大量的科技资源，但自身的科技资源却相对匮乏，技术创新受到很大影响。为弥补不足，企业需要与科技资源相对充足的高校、科研机构进行合作，充分利用高校、科研机构的科技资源，解决自身科技资源不足的"瓶颈"问题。该模式属于辅助性的产学研结合模式，几乎不存在合作风险。

科技资源是从事科技活动的人力、物力、财力以及组织、管理、信息等硬、软件要素的总称，它不仅包括仪器、设备等，还包括实验室材料、实验方法、科学实验数据和人才。科技资源的共享即是公开并整合现有的科技资源，实现科技资源的科学、高效使用和管理，使之创造出更大的价值。

（六）联合培养人才模式

产学研结合发展到一定阶段，企业、高校、科研机构之间必然会建立起人才交流和人才培养的机制以及人才训练基地，包括企业高级技术人员到高校担任兼职导师和建立大学生实习基地。

联合培养人才模式的优点是发挥各方优势联合培养人才，对合作各方而言，这是一种共赢模式。对企业而言，短期内可以解决企业人力资源不足的问题，从长期来看可为企业储备专业技术人才。对高校、科研机构而言，有利于学生理论联系实践，使高校、科研机构的研究更贴近实际、贴近市场需求，而且合作风险比较低。

许多优秀企业由于发展迅速，企业内部的人才更新落后于生产的更新，对人才的需求非常迫切，学校的教师可以积极发挥能动作用，以讲座等方式帮助企业提高员工素质。而高校的学生也可以利用这样的机会，频繁与企业接触，尽早深入了解行业，提高自己的能力。联合培养人才模式是互惠、紧密、长期的合作模式。

（七）公共技术服务平台模式

高校、科研机构利用学科、专业的优势，建立面向行业的公共服务平台，为企业提供专业的共性技术服务。公共技术服务平台在当前经济增长与发展中具有重要作用。

公共技术服务平台模式的特点是提供专业技术产品和技术服务，将研究开发、技术咨询、技术服务有机结合。它实际上是一种商业模式，适用于有较强的技术研究与开发能力、先进的科学仪器与技术设备、高素质的人才队伍且有较强服务意识的机构。

公共技术服务平台模式的有机运行必须依靠制度创新、政府的推动和引导、企业内部的管理创新以及高校科研体制的转型。

五、产学研协同创新的运行机制

关于协同创新，美国麻省理工学院斯隆中心的研究员彼得·葛洛将协同创新定义为"由自我激励的人员所组成的网络小组所形成的集体愿景，借助网络交流的思路、信息及工作的状况，协作实现共同的目标"。这种协同创新是团队的"内部协同创新"。相对于"内部协同创新"，还有不同团队之间的"外部协同创新"。外部协同创新尤其强调的是以企业为核心、以科技中介为纽带，目标则是形成企业与其他行为主体（政府、高校及科研院所、金融机构、其他行业等）之间稳定的、能够激发或促进创新的各种关系。与原始创新、集成创新、引进消化吸收再创新所不同的是，协同创新更加偏重于从机制、体制上保证新主体能够顺利从事创新活动，它属于管理体制改革的范畴。

科技与产业能做到优势互补、互利互惠、共同发展。高等学校、产业界、科技界等都有各自的优势，高等学校具有智力优势、学术优势，政府具有调节与约束机制、运作与发展机制。产学研结合的决策与管理机制影响产学研结合的运作模式。就产学研结合的决策与管理实践来看，首先，应考虑与产学研结合的实践模式相配置的决策与管理的组织设置；其次，应明确产学研决策与管理要解决的问题，并把握问题的要害；再次，应明确决策与管理的目标，提出多个可供使用的可行方案；最后，应对方案进行综合的评价和选定。

产学研协同创新的保障与激励机制主要包括组织保障机制、制度保障机制（中观制度、微观制度）、利益分配保障机制、经费保障机制和激励机制。产学研结合的运作与发展机制主要表现为在"优势互补、互利互惠、共同发展"的原则下，充分发挥产学研结合各主体的优势，发挥其积极性和创造性，寻找出高等教育与科研开发、生产实践相结合的点，使产学研结合不断完善、巩固和发展。

根据产学研协同创新的基础和方式不同，可以把产学研结合的运行机制分为三类：信用基础型结合运行机制、契约型结合运行机制和法人型结合运行机制。信用基础型结合运行机制是指产学研结合各主体以各自的单个项目或单项任务的合作需求为纽带，建立在信用的基础上的，各方只对自身所承担的具体任务承担信用的一种不固定的运行方式。我国目前进行的工学交替模式就采用了这样的运行机制。契约型结合运行机制是指产学研结合主体通过契约等形式固定化或连接各方利益，确定科研、人才培养、技术改造、提高管理水平和经济利益等方面进行的广泛协作联合的运行方式。法人型结合运行机制是指产学研结合各方为实现特定的合作目标，按照市场机制的要求，以产权为纽带而紧密结成一个法人合作实体的运行方式。这种运行机制是知识经济发展、市场经济建设及国家"科教兴国"、科技产业化综合作用的结果。股份有限公司和有限责任公司是该机制运行主体的两个基本形式。

第三节 河南省高校产学研协同创新现状及存在的问题

一、河南省高校产学研合作取得成效

从世界产业发展和科技创新的规律来看，由企业的自身积累和创新转向产学研协同创新，已经成为技术创新的普遍趋势。近年来，河南省委、省政府高度重视高校产学研协同创新，高校紧紧围绕粮食生产核心区、中原经济区、郑州航空港经济综合实验区和国家自主创新示范区等国家战略规划实施，不断加快产学研协同创新步伐，推动产业升级发展，取得了明显成效。高校以"2011计划"为契机，联合企业实施产学研合作重大科技项目，开展行业共性关键技术研究、重大产品开发和成果转化，推进产业技术创新战略联盟建设等，在重点产业领域取得了一批创新成果，为产业升级和结构调整提供了有力支撑，为国家战略实施和大省建设提供了有力的科技支撑和人才保障。

（一）以创新载体建设为重点，科技创新能力持续提升

河南省高校、科研机构和企业共建了一些技术创新联盟、研发机构（工程技术中心）和实验室，对产学研合作的模式、深度做出了有益的探索，并产生了一系列科研成果，促进和深化了产学研合作与科技进步。在教育部、省政府的支持下，河南省高校建有国家协同创新中心1个，国家重点实验室4个（培育基地2个），国家工程技术研究中心4个，国家工程研究中心（工程实验室）11个，教育部重点实验室11个，教育部工程研究中心6个，河南省共有7家大学科技园，其中国家级大学科技园2家、省级大学科技园5家。河南省国家大学科技园"郑

州创客空间"等 4 家大学科技园获批全国首批众创空间,园区企业 2015 年共实现总收入 40 亿元,工业总产值 39 亿元。通过技术转让、技术入股、技术服务等方式与国内外企业签订转化项目,一批原创性科技成果得到应用和推广转化。从郑州大学"神七"宇航员的出舱头盔面窗到河南农业大学小麦、玉米育种的诱变改良,从河南科技大学特种航空轴承的研发制造到河南理工大学煤层气的综合开发,高校开展的科技合作及成果转化取得了良好的经济效益和社会效益。高校科技创新能力持续提升,为河南经济转型、产业升级提供了强有力的支撑。

(二)以产学研结合为着力点,创新人才培养成效显著

"十二五"以来,河南省教育厅坚持科技创新和人才培养相结合的原则,始终抓住以科技创新来培养和锻炼创新型人才这一方针不放松,出台了《河南省高校科技创新团队支持计划实施办法》和《河南省高校科技创新人才支持计划实施办法》,培养造就了一大批学科带头人和科技创新人才,初步形成了一支结构合理、学术水平高的科技创新队伍。截至 2017 年,全省高校从事科技活动人员 4.1 万人,引进和培养两院院士 155 人,其中全职院士(学部委员)14 人,长江学者计划特聘教授和讲座教授 7 名,获得国家杰出青年科学基金 11 人,入选国家万人计划 23 人。近 5 年评选出的 33 名中原学者中,高校占 22 名,比例达 67%;入选教育部新世纪优秀人才资助计划 81 人,教育部创新团队 16 个;河南省科技创新杰出人才和杰出青年计划入选者中,高校教师占 75%以上,高校已成为河南省高层次人才集聚的主阵地。

(三)以创新链构建为依托,高校面向经济建设主战场成效显著

"十二五"以来,河南省高校科技创新工作始终坚持从河南战略需求出发,紧紧围绕服务省委省政府重大决策部署、服务经济社会发展重大需求、服务人民群众重大关切的工作部署,根据科技研发、成果转化、产业培育的现实需求,构建了从知识创新到技术创新再到产业化的创新链,走出了一条跨越式发展的特色之路;建立了集资源共享、成果交易、金融支撑、人才保障四大功能于一体的"河南省高校科技服务云平台"和"河南省校企合作供需对接平台";先后召开了河南省高校服务经济社会发展工作座谈会,组织了全省中小企业与高校产学研合作对接活动,主动对接河南重大需求,积极谋划服务经济社会发展,广泛开展校地、校企合作。近 5 年,承担企事业委托横向科技项目 15 000 多项,获得委托研发经费 30 多亿元,选派科技服务人员 9000 多人次,培训企事业单位技术人员 30 万人次。聚焦产业集聚区科技需求,连续 5 年联合优势企业建成 138 个河南省产业集聚区产学研共建工程研发创新平台,强力支撑了河南省产业集聚区建设。

（四）高校创新与企业需求融合，企业技术创新主体地位得以提升

促进科技成果转移转化是实施创新驱动发展战略的重要任务之一，是促进科技与经济紧密结合、发挥科技创新在经济转方式、调结构中的重要作用的关键环节。在成果转化中，如何统筹高校与企业的需求是成果转化必须解决的现实问题，在产学研实践中，通过高校与企业的合作，实现高校与企业创新需求的统一，已取得三大成效：一是深入实施了企业创新能力培养工程。按照产业链、创新链和资金链部署科技任务与配置创新资源，系统支持产业技术创新，引导企业不断加大创新投入，企业研发投入逐年高速增长，已成为研发投入的主体，占全社会研发投入的 75% 以上。二是企业研发机构建设得到了加强。支持重点骨干企业建设高水平研发机构，全省设立国家企业重点实验室 8 家、国家工程技术研究中心 9 家，围绕发展战略新兴产业和传统优势产业建设 600 多家省级工程技术研究中心，企业技术创新能力显著提高。三是产业技术核心竞争力明显提高。围绕产业链部署创新链，组织实施重大科技专项，促进产业结构转型升级，超大断面矩形盾构、矿山机械变频技术、杂交小麦等一批关键技术取得突破，有力地提高了产业技术核心竞争力。

（五）产学研合作平台与载体不断丰富，成果转化渠道日益丰富

近年来，除了校企合作、院企对接等传统合作模式以外，围绕组织实施重大科技专项、重大科技攻关项目，各级科技部门加大了国内外高校、科研机构的合作力度，形成了更加尊重市场规律、各具特色的产学研合作模式。取得的成效体现在以下几个方面：一是产业技术创新战略联盟方兴未艾。在全省启动实施了产业技术创新战略联盟发展工程，稻米精深加工技术创新战略联盟进入国家级产业技术创新战略联盟试点，建设了轨道交通、智能电网、物联网等一批省级产业技术创新战略联盟，依托联盟编制了产业技术创新发展规划和产业创新体系规划，有力地促进了产学研协同创新。二是科技企业孵化器快速发展。全省国家级孵化器 15 家，省级达到 60 家，孵化面积达到 519 万平方米，在孵企业达到 4000 家。三是产学研协同创新平台建设得到加强。依托国家技术转移郑州中心、国家知识产权专利审查河南中心、河南技术产权交易所等国家级科技服务机构，建立并尽快形成有利于产学研协同创新的市场服务体系。河南农业大学牵头组建的河南粮食作物协同创新中心入选国家首批 14 个协同创新中心，支持高校建立了 36 个协同创新中心。四是建立低成本、便利化、全要素、开放式的众创空间和高校众创空间，建设步伐加快。河南省首批经科技部批复了郑州创客空间、黄河众创空间、众创咖啡、黑石咖啡、洛阳恒生众创空间、黄淮众创空间 6 家"众创空间"。各高校众创空间建设成效显著，部分高校众创空间已被纳入国家级和省级科技企业孵

化器管理服务体系。

(六)产学研合作体制机制不断完善,激发创新主体活力

一是建立了有利于产学研协同创新的工作机制。与科技部、国家知识产权局、科学院等国家部委和北京市的工作会商机制,吸引、集成国内外的创新资源,不断增强承接技术转移和科技成果运用能力,推动产学研深层次合作。二是完善产学研协同创新政策。强化企业在技术创新中的主体地位,发挥大型企业创新骨干作用,激发中小企业创新活力,推进应用型技术研发机构市场化、企业化改革,明确产业化项目以企业为主体,引导创新资源向企业集聚。三是探索建立了科技金融结合机制。2012年12月,省政府与招商银行签署了战略合作协议,建设了3家"千鹰展翼"专业支行,支持科技型中小企业创新创业;省财政设立了专项引导资金,与金融机构合作设立"风险互助金池",解决科技型企业贷款难问题;新成立了中美、中以创投公司,加快优势领域的国际产学研协同创新。

二、河南省高校产学研合作存在的问题

尽管河南省在推动高校产学研协同创新方面进行了积极探索,取得了明显成效。但是,创新资源比较薄弱,创新成果有效供给不足,产学研合作仍面临不少需要进一步予以解决的问题。

(一)产学研合作的层次不高、深度不够,合作机制亟待进步

当前河南省的产学研合作具有"零散自发、单打独斗"的特点,缺乏长期性、系统性和前瞻性,无法紧跟市场、引领企业科技进步。大部分高校的产学研合作主要还是停留在技术转让、合作开发和委托开发等较低层次的合作上。而共建研发机构及技术联盟、共建科技工贸一体化的经济实体等高层次的合作还比较少见。

许多大中型企业到高校和科研院所寻求合作,仅对一些短平快的项目有兴趣,对那些事关行业发展,需要长期投入的关键技术、共性技术则很少关心。而西方发达国家的高校和企业则通常通过建立长期的合作关系,共同对某一具有广泛应用价值的技术和工艺进行研究,攻占市场并引领该技术领域进步。

产学研协同创新的长效机制尚未形成。一是相关产权关系和利益分配不明晰,激励机制不到位。产学研协同创新中技术产权和利益分配政策不完善,有利于产学研协同创新的运行机制还未建立,产学研合作的层次仍不高、深度仍不够。企业发展依靠科技进步的因素小,创新速度慢,大部分高校、科研院所没能真正找到与企业的结合点,导致技术市场发展虽快,却是"三多三少"。各地科技交流会、科技成果发布会多,而最终成交的少;高校、科研院所提供的科研成果、专利多,满足企业需要的少;等等。产学研协同创新动力不足。合作各方目标定位和利益

机制不一致。二是缺乏引导高校、科研机构积极参与产学研协同创新的机制。高校、科研院所由于评价体制原因，长期以来一般以获得国家经费多少、发表论文数量、参与人学术地位高低、所获奖励级别和数量来评价科技成果的价值，忽视科技成果的推广和应用价值，导致科技成果难以直接满足企业需要。三是缺乏加强企业参与产学研协同创新的动力的机制。企业对产学研合作项目能否形成企业的核心技术存在疑虑，担心核心技术受制于人，不愿承担合作开发的风险。

（二）完整的产学研合作政策体系未形成，相关支持措施不健全

由于产学研合作涉及产、学、研、政府、科技中介、金融等多个部门，单靠某一方或几方的努力，难以推动产学研协同创新的持续发展。目前河南省在推动产学研协同创新的政策体系方面还不够完善。其主要表现在：一是政策环境不够优化。产学研协同创新的税收、投融资、知识产权保护、利益共享和责任分担等方面尚未形成比较完整的政策法规体系。对知识产权保护力度不够，直接影响到产学研协同创新的深入开展。二是科技评价体系还不够完善。高校、科研院所在办学考核评价指标体系和教师晋升、分配激励制度设计方面，往往以主持项目的级别性质、获奖多少、论文发表多少作为考核评价标准，而对长期从事技术创新、成果推广、产业化的教师、科技人员重视不够。三是缺乏系统全面的创新绩效考核政策。一些地方政府仍热衷于招商引资、铺新摊子，对依靠产学研吸引人才、技术、项目等创新要素的关注和投入不足。不少企业长期依靠技术和设备引进的"拿来主义"传统发展模式和路径的思维，注重眼前利益和追求"短平快"，对自主创新缺乏紧迫感和长远规划。

目前河南省尚未出台专门的"产学研合作促进办法"，相关规定大多分散在《中华人民共和国科学技术进步法》等法律法规中，缺乏针对性和操作性。例如，企业和高校关心较多的"共同研发的关键技术的保密"等问题在现行法规体系下尚不能得到有效解决，产学研合作过程中的合同违约、产权分配分歧等风险和诚信问题也急需专门的法律法规予以解决。

支持措施中具有代表性的税收优惠措施基本限于税率优惠和定额减免，没有形成税收优惠、加速折旧、技术开发基金等全方位、多层次的优惠政策及措施。

（三）合作主体信息交流不畅，协调和服务机构建设欠缺

产学研合作主体之间的信息交流一般都是通过政府主导的对接会、企业招标会以及网络信息进行的，往往缺乏有效、系统、深入的沟通，企业不了解高校的实力和技术储备，高校对企业也缺乏充分的了解。有时企业提出的问题在高校看来，并不能称为科学问题，但又得不到分析、凝练和提升，阻碍了合作的深入。

从协调方面来看，过去政府在产学研合作方面过于注重形式，对接完毕后，往往不再进行推动和扶持，无平台和服务机构，没有建立长效的、动态的合作机制。而产学研合作涉及企业、教育、科研和政府管理部门之间的各种利益，目前缺乏一个协调各方关系的专门机构，对合作各方进行管理服务并长期推动，形成长效的合作机制。

（四）政府的产学研合作实质性投入不足，融资体系不健全

目前政府设立的产学研项目，主要面向企业和科研机构，存在"总额有限、量少面广"的问题，对高校的支持力度不足。河南省在引导高校和科研单位进行产学研合作的投入方面，仅有科技厅主导的产学研合作项目，而且要求偏高（要求实际到账经费在50万元以上），无法适应高校、科研机构与中小企业的产学研合作。

此外，科技成果的转化一般都要经过实验室研究、中试和产业化三个阶段，中间环节投入大、风险高，成功率不易保障，企业很少愿意在这个环节投入资金，而财政投入也极少包括这一环节，再加上缺乏规范的产学研投、融资体系，在很大程度上造成新技术、新成果难以转化，影响产学研合作的开展。

目前河南省科技投入强度低的局面尚未得到根本转变，政府投入产学研协同创新的经费有限，存在"量少面广"的问题。科技与金融结合的体制机制还不够完善，企业面对承担高风险的压力，往往对很多高新技术成果望而却步，或者对大多数科技成果的转化，只愿承担部分风险，希望政府通过有关政策或风险投资机构、金融机构介入共同承担风险。目前缺乏风险资金保障，由地方政府、风险投资机构、企业和金融机构等共同构成的多元化投资体系还未建立起来，严重影响了高校产学研合作的深入开展。

（五）评价机制和目标定位的差异导致高校服务社会动力不足

产学研协同创新主体处于不同的领域，各自追求的目标和价值观念也不一样，故使合作各方动力不足、活力不强。

对于高校而言，一般以获得国家经费多少、论文发表数量、参与人学术地位高低、获得奖励级别和数量来评价科技成果的价值，忽视科技成果的推广和应用价值，并且转化之后的收益和对科技人员工作考评的权重仍然不够。教师和科研人员主要以学术水平为衡量标准，重理论轻实践，面向企业、市场和实际应用来做研发的动力不足。同时，现行的评价体系还导致高校中从事技术攻关和推广转化的人才严重缺失，这也是造成产学研合作脱节的重要原因。

（六）科技成果转移转化支撑服务体系不健全

市场主体发育不健全、服务机构专业化程度不高、高端服务业态较少、缺乏知名品牌、发展环境不完善、复合型人才缺乏等问题使得河南省科技服务业成为科技成果转化过程中的薄弱环节。在成果转化中，高校、科研机构和企业关注的重点并不完全相同。高校强调创新，研究"高大上"，但"转"不出生产力；企业重视市场效益，强调"接地气"，但往往创新不足。如何统筹高校与企业的需求是成果转化必须解决的现实问题。虽然目前河南省有技术成果转移中介机构，但专业化程度不够，几乎所有的中介，要么是高校、科研院所下属的事业机构，只负责向外单向发布本单位科技成果信息，不具备运作和经营的能力；要么是隶属科技管理部门的事业单位，也只是"电脑对电脑"，发布各种供需信息。

第四节　河南省高校产学研协同创新的实证分析

一、绩效评价指标体系

对于一个完整的绩效评价指标体系，评价主体、评价客体、评价目标、评价内容、评价指标体系建立的基本原则、评价指标的确定、指标权重的确定、评价标准和评价方法是不可缺少的要素，本研究主要从评价指标体系建立的基本原则、评价指标的确定和评价方法来阐述高校产学研合作绩效评价指标体系。

（一）评价指标体系建立的基本原则

高校产学研合作绩效评价指标体系的设计涉及产学研合作的方方面面，具体包括高校科技成果转化能力、高校科技推广能力、高校科研基础能力和高校产学研合作政策支持能力等多个指标，而这些指标之间又相互作用、相互影响，因此必须在合理的原则指导下选择便于度量的主导指标作为评价指标，设计科学、合理的高校产学研合作绩效评价指标体系。具体应遵循以下基本原则。

科学性与全面性相结合的原则。科学性体现在高校产学研合作绩效评价内涵的正确性、指标体系的完备性和评价方法的科学性等方面，直接决定着评价结果的准确性。同时为了真实有效地进行绩效评价，必须涉及高校产学研合作的方方面面，使指标体系全面反映高校产学研合作的各要素和各个环节的关联性。

定量与定性相结合的原则。高校产学研合作绩效评价是一个系统工程，并不是所有评价因素都可以量化，同时定性指标也可以全面客观地反映评价系统的各个方面，因此定量指标和定性指标相结合运用，可以提高评价的准确性。

系统性原则。产学研合作就是一项系统工程，因此设计的评价指标要尽可能地完整全面，评价指标体系应尽可能包含影响高校产学研合作的各主要因素。

可操作性原则。以评价目标为前提，从高校产学研合作实际出发，设计的评价指标概念清晰，表达方式明了易懂，数据容易得到，使得绩效评价具有可操作性。

可比性原则。绩效评价的目的是实现不同主体间的横向比较和时间上的纵向比较，因此设计的评价指标应具有普遍的统计意义。

独立性原则。评价指标之间应该相互独立，不应相互包含和相互交叉。

（二）评价指标的确定

根据高校产学研合作绩效评价的基本原则和评价目标，我们把影响高校产学研合作绩效的因素分为三类，即高校科技成果转化能力、高校科技成果推广能力、高校科研基础能力。

1. 反映高校科技成果转化能力的产学研合作绩效评价指标

——单位科研人员知识产权出售合同金额。本指标主要反映单位科研人员通过出售知识产权所获得的收益，从知识产权实用性上体现科研人员为企业输送技术的能力，间接反映高校产学研合作的成效。表达式为：单位科研人员知识产权出售合同金额＝知识产权出售合同总金额÷科研人员总人数。

——单位科研人员技术转让实际收入。本指标主要反映单位科研人员向企业转让技术的能力，体现高校科研活动支持企业生产设备更新、产品升级等方面的实力。表达式为：单位科研人员技术转让实际收入＝技术转让实际总收入÷科研人员总人数。

——科研成果转化率。许多学者认为科研成果转化率提法不合理，缺乏科学依据。本文中采用的科研成果转化率指标只是个符号，用来说明高校科研成果向现实生产力转化的能力和可应用性，体现高校支持经济社会发展的能力。表达式为：科研成果转化率＝知识产权出售数÷知识产权授权数×100%。

2. 反映高校科技成果推广能力的产学研合作绩效评价指标

——应用性课题经费占总经费的比重。应用性课题是指企事业单位委托的各类科技开发、科技服务、科学研究等方面的课题，是面向企业的课题，其研究内容更贴近社会需要，来源很广，研究经费多，具体包括应用研究、试验与发展、成果应用和其他科技服务。纵向课题是指上级科技主管部门或机构批准立项的各类计划、基金项目，带有一定的指导性，研究成果具有普遍性，包括基础研究等。本指标通过高校科研经费的来源来反映高校对企业的支持程度，体现高校科研活动以企业的技术需求为基础，提高高校对社会经济发展的贡献。表达式为：应用性课题经费占总经费的比重＝应用性课题经费÷课题总经费×100%。

——来自企、事业单位的经费占总经费的比重。高校科技活动经费来源主要有政府专项拨款，企、事业单位委托经费，金融机构贷款等，只有企、事业单位委托经费能够从资金来源上反映高校产学研合作的积极性。表达式为：来自企、事业单位的经费占总经费的比重＝企、事业单位委托经费÷课题总经费×100%。

3. 反映高校科研基础能力的产学研合作绩效评价指标

——高职率。人才是高校的基础，是教育科研事业的根本，高校人才的结构在一定程度上反映高校的整体水平和科研实力。本指标是指高校科研人员中高级职称人数占高校科研人员总数的比重，体现高校参与产学研合作的人才实力。表达式为：高职率＝高级职称人数÷科研人员总人数×100%。

——科研人员36~45岁比率。36岁到45岁是人的黄金时段，是精力最旺盛的时期。本指标可以通过科研人员年龄结构来评价高校产学研合作的发展后劲，体现高校科研基础支持高校产学研合作的能力。表达式为：科研人员36~45岁比率＝36~45岁科研人员总人数÷科研人员总人数×100%。

——人均科研经费。科研经费是高校科研活动最主要的资金来源，科研经费的投入可以改善科研仪器设备、提高科研人员待遇、建设科研人才队伍等，为高校开展产学研合作提供资金支持。表达式为：人均科研经费＝科研总经费÷科研人员总数。

——单位高校与企业联合机构固定资产原值。高校与企业联合创办的机构可以整合双方的科研资源，增强互信度，使高校真正了解企业的技术需求，使企业了解高校的技术储备和优势，使高校的科研活动与企业的技术需求有效对接。同时，高校可以为企业培养技术人才，提高企业自主创新的能力。表达式为：单位高校与企业联合机构固定资产原值＝高校与企业联合机构固定资产原值÷统计高校数。

高校产学研合作绩效评价指标体系如表3-3所示。

表3-3　高校产学研合作绩效评价指标体系

一级指标	二级指标	三级指标
高校产学研合作绩效评价指标体系	科技成果转化能力	单位科研人员知识产权出售合同金额
		单位科研人员技术转让实际收入
		科研成果转化率
	科技成果推广能力	应用性课题经费占总经费的比重
		来自企、事业单位的经费占总经费的比重
	科研基础能力	高职率
		科研人员36~45岁比率
		人均科研经费
		单位高校与企业联合机构固定资产原值

（三）评价方法

国内外有关定量指标评价的方法有很多，如指数赋权综合评价法、数据标准化法、线性规划法和功效系数法等，这些方法本身无优劣之分，只是适用的条件不同。本课题选取的定量指标都是相对指标，但是指标单位不一致，因此不能简单地加总计算，必须对指标标准化处理。指数赋权综合评价法主要包括因子分析法、综合指数法和综合效益法等，经过对各种评价方法的反复比较和综合考虑，本文选用指数赋权综合评价法中的综合指数法作为高校产学研合作绩效评价定量指标的基本评价方法。综合指数法能够把影响高校产学研合作绩效的主客观因素、主导与次要因素等有机结合起来，经过简单运算评价高校产学研合作绩效。

同时，综合指数法具有较强的灵活性和实用性。可以用于历史评价、现状评价和预测评价，也可以根据外部环境条件的变化增减指标、变换权重，评价高校不同阶段产学研合作绩效。

二、绩效评价模型构建

评价模型是绩效评价的核心部分，是由评价指标体系得到评价结果的桥梁，模型的选取直接影响着评价结果。根据建立的指标体系，结合层次分析法（analytic hierarchy process，AHP）理论，建立高校产学研合作绩效评价模型。

（一）模型理论基础

层次分析法是由美国匹兹堡大学教授萨迪于1973年提出的，是一种多层次权重解析方法。这种方法能够将一个结构较为复杂、决策准则较多且不易量化的问题转化为有序的递阶层次结构，对决策者的主观判断和推理进行定量的描述。通过定性判断和定量计算，对人的定性判断给予量化，对决策方案进行排序，是一种定性分析与定量分析相结合的、层次化的、系统化的评估分析方法。

对于多属性、多目标和多准则系统的决策问题，由于系统内部因素比较多，并且各因素相互关联又相互制约，同时缺乏定量数据，对其定量分析是一件非常困难的事情。层次分析法能够将复杂系统的多因素分析判断分解为两两因素比较判断，然后通过两两因素比较判断的结果对复杂系统的反馈来分析判断复杂系统，是一种灵活、方便和全新的定量分析与定性分析相结合的方法。在处理复杂的经济、社会和技术等决策问题时，层次分析法得到国内外的广泛应用。运用层次分析法要经过以下几个步骤（图3-4）。

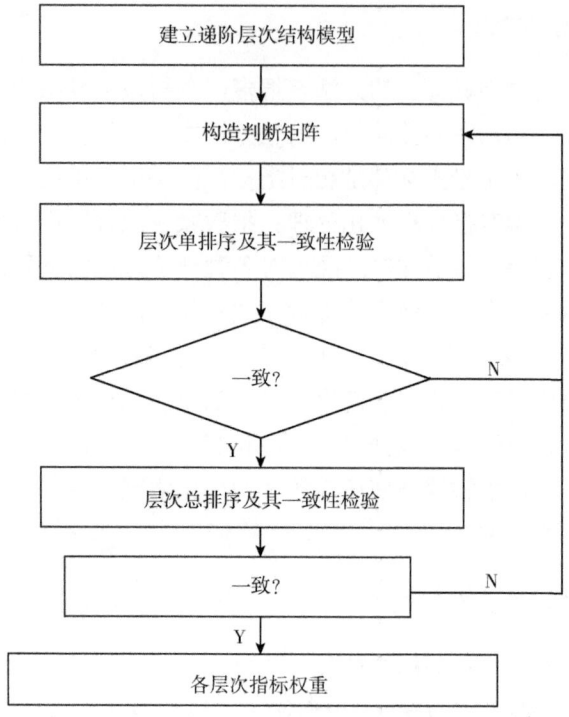

图 3-4　层次分析法基本步骤

1. 建立递阶层次结构模型

在应用层次分析法分析复杂问题时，首先要将面临的问题所包含的因素划分为不同层次，构建多层次的递阶层次结构模型。一般层次结构模型包括目标层、准则层、指标层和方案层（措施层）。目标层是结构模型的最高层次，或称理想结果层次，是指决策问题所追求的总目标；准则层是决策模型的评价准则或衡量准则，是指评价方案优劣的依据、标准，即因素层、约束层；指标层是为了实现决策问题总目标按照评价准则设置的具体指标，是结构模型的核心部分，决定着目标层；方案层是结构模型的最底层，也称措施层，是指解决决策问题的可行方案。

2. 构造判断矩阵

判断矩阵元素的值反映了人们对各影响因素相对重要程度的认识，一般采用数字 1~9 及其倒数的标度方法。判断矩阵一般是由专家打分的方法得到的，是打分专家对两两因素重要程度凭借自己经验的主观判断。判断矩阵的构造是层次分析法应用最重要的环节，是计算各指标权重的直接数据来源。相对重要性比例标度及其含义如表 3-4 所示。

表 3-4 相对重要性比例标度及其含义

标度	所需数目
1	表示两个因素的重要性一样
3	表示第一个因素比第二个因素略重要
5	表示第一个因素比第二个因素较重要
7	表示第一个因素比第二个因素非常重要
9	表示第一个因素比第二个因素绝对重要
2，4，6，8	为以上两个判断之间的中间状态对应的标度值
上述非零数的倒数	如果第一个因素相对于第二个因素有上述标度值，那么第二个因素相对于第一个因素就有上述标度的倒数值

对于同一层次的 n 个指标通过相对重要性比例标度法得到一个 n 阶矩阵 A，$A=(a_{ij})_{n \times n}$，其中 $i,j=1,2,\cdots,n$，矩阵 A 称为判断矩阵。

3. 层次单排序及其一致性检验

根据矩阵特征要求解方程 $(A_W=\lambda_W)$ 得到判断矩阵 A 的特征向量 W，经过归一化处理得到下层次各因素对上层次某一因素相对重要性的排序权值，用权值表示影响程度，这一过程即为层次单排序。具体计算过程如下。

计算判断矩阵 A 各行元素之积 m_i：

$$m_i=\prod_{j=1}^{n}a_{ij}$$

其中 $i=1,2,\cdots,n$，n 为判断矩阵阶数，下同。

（二）绩效评价模型

随着我国产学研合作不断发展和深化，有必要评价其绩效如何。通过绩效评价发现产学研合作中存在的问题，对促进产学研合作发展提出对策和建议，指导高校和科研院所为经济社会发展做出更多贡献。为了客观、公正地评价产学研合作绩效，就有必要设计一套科学、合理的绩效评价指标体系，构建绩效评价模型，应用定量分析与定性分析相结合的方法对产学研合作绩效进行全面、系统的评价。

1. 高校产学研合作绩效递阶层次结构评价模型

根据前面建立的绩效评价指标体系，构造高校产学研合作绩效递阶层次结构评价模型，如图 3-5 所示。

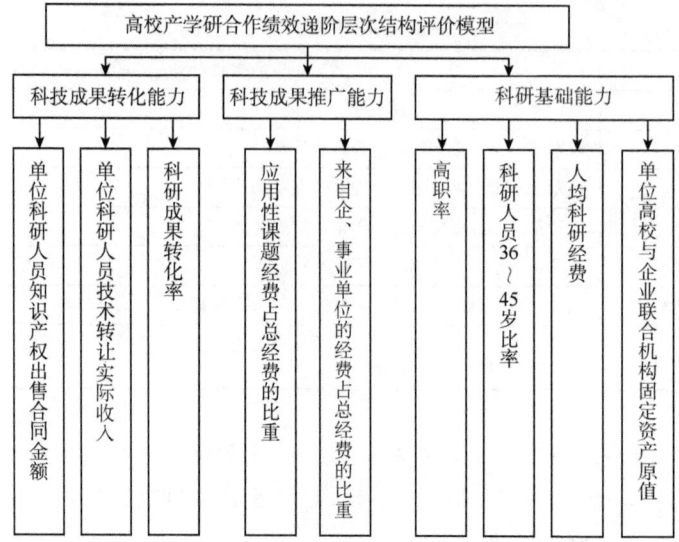

图 3-5　高校产学研合作绩效递阶层次结构评价模型

2. 高校产学研合作绩效评价指标权重的确定

虽然前面建立了绩效评价体系的评价指标、评价标准和评价方法，但是不同的指标评价目标的影响程度也不同，因此需要采用一定的方法确定指标权重。权重是评价系统中各因素对评价目标的影响程度的客观反映，是各因素对总体影响程度的量值。确定评价指标权重的方法主要有两种：一种是主观赋权法，如层次分析法、专家打分法等，专家根据自己的经验和主观判断通过打分得到原始计算数据，再采用相应的计算方法即可得到指标权值；另一种是客观赋权法，如主成分分析法，通过对评价指标的实际数据加工计算即可得到指标权重。由于本文缺乏实际数据，因此采用主观赋权法中的层次分析法计算指标体系中各指标的权重。

本研究采用专家打分的方式，通过向权威的高校教师、科研人员等发放问卷得到指标权重计算的原始数据，对收回的问卷调查表中的重要性比例标度取几何平均值，从而得到标度值。

3. 高校产学研合作绩效评价数学模型

通过上述分析，确定了评价指标、评价标准和指标权重等，还需要汇总得到综合评价结果。采用直观的线性加法合成方法，对各评价指标的计算结果汇总，得到反映评价目标的综合评价指数。由线性加法合成方法建立的高校产学研合作绩效评价数学模型如下：

$$Z=\sum_{i=1}^{n}a_i\times w_i$$

式中，Z 表示评价系统的综合评价指数；a_i 表示第 i 个指标的评价指数；w_i 表示第 i 个指标的权重值。

三、绩效评价分析

（一）河南省高校产学研合作原始统计数据

高校产学研合作基础数据主要有定量指标基础数据和定性指标基础数据，定量指标基础数据来自历年《高等学校科技统计资料汇编》。

——单位科研人员知识产权出售合同金额。知识产权出售合同金额是高校出售科研成果的收益，体现了高校科研成果的社会经济性，反映高校产学研合作的成效。表 3-5 反映了河南省高校 2011 年到 2015 年知识产权出售情况，可以看出，2011 年到 2014 年单位科研人员知识产权出售合同金额总体呈现稳定增长态势，2013 年最高，达到 3.95 千元/人，2015 年最低，只有 2.07 千元/人。

表 3-5 河南省高校知识产权出售情况

年份	科研人员总数/人	知识产权出售合同金额/千元	单位科研人员知识产权出售合同金额/(千元/人)
2011	30 199	86 901	2.88
2012	31 328	120 689	3.85
2013	30 228	119 311	3.95
2014	30 806	118 277	3.84
2015	32 040	66 360	2.07

资料来源：历年《高等学校科技统计资料汇编》。

——单位科研人员技术转让实际收入。单位科研人员技术转让合同金额是另一个反映高校科研成果出售的指标，体现高校科研活动支持企业生产设备更新、产品升级等方面的能力。通过表 3-6 可以看出，2011 年到 2014 年河南省高校单位科研人员技术转让实际收入比单位科研人员知识产权出售合同金额较低，说明河南省高校技术转让能力有待增强，但是从数据看，二者之间的差距呈现逐渐缩小的趋势，2015 年河南省高校单位科研人员技术转让实际收入比单位科研人员知识产权出售合同金额高 270 元/人，说明河南省高校技术转让和成果转化能力在不断提升。

表 3-6　河南省高校技术转让情况

年份	科研人员总数/人	技术转让实际收入/千元	签订合同数/项	单位科研人员技术转让实际收入/（千元/人）
2011	30 199	65 792	193	2.18
2012	31 328	30 729	183	0.98
2013	30 228	58 563	218	1.94
2014	30 806	73 340	242	2.38
2015	32 040	75 129	216	2.34

资料来源：历年《高等学校科技统计资料汇编》

——科研成果转化率。科研成果转化率是体现科技成果转化能力非常重要的指标，反映了高校科研成果的可转化性和市场可行性。通过表 3-7 可以看出，河南省高校知识产权授权数较多，而出售数较少，科研成果转化率比较低，并且呈现下降的趋势，2014 年和 2015 年都在 10%以下。

表 3-7　河南省高校科研成果转化率

年份	知识产权授权数/项	知识产权出售数/项	科研成果转化率/%
2011	891	183	20.54
2012	1545	218	14.11
2013	1449	242	16.70
2014	2636	216	8.20
2015	3868	226	5.84

资料来源：历年《高等学校科技统计资料汇编》

——应用性课题经费占总经费的比重。应用性课题具体包括应用研究、试验与发展、成果应用和其他科技服务，其经费占总经费的比重体现高校直接支持企业技术改进的能力。表 3-8 反映了河南省高校 2011 年到 2015 年应用性课题经费的分布情况，可以看出河南省高校应用性课题经费占总经费的比重比较高，基本保持在 70%以上。

表 3-8　河南省高校科技项目经费情况

年份	当年投入经费/千元	应用研究经费/千元	试验与发展/千元	R&D 成果应用/千元	其他科技服务/千元	应用性课题经费占总经费的比重/%
2011	1 559 587	551 646	190 930	298 676	124 656	75
2012	1 767 772	466 132	298 115	229 326	154 647	65
2013	1 795 359	628 639	317 993	217 783	104 170	71
2014	1 646 312	532 762	353 229	154 251	93 344	69
2015	1 773 965	683 067	370 696	161 039	162 690	78

资料来源：历年《高等学校科技统计资料汇编》

——来自企、事业单位的经费占总经费的比重。高校科技活动经费来源主要有政府专项拨款，企、事业单位委托经费，金融机构贷款等，来自企、事业单位的经费能够最直接地反映高校与企业的合作情况。表 3-9 反映了河南省高校 2011 年到 2015 年科研经费来自企、事业单位的情况，可以看出来自企、事业单位的经费占总经费的比重呈现减少的整体趋势。

表 3-9 河南省高校来自企、事业单位的经费情况

年份	当年投入经费/千元	来自企、事业单位委托经费/千元	来自企、事业单位的经费占总经费的比重/%
2011	1 559 587	529 738	34
2012	1 767 772	527 488	30
2013	1 795 359	553 159	31
2014	1 646 312	487 125	30
2015	1 773 965	461 778	26

资料来源：历年《高等学校科技统计资料汇编》

——高职率。高职率是指高校人才结构中高级职称人数占科研人员总数的比重，高级职称是对高校教师和科研人员的最高评级，高级职称人员是高校教师和科研人员中科研能力最强的队伍，因此高职率能够体现高校参与产学研合作的人才实力。通过表 3-10 可以看出高职率呈现增长的整体趋势。

表 3-10 河南省高校高级职称人员情况

年份	科研人员总数/人	高级职称人数/人	高职率/%
2011	30 199	10 499	35
2012	31 328	10 627	34
2013	30 228	11 562	38
2014	30 806	13 681	44
2015	32 040	12 877	40

资料来源：历年《高等学校科技统计资料汇编》

——科研人员 36~45 岁比率。科研人员 36~45 岁比率是从科研人员年龄结构上体现科研人员支持产学研合作的能力，反映高校参与产学研合作的发展后劲。通过表 3-11 可以看出，科研人员 36~45 岁比率呈现增长的整体趋势，2011~2013 年在 30% 左右，2014 年、2015 年接近 40%。

表 3-11 河南省高校科研人员年龄结构情况

年份	科研人员总数/人	36~40 岁人数/人	41~45 岁人数/人	科研人员 36~45 岁比率/%
2011	30 199	4 779	4 168	30
2012	31 328	4 869	3 903	28
2013	30 228	5 331	4 316	32
2014	30 806	6 847	5 272	39
2015	32 040	7 521	4 697	38

资料来源：历年《高等学校科技统计资料汇编》。

——人均科研经费。科研经费反映了高校支持科研人员面向应用研究的能力，是高校开展科研活动的动力。表 3-12 反映了 2011 年到 2015 年河南省高校科研经费情况，可以看出河南省高校人均科研经费基本保持稳定，最低为 51.65 千元/人，最高为 59.39 千元/人。

表 3-12 河南省高校科研经费情况

年份	科研人员总数/人	当年投入经费/千元	人均科研经费/（千元/人）
2011	30 199	1 559 587	51.65
2012	31 328	1 767 772	56.43
2013	30 228	1 795 359	59.39
2014	30 806	1 646 312	53.44
2015	32 040	1 773 965	55.37

资料来源：历年《高等学校科技统计资料汇编》。

——单位高校与企业联合机构固定资产原值。高校与企业联合创办的机构可以有效地整合双方的科研资源，优势互补，增强互信度，开展合作研发，提高科研成果的实用性，是产学研合作最有效的方式之一。通过表 3-13 可以看出，单位高校与企业联合机构固定资产原值 2015 年最高，为 17 919 千元/所，2013 年最低，为 7777 千元/所。

表 3-13 河南省高校科技活动机构情况

年份	高校与职业联合机构固定资产原值/千元	学校数/所	单位高校与企业联合机构固定资产原值/（千元/所）
2011	377 637	42	8 991
2012	335 799	43	7 809
2013	342 171	44	7 777
2014	443 852	44	10 088
2015	788 430	44	17 919

资料来源：历年《高等学校科技统计资料汇编》。

（二）数据处理方法及绩效评价结果

1. 数据处理方法

由于绩效评价涉及的指标单位不尽相同，多数为正向指标，即数值越大越好。采用下列公式对原始数据进行标准化处理。

对于正向指标，有如下公式：

$$X_{ij} = (x_{ij} - \min x_i) / (\max x_i - \min x_i)$$

其中，X_{ij} 表示标准化后的数据，x_{ij} 表示第 i 个指标第 j 年的原始数据，$\max x_i$、$\min x_i$ 表示 j 年中指标 i 中的最大值和最小值。

对于负向指标，有如下公式：

$$X_{ij} = (\min x_i - x_{ij}) / (\max x_i - \min x_i)$$

对于指标 x_i 之间的权重，采用专家打分法获得。

指标权重如表 3-14 所示。

表 3-14 指标权重

指标	权重/%
单位科研人员知识产权出售合同金额/（千元/人）	15
单位科研人员技术转让实际收入/（千元/人）	16
科研成果转化率/%	11
应用性课题经费占总经费的比重/%	11
来自企、事业单位的经费占总经费的比重/%	12
高职率/%	9
科研人员 36～45 岁比率/%	10
人均科研经费/（千元/人）	10
单位高校与企业联合机构固定资产原值/（千元/所）	6

2. 绩效评价结果

绩效评价结果如表 3-15～表 3-24 所示。

表 3-15 河南省高校知识产权出售情况绩效评价

年份	科研人员总数/人	知识产权出售合同金额/千元	单位科研人员知识产权出售合同金额/（千元/人）
2011	0.0000	0.3781	0.4278
2012	0.6133	1.0000	0.9519
2013	0.0158	0.9746	1.0000
2014	0.3297	0.9556	0.9465
2015	1.0000	0.0000	0.0000

表 3-16　河南省高校技术转让情况绩效评价

年份	技术转让实际收入/千元	签订合同数/项	单位科研人员技术转让实际收入/（千元/人）
2011	0.7897	0.1695	0.8571
2012	0.0000	0.0000	0.0000
2013	0.6269	0.5932	0.6857
2014	0.9597	1.0000	1.0000
2015	1.0000	0.5593	0.9714

表 3-17　河南省高校科研成果转化率绩效评价

年份	知识产权授权数/项	知识产权出售数/项	科研成果转化率/%
2011	0.0000	0.0000	1.0000
2012	0.2197	0.5932	0.5634
2013	0.1874	1.0000	0.7408
2014	0.5862	0.5593	0.1610
2015	1.0000	0.7288	0.0000

表 3-18　河南省高校科技项目经费情况绩效评价

年份	当年投入经费/千元	应用研究经费/千元	试验与发展/千元	R&D 成果应用/千元	其他科技服务/千元	应用性课题经费占总经费的比重/%
2011	0.0000	0.3942	0.0000	1.0000	0.4515	0.7722
2012	0.8830	0.0000	0.5962	0.5198	0.8840	0.0000
2013	1.0000	0.7491	0.7068	0.4399	0.1561	0.4494
2014	0.3678	0.3071	0.9028	0.0000	0.0000	0.3074
2015	0.9093	1.0000	1.0000	0.0470	1.0000	1.0000

表 3-19　河南省高校来自企、事业单位的经费情况绩效评价

年份	当年投入经费/千元	来自企、事业单位的经费/千元	来自企、事业单位的经费占总经费的比重/%
2011	0.0000	0.7437	1.0000
2012	0.8830	0.7191	0.4799
2013	1.0000	1.0000	0.6023
2014	0.3678	0.2774	0.4484
2015	0.9093	0.0000	0.0000

表 3-20　河南省高校高级职称人员情况绩效评价

年份	科研人员总数/人	高级职称人数/人	高职率/%
2011	0.0000	0.0000	0.0805
2012	0.6133	0.0402	0.0000

续表

年份	科研人员总数/人	高级职称人数/人	高职率/%
2013	0.0158	0.3341	0.4126
2014	0.3297	1.0000	1.0000
2015	1.0000	0.7473	0.5977

表 3-21 河南省高校科研人员年龄结构情况绩效评价

年份	科研人员总数/人	36~40 岁人数/人	41~45 岁人数/人	科研人员 36~45 岁比率/%
2011	0.0000	0.0000	0.1936	0.1434
2012	0.6133	0.0328	0.0000	0.0000
2013	0.0158	0.2013	0.3017	0.2923
2014	0.3297	0.7542	1.0000	1.0000
2015	1.0000	1.0000	0.5800	0.8936

表 3-22 河南省高校科研经费情况绩效评价

年份	科研人员总数/人	当年投入经费/千元	人均科研经费/（千元/人）
2011	0.0000	0.0000	0.0000
2012	0.6133	0.8830	0.6173
2013	0.0158	1.0000	1.0000
2014	0.3297	0.3678	0.2319
2015	1.0000	0.9093	0.4804

表 3-23 河南省高校科技活动机构情况绩效评价

年份	高校与企业联合机构固定资产原值/千元	学校数/所	单位高校与企业联合机构固定资产原值/（千元/所）
2011	0.0924	0.0000	0.1198
2012	0.0000	0.5000	0.0032
2013	0.0141	1.0000	0.0000
2014	0.2387	1.0000	0.2279
2015	1.0000	1.0000	1.0000

表 3-24 河南省高校产学研合作综合绩效评价

指标	2011 年	2012 年	2013 年	2014 年	2015 年
单位科研人员知识产权出售合同金额/（千元/人）	0.4278	0.9519	1.0000	0.9465	0.0000
单位科研人员技术转让实际收入/（千元/人）	0.8571	0.0000	0.6857	1.0000	0.9714
科研成果转化率/%	1.0000	0.5634	0.7408	0.1610	0.0000
应用性课题经费占总经费的比重/%	0.7722	0.0000	0.4494	0.3074	1.0000
来自企、事业单位的经费占总经费的比重/%	1.0000	0.4799	0.6023	0.4484	0.0000

续表

指标	2011年	2012年	2013年	2014年	2015年
高职率/%	0.0805	0.0000	0.4126	1.0000	0.5977
科研人员36~45岁比率/%	0.1434	0.0000	0.2923	1.0000	0.8936
人均科研经费/（千元/人）	0.0000	0.6173	1.0000	0.2319	0.4804
单位高校与企业联合机构固定资产原值/（千元/所）	0.1198	0.0032	0.0000	0.2279	1.0000
指标年度综合得分	0.5363	0.3210	0.6274	0.6338	0.5228

（三）绩效评价

绩效评价如图3-6~图3-9所示。

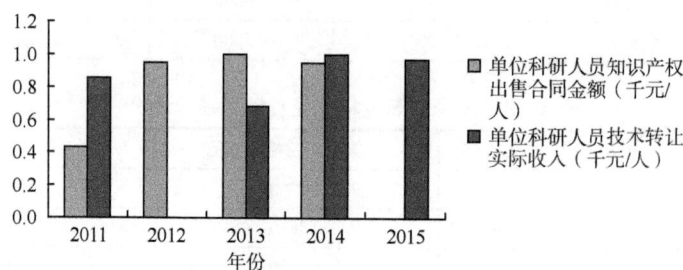

图3-6 2011~2015年科研成果转化绩效比较

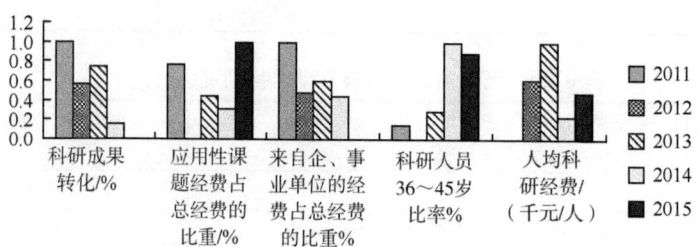

图3-7 2011~2015年协同创新绩效比较

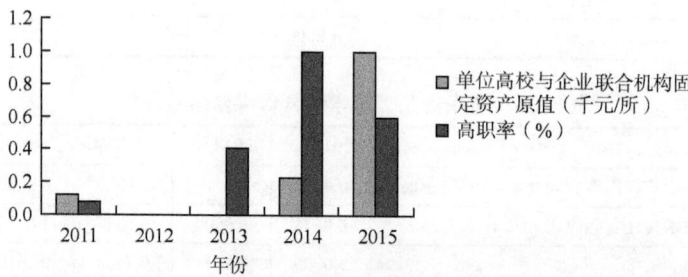

图3-8 2011~2015年校企合作绩效比较

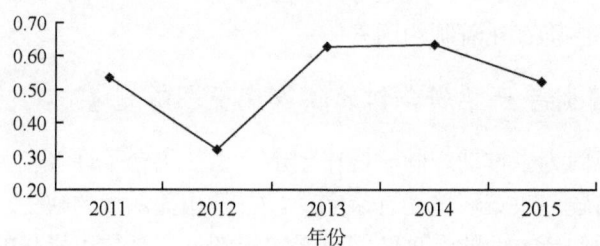

图 3-9 2011~2015 年河南省高校产学研合作综合绩效比较

图 3-6 中，单位科研人员知识产权出售合同金额（千元/人）和单位科研人员技术转让实际收入（千元/人）两个指标在综合评价中权重最大，占到 15%左右。由表 3-5 和表 3-6 可知，2015 年，这两项指标均有所下降。

图 3-7 中，科研成果转化率（%），应用性课题经费占总经费的比重，来自企、事业单位的经费占总经费的比重（%），科研人员 36~45 岁比率（%），人均科研经费（千元/人）等指标在绩效综合评价中的权重在 11%左右。科研成果转化率（%），来自企、事业单位的经费占总经费的比重（%），人均科研经费（千元/人）等指标 2011~2015 年呈现下降趋势。

图 3-8 中，单位高校与企业联合机构固定资产原值（千元/所）、高职率（%）等指标在河南省高校产学研合作综合绩效评价中的权重分别为 6%、9%。这两项指标在 2011~2015 年有升有降。

由图 3-9 可以看出，2013 年、2014 年河南省高校产学研合作综合绩效得分较高，比 2011 年、2012 年有较大提高。但 2015 年与 2014 年相比，高校产学研合作综合绩效得分稍有降低，但高于 2012 年。

由 2011~2015 年河南省高校产学研合作综合绩效比较可知，河南省高校产学研合作绩效存在一定程度的波动。从总趋势看，2011~2015 年，河南省高校产学研合作水平在波动中保持上升态势。

四、制约高校产学研协同创新的因素

通过绩效分析发现，河南省高校产学研合作绩效水平总体呈现稳中有升的态势，表现为单位高校与企业联合机构固定资产原值、高职率等指标在河南省高校产学研合作综合绩效评价中呈现上升趋势，人均科研经费和应用性课题经费占总经费的比重呈现相对稳定状态，单位科研人员知识产权出售合同金额和单位科研人员技术转让实际收入虽然呈现下降趋势，但二者差距在缩小，说明河南省高校技术转让和成果转化能力在不断提升。但是，体现产学研合作实力与能力的高职率和科研人员 36~45 岁比率上升的同时，科研成果转化率近两年低于 10%，来自企、事业单位的经费占总经费的比重呈现下降趋势，绩效与实力的差距说明在高校产学研合作中仍存在着制约因素。

(一) 政府引导产学研合作的政策环境不够完善

政府有关部门为了推动产学研合作创新，虽然出台了许多相关政策，但没有从根本上解决问题，政策环境还有待完善。一是相关法规的缺失。目前我国尚未制定产学研协同创新方面的专项法规及其实施细则，具体可操作的实施细则还有待制定。二是相关制度不完善。我国的知识产权制度在制度和管理体制方面还不够完善，产学研协同创新中遇到的问题无法依法行事和按章解决。三是政策导向不明确。政府在人事、信贷、税收、奖惩、考核等方面的政策导向不够有力，不利于调动合作双方的积极性。四是促进产学研协同创新的公共技术平台和中介服务体系有待健全。五是随着反腐在高校科学研究领域的推进，各高校对科研经费和科研人员的管理也愈加严格。尽管一系列的科技体制改革和科研经费管理方面的规章制度已经出台，但仍未形成与科研创新规律相符合的科研经费管理办法。不仅纵向课题（课题组申请国家级、部委级的科研项目）经费使用难，一些过去被视作相对宽松的横向课题（课题组承接来自企业、学校等平行单位的科研项目）也明显受限。"花不动"的科研经费背后，是繁杂的预算、不近情理的支出与报销限制等滞后的科研管理模式，这影响了高校科研人员开展产学研合作的积极性。

(二) 高校的研究成果与市场需求脱节

1. 高校科研绩效评价引导偏离应用性成果需求

长期以来，高校的科学研究绩效评价主要偏重于经费、项目、科技与论文奖励等一些指标，看重科学技术成果的"技术水平价值"，却忽略了"市场价值"。高校也存在着重知识轻技能与重理论轻应用等现象，服务于市场的意识还很不强烈，高校注重的是追求学术价值，和市场需求存在很大的脱节，科学研究的成果工业化或转换为商品的能力较低。科学研究的成果缺乏市场价值，使科学技术成果缺少有效的供给，也自然会引起科学研究成果"滞销"的现象。据调查，60%以上的科学研究机构的科学研究人员缺少把科学研究成果转化到生产领域的积极主动性，而是单单地投入到在实验室进行试验，因此提供给企业的仅仅是单项的产品与技术，往往不足以满足于企业大规模生产对成套技术与装备的需求。

2. 高校与企业互动和协作渠道不顺畅

产学研相关主体政府、社会、高校、企业共同搭建的合作平台建设不够完善，没有形成链条式的服务体系，亟须形成贯通从成果的产生、成果的转化、成果的应用直到产业化的整个流程的通道，促进供需双方的对接。河南省内缺乏高校、名校，技术的创新源泉和知识的创新基础与上海、北京、广州等市相差甚远，郑州市目前集聚了全省80%的大专院校与科学研究机构，但实际上对这些创新资源的整合利用能力很差。工业化成熟的技术是企业所需要的创新成果，企业把经济效益作为目标，创新活动往往和地方经济发展的要求相错位。大专院校与科学研究机构的科技活动大多数以得到成果为导向，把发表的著作或论文、争取到政府奖励作为目标，离商业化的应用还有很大的距离。河南省内目前仍没有形成企业和高等院校、科研院所有效创新与产业化互动机制，创新资源整合能力不足，公共服务平台的建设还不够完善，导致了企业尤其是中小型民营企业自主创新的成本较高、风险较大。从高校与企业合作的情况来看，河南省内高校在推动中小型企业技术升级方面获得了很大成果，目前产生了一些较为成功的案例，但仍没有推动高校与企业开展全面合作的态势，科技成果转化率仍然不高。在大众创业、万众创新的时代，中小微企业在承接成果转移转化时仍存在问题。一是中小微企业首要关注的是生存需求和快速盈利，承接成果转化的需求并非是第一需求；二是中小微企业往往不具备接受科技成果转化的条件和平台；三是中小微企业缺少资源，对接成果转化热情有余，但是实力不足。这些主观和客观的因素，都给企业实现成果转化和技术创新带来了不利影响。

3. 高校的成果模式和产业化差距很大

河南省科技成果向现实生产力转化不畅，症结就在于科技创新链条上存在体制机制关卡，创新和转化各个环节衔接不够紧密，高校强调创新，研究"高大上"，但"转"不出生产力；企业重视市场效益，强调"接地气"，但往往创新不足。如何统筹高校、科研机构与企业的需求是成果转化必须解决的现实问题。高校对于科技成就的评价往往是通过发表论文的数量、获得科学研究经费的多少与所获得的奖励的数量和级别来衡量。此类评价指标不仅忽视了科技成果市场的价值，而且忽略了转换为工业化生产的可行性与技术成果的适用性。尤其是一方面高校和科学研究机构缺少技术开发的资金与中试的条件，导致了大部分技术成果难以转化，而是停在展品、论文与样品阶段；另一方面很难达成把企业作为主导的合作模式与资金匮乏等问题依然存在，造成了高校和科学研究机构学与研的工作和市场相脱节。在实际调查中，多达70%的河南省的企业坚信高校与科学研究机构的成果很难直接地应用于生产领域，因此使产学研协作成果的产业化转移的程度很低，大约80%的科学研究成果无条件有效地断定其应用前景。

（三）企业配合产学研协作动力不足

1. 企业充当产学研协作主体的意识不够强烈

企业充当技术创新主体与技术需求方应该是产学研协作的核心，然而当前因为政府部门的统筹管理，大多数企业承受风险的能力很弱，往往很乐意参与那些能短期盈利的项目，只需要投放一部分资金，而不用参与到中间技术开发或者研究环节。但是高校与科学研究机构的选题一般是按照它们自身的特长与兴趣，而没有考虑到企业的市场与需求，企业的需求和科学研究成果间有一定程度的差距。这样一来企业再把技术创新的过程和技术开发都交给科学研究机构，在很大程度上把产学研协作的系统性割裂了，因此企业参与技术创新的主体地位也迅速降低。大多数企业尤其是河南省的民营中小企业对产学研协作的积极性与主动性都不高，80%以上的企业都希望政府部门参与到产学研协作的相关事宜中，以便直接地拉动产学研协作。

2. 企业对于科技成果的合理需求不足

基于技术创新的风险与投入太高，尤其是民营中小企业很难通过产学研协作开展技术创新，最终往往决定使用技术引进的方式来进行。有近90%的企业在技术改造过程中重点使用技术引进等形式。但是很大一部分企业仅仅是单一地因为引进才引进的，本身的研究开发团队与研究开发能力还没得到充分发展，也没能变成自身的创新力，没能体现出科学技术成果转化的作用，这样就降低了企业科学技术成果转化的积极性。基于河南省中小型企业较多，企业本身的技术力量比较薄弱，与高校和科学研究机构间的技术开发落差比较大，如果只是需要科学研究开发把科学技术成果转变成产品，将会很大程度上增加科学研究成果转化的成本，把风险等一些不合理因素很大程度上转移给了科学研究的开放方，使科学研究院所对协作的顾虑大大增加。河南省很多产业集聚在一起，由于普遍存在着技术扩散效应，导致企业引进的技术成果很容易被模仿学习，企业学习模仿周边企业的技术成本极其低，所以企业转换发展的方式、跟随科学发展的意识不够强烈，提高竞争力的自觉性与创新能力的压力不够，导致企业对科学技术成果有效的需求不够。

3. 企业的产学研协作的二次开发能力不强

企业决策人员对产学研协作的重视力度是产学研协作进行与有效开展的关键，产学研协作是技术创新人员的人力资本和企业家的人力资本间的一种合约情况的结合。市场的激烈竞争让企业深刻意识到技术的重要程度，然而企业只热衷于拿来主义，往往不能够支持那些需要消化和吸收的项目。过度地依靠引进技术，对创新和消化吸收不重视，不仅造成自主创新能力大大降低，而且大大地减弱了产学研协作的基础。由于企业选择产学研协同创新，大多数选择的是项目合作的方式，所以产学研协作的目标日期较短，而且大部分产学研协作停留在技术模仿层面。这些认知上的不协调很大程度上给产学研协作的广度与深度带来了影响。企业的决策人员对产学研的协作认识不全面，致使企业很不情愿投放大量资金开展产学研协作的研究开发与技术成果的转移和推广活动。因此造成了河南省的企业二次创新能力的不足，导致了产学研成果的产业化能力减弱等结果。

（四）企业接承高校成果的机制很不完善

1. 产学研协作协调统筹的机制很不完善

各个部门与各级政府部门都非常关注产学研协作，已经制定了一系列的产学研合作的扶持政策。然而各地区与各个部门都各自成立政府部门，力量比较分散，条块的分割仍然存在，没有形成统一的统筹协调机制，很难产生对产学研合作支撑的合力，造成了大量浪费资源的现象。另外，产业的发展需求尚不能与对产学研的投入相匹配，依然存在着很大的差距，并且经济和科学技术存在着大范围的脱节，科技信息的交流并不通畅，以至于很多有意义有价值的科技成果得不到利用，成果的共享用不到实处。企业由于风险巨大，热情度不高，另外政府也缺乏持续性与长期的投入，对那些研究开发周期较长的、投资较大的项目，很难开展深层次的产学研合作。

2. 产学研协作的政策规定很不完善

河南省产学研协作的政策目前很不完善，尤其是投资融资的政策很不完善。一般国外均开设专有政府基金，如美国、英国、日本等国家成立的教育、科学基金和工业或者企业与教育合作的奖励基金、商业的联合奖励基金等，政府基金保障了产学研结合的顺利进行。但国内至今还没有用来支撑产学研合作的特批拨款，对于火炬计划与科学技术型中小企业的创新基金等项目基金，由于利益的分配与经费特批等一系列问题，产学研部门与企业的积极性降低。因此，资金的匮乏影响了国内产学研有效合作。加强资金支持与开拓稳定的资金渠道是目前产学研合作迫切需要解决的问题，大范围、多方面地积累合作资金尤其重要。产学研协作是多个部门和单位间的结合，它包括企业、高校与科学研究机构还有政府部门等很多主体，产学研合作的关系包含这些主体间的利益关系。这些主体间利益目标的差异性，要求有合理的政策规定去有效地约束各主体的行为，然而至今国内仍没有制定这样一系列比较完善合理的政策法规，有关的法律条款和内容还较为空洞，依然无明确的激励产学研协同创新有效的办法。

3. 知识产权保护机制很不完善

目前，由于技术成果表现出应用前景不确定等特点，企业与高校对于技术价值和成果、有形资产和无形资产的价值、人财物投放后得到的价值、管理的价值、技术与开发的价值等认识一般都存在不同的评估指标。因此，各个方面利益的冲突总是很难协调的，尤其是当无形的资产评估、知识产权归属、利益分配与侵权纠纷等发生矛盾的时候，缺少有关的法律规范与政策法规和有效的机制去规范各方的利益分配。这使高校与企业的合作难以开展。

4. 产学研协作利益分配的机制很不完善

利益的分配合理与否，将会直接地影响产学研协作的效率高低。产、学、研三方各自都是利益的主体，并且都希望从合作过程中获取利益。多种因素的存在，如合作模式的多样性、市场供求的变化性与创新过程的复杂性，导致产学研协作的利益分配无规律性可循。目前大约60%的省内企业分配重点使用的是科学研究基金利益分配的方式，然而这种分配形式并不能明确地显示各方对协作项目获得总的利润的贡献率。

（五）产学研相关利益主体存在行为困境

1. 产学研各相关主体观念滞后

大多数的产学研协同创新平台中产学研的合作都集中表现为"高校科研机构提供科研成果，企业转化为产品"的"交钥匙"方式。这种方式的缺陷一是企业的技术创新主体意识不强，影响了企业技术创新的活力，多数企业尚未真正成为技术创新活动主体、技术投入主体和创新成果应用主体。二是产学研各方的定位时常错位或缺位。企业仍存在出题目还是找项目、拿出钱还是申请钱、"拿钥匙"还是合作研发的困惑。调查表明企业与高校、研究机构进行合作创新的类型主要是常规技术咨询和合同委托开发，分别占37%和33%。高校科研人员在纠结自选题目做了去转化，甚至自己办公司；政府做锦上添花的事比较多，做市场缺失、没人管的事比较少。

2. 高校产学研的组织化程度不高

高校产学研协同创新的组织化程度不高，或形式多于内容，尤其是高校内部的管理体制和机制问题尚未真正解决。目前产学研合作多数是"点对点"合作，长效机制难以建立；各种形式的产学研协同创新载体很多，但所载内容不实，甚至无物可载，载体如何运行不清楚。

3. 产学研合作的利益诉求不同

技术转移型的产学研协同创新多，产业共性技术和核心技术的产学研协同创新少，引领产业发展和推动产业发展的产学研协同创新更少。高校扮演了中小企业研发中心的角色，由于缺乏高端引领技术的积累，很难成为推动战略新兴产业发展的引领者。目前，河南省高校产学研合作中，由企业提供资金、高校科研机构提供智力支持，共同进行新产品的开发生产是最常见的合作模式。在这种模式下,企业仅对一些短平快的项目有兴趣,对那些事关行业发展的关键技术、共性技术则很少关心。这造成协同创新仅仅停留在短期内,一旦不能取得预期收益,企业就会放弃继续合作的机会,使大量有市场潜力的项目长期滞留在实验室和学术层面。

4. 高校与企业的行为个体价值目标不同

产学研协同创新的各主体方处于不同的领域,各自追求的目标和价值观念也不一样,文化氛围的不同导致协作各主体追求不同,加之不同主体内部激励评价机制不同,最终导致动力不足、活力不强。目前的产学研合作大多只是各方的简单组合,并不存在价值融合理念,各方使命不同,虽然为同一个目标努力,但理解不同,交流不畅,资源最终分散,不能形成集中优势。

(六)产学研合作的协同创新链条未理顺

1. 产学研协同各方有积极性,但未能形成合力

企业积极性不高的原因:公平、良好的市场环境和知识产权保护环境尚未形成,企业技术创新的预期收益比较低,通过其他途径获取利润更容易、风险更小;企业需要的科技资源不能有效供给;高水平领军人才不愿向企业集聚,或人才成本过高。

2. 科技成果产出结构不合理

适应国家经济社会发展重大需求的科技成果少。可作为生产要素的科技成果不多,尤其是能引领或支撑产业发展的成果少。科技成果转化率和产业化率高的成果往往是低端成果,并且科技成果转化率只有20%,产业化率只有5%。

3. 有效、合理的产学研协同创新机制尚未形成

投入机制方面,未按技术创新链投入;协同机制方面,长期有效的企业家和研究人员互聘机制尚未形成;载体运行机制方面,多数产学研合作时并未确认应该采用什么样的载体运行机制。

4. 政府通过提供科技创新公共服务纠正创新系统失灵的措施不当

以科技成果转化水平衡量产学研协同创新水平,把支持政策的着力点放在成果转化上,不能按照创新链提供科技公共服务,必然不会产生引领和推动产业发展的创新成果。

5. 针对战略新兴产业的产学研协同创新的产业基础不具备

创新活动最为活跃的中小企业未大量产生;阻碍新业态、新商业模式形成的机制体制问题仍然存在;企业热衷于用"小钱"买断高校、科研机构的技术。

第五节　高校产学研协同创新的着力点与实现路径

一、高校产学研协同创新的着力点

（一）立足全局建好协同创新中心，探索产学研合作新模式

以协同创新中心建设为抓手，加快推进体制机制改革，建立联合攻关、多元投入、风险共担、利益共享的产学研协同创新机制。推动产学研合作由单一的技术转移模式向人才、技术协同转移模式转变。构建区域性、综合性的产学研以及科技成果转化新机制、新模式，协同促进行业企业科技进步和转型发展。通过体制机制改革，推动知识创新、技术创新和区域创新战略融合，使协同创新中心成为河南省行业产业技术发展的研发转化基地、区域创新发展的引领阵地。

（二）推进高校研究生培养"产业导师"工作

建立高校研究生培养"产业导师"推进机制，从企业中选聘具有丰富专业技术实践经验且具备应用教学传授能力的技术带头人和优秀科技型企业家担任高校研究生"产业导师"，与高校导师共同承担研究生培养，参与实践过程、项目研究、课程与论文等多个环节的指导工作。支持企业建立研究生培养"产业导师"工作站，对工作成效明显的企业，各级经信部门在技术创新等项目安排方面予以优先支持。对工作开展成效较好的高校，同等条件下优先纳入省研究生教育创新示范基地并给予经费支持，在专业（学科）招生指标、学科经费、科研经费等方面予以倾斜支持。强化研究生培养的应用导向。高校研究生论文选题和研究方向由"产业导师"参与确定并必须来源于企业现实技术发展问题，有明确的实践意义和应用价值；原则上"产业导师"联合培养的专业学位研究生在企业从事研究时间不少于半年。

（三）加强高校、区域和企业之间的技术需求对接

定期汇总编印产学研合作技术项目目录，编印全省主要高校需要实现产业化的科技成果、企业产学研合作技术需求目录和块状经济产业升级重点技术需求目录，通过技术供需对接，推动科技成果的转化工作，提高技术成果的转化机会和转化效率。重点围绕国家重大战略的实施和四个大省建设的需求，引导高校创新资源与当地政府及企业对接，引导当地企业和高校结合本地产业发展实际与转型升级方向开展合作。以现代产业体系中的现代农业、传统支柱产业、高成长性产业和战略性新兴产业为重点，按照产业链组织创新链，明确产学研合作的方向和重点。现代农业领域,围绕河南省主要粮食作物和经济作物,重点支持育种、栽培、储存加工等环节的关键技术突破和技术推广体系建设;工业领域,在产业集中度高的区域重点支持共性技术研发,在产业关联度高的区域重点支持关键技术研发,在传统支柱产业集聚区域重点支持核心技术研发,在战略性新兴产业领域重点支持高新技术研发;国计民生领域,围绕人口与健康、公共安全、节能环保、城镇化与城市发展等方面,重点支持重大公益技术和共性技术研发。同时,将互联网技术充分运用于各产业领域,推动传统产业技术改造和战略性新兴产业发展,促进民生领域实现资源共享、便捷高效。

(四)搭建协同转化平台,推进产学研合作成果产业化

坚持政府引导、市场运作、校企共建,协同打造一批产学研技术研发、孵化、工程化、转化服务平台,推动产学研合作由单一分散向多元、集成融合转变,建立导向明确、结构合理、协同一致、服务区域的产学研合作平台支撑体系。高校自建、校企共建重点实验室要自觉承担发现新材料、发明新技术、开发新工艺等任务;大学科技园要主动担负科技成果孵化任务;工程实验室和工程(技术)研究中心,完成成果中试任务,为打通高校科技成果转化"最后一公里"奠定坚实基础。鼓励高校探索科研机构企业化、股份制运作,创新高校机构建设模式;建设高校科技成果转化服务平台,在研发、转化、检测认证、知识产权保护、金融支持、科技咨询和技术普及等方面,为高校科技人才和创新团队提供综合服务,提高成果转化效益。

(五)着力支持"双创"平台建设,推动大众创业、万众创新发展

发挥河南省各级各类支持众创空间发展的专项资金的作用,推动高校整合校内外资源,充分利用高校现有场所,基于全生命周期发展需求,运用互联网和开源技术,打造"互联网+"创新创业服务平台,建设一批低成本、便利化、全要素、开放式的众创空间,为广大师生创新创业提供一站式服务。各高校要结合学科优势和人才培养目标,构建专业化、差异化、多元化的众创空间,努力形成特色和品牌。发挥高校众创空间产学研结合点的作用,促进高校创新链与产业链的有效链接。推动高校向小微企业和创业者开放科研设施,降低大众创业、万众创新成本。在全省高校建立创新创业导师队伍,鼓励拥有丰富经验和创业资源的企业家、天使投资人和高校专家学者担任创业导师或组成辅导团队。

(六)突出需求导向,提升产学研协同创新绩效

以需求为导向,以创新能力和转化效益为重点,通过政府、高校、企业、市场和同行等多方评价,建立以产学研应用研究项目、平台、人才、创新团队、协

同创新中心等为主要内容的多元评价体系。对技术开发类评价对象，以技术突破为重点，着重评价技术专利的拥有量及其产品的创新性、先进性、适应性；对工程化评价对象，以技术和产品成熟度为重点，着重评价企业认可程度、市场反应、成果的突破性和带动性；对经营管理和产业化评价对象，以成果推广范围和数量为重点，着重评价成果的产业化规模和效益以及对产业发展的贡献。通过改革，突出产学研合作导向，突出评价体系的科学性，突出评价对象的创新特点，激发科技人才的创新活力，提高服务经济社会发展的贡献度。

二、高校产学研协同创新的实现路径

（一）由向上重基础科学研究向向下重应用开发研究的目标转变

基础科学研究是引领科技发展的源头和造就高素质创新人才的阵地，瞄准国家战略发展的前沿，处于整个创新链的上游，在科技创新体系建设中占据重要地位，是提升自主创新能力、实现创新驱动发展的重要基础和前提。而从创新驱动发展的过程来看，创新驱动是将创新资源投入知识的研究与开发过程，通过研究开发成果的转化与应用，将创新植入经济社会发展，形成社会创新大环境的过程。在这个过程中，成果的应用与扩散才是中心环节，是将基础研究成果与经济社会发展衔接起来的纽带。因此，河南要实现产学研合作推动创新驱动发展，必须实现由向上重基础科学研究向向下重应用开发研究的目标转变。

（二）由个别分散化创新体系向系统集成化创新体系的组织转变

从实现创新驱动的组织机构来看，创新驱动是以企业、高校、科研院所、政府、科技中介服务机构等组织的一系列创新活动为起点，进而带动全社会范围的创新活动。其中，企业是创新驱动的主体，直接面向创新驱动的对象——经济社会发展的需求，主要进行的是集成创新和引进消化吸收再创新。高校和科研机构是创新驱动的源动力，主要面向国家和河南省战略需求与经济社会发展进行原始创新，并通过与企业主体的合作，将最新的研究成果产业化与市场化推广。政府主要进行体制机制创新和制度创新，通过普及创新意识、促进合作交流、营造创新大环境，引导经济社会发展走上创新驱动之路。科技中介服务机构主要进行管理创新和金融创新，是创新驱动发展中连接各主体的桥梁和纽带。各个组织之间由于在目标追求和价值取向上不同，很难在组织上形成一种协同效应。企业追求最大化的市场利益和市场占有率；高校追求学术水平的整体提升，致力于形成基于自身特色的学科优势和优秀人才的培养；科研机构追求研究开发能力的提升和重大领域关键技术的突破；政府追求的是宏观经济绩效指标的提高。因此，要实现创新驱动发展必须注重创新主体组织间的目标协同，实现由个别分散化创新体系向系统集成化创新体系的组织转变。

（三）由重视创新要素投入向重视创新体制机制的政策转变

对于河南来说，在引导创新驱动发展方面更多是采取自上而下的政府主导模式。政府主导模式偏向于加大创新要素投入，通过这种方式形成一种短期内的投资拉动效应，营造有利于创新的硬环境，如政府投入大量人力、物力和财力构建信息基础设施和公共科技平台。硬环境可以在短期内形成后发优势，但是如果软环境配套建设跟不上，就会导致硬件体系运行不畅，影响创新驱动的整体效率。软环境建设包括体制机制建设、法律法规建设及文化氛围营造等方面，其中体制机制建设是关键。通过创新体制机制的有效引导，能够促进创新要素在区域内的合理配置，有效避免基础设施和平台的重复投入及闲置浪费，在区域内建立一种公平公正、优质高效的资源分配体系。因此，要实现创新驱动发展必须实现由重视创新要素投入向重视创新体制机制的政策转变。

（四）由分散的政策体系向多层次、系统性的政策体系转变

在推进创新驱动发展过程中，特别注意创新环境的构建，形成了一整套有利于创新以及新兴产业发展的制度安排和政策体系。例如，在科技和创新方面，形成了基础研究、应用研究、技术转移、初创企业的良性发展链条；在融资方面，对应科技和创新以及企业成长的不同阶段，形成了政府对基础研究的投资以及天使投资、创业投资、资本市场的强大金融支撑体系；在市场方面，形成了包括政府采购、支持出口等在内的市场支持体系。因此，要实现创新驱动发展必须实现由分散的政策体系向多层次、系统性的政策体系转变。

第四章　河南省创新驱动与产业转型：升级的联动耦合机制

当前，世界范围内新一轮技术革命和产业格局调整正在加快推进，信息化全面渗透经济社会各领域，产业形态复合化、产业体系集群化、资源利用循环化趋势愈加明显，河南省面临着新的难得发展机遇，但同时也面临着结构性矛盾日渐突出和跨越"中等收入陷阱"等多重挑战。有效供给不足、资源环境约束日益加剧、传统要素对经济发展的贡献已呈现递减趋势，这使得科技创新成为产业转型升级的现实选择。我们必须紧紧抓住创新驱动发展的主旋律，以科技创新解决发展中的难题，培育发展新动力，打造发展新优势，建设现代化经济体系。

第一节　创新驱动与产业转型升级的联动耦合

创新驱动与产业转型升级是不可分割的两个部分，创新驱动是产业转型升级的重要驱动力，而产业转型升级又必须以创新驱动为主要手段。创新驱动保证产业转型升级的系统性，通过创新驱动政策的推力与产业转型升级对技术创新需求的拉力的耦合作用，促进创新要素高效配置和转化集成，协同推动产业转型升级。创新驱动保证产业转型升级的领先性，通过创新驱动推进产业共性关键技术和前沿技术研究，促进产业向价值链中高端攀升，实现中国制造向中国创造、中国速度向中国质量、中国产品向中国品牌转变，实现真正意义上的产业转型升级。创新驱动保证产业转型升级的高效性，通过知识创新与技术创新以及产业创新驱动政策的配套性，提升产业供给体系质量和效率。

创新驱动产业转型升级是在原有基础上，其产业结构、产业要素、产业价值等不断向更科学、更高效、更高端演进的可持续发展进程。但在大力推进产业迈向中高端水平的进程中，需要理清创新驱动产业转型升级中涉及的结构优化、产业主体和要素创新等关系，更有效地发挥创新驱动与产业转型的联动耦合效应。

一、实质性创新与策略性创新的关系

实质性创新与策略性创新的关系。发明专利申请和授权的增加才能提高企业的市场价值和产业技术创新驱动力，推动技术进步和获取竞争优势的实质性创新才能促进产业转型升级。河南省各地推出专利申请奖励政策，受政策激励的机构

和企业，专利申请显著增加，2015年河南省专利申请74 373件，居全国第13位；专利授权47 766件，居全国第10位；发明专利申请21 138件，居全国第13位，发明专利授权5384件。从授权情况看，只是非发明专利显著增加，追求"数量"而忽略"质量"。GDP排名前四的江苏、广东、浙江、山东发明专利授权分别为36 015件、33 477件、23 345件、16 881件，均位居全国前六位，高出河南3~7倍，并且河南发明专利授权低于GDP排名在第5位之后的四川、湖北、陕西的9105件、7766件、6821件。这说明各地推出专利申请奖励政策后，当专利申请单位和个人预期将获得更多的政府补贴和税收优惠时，申请者为获得"扶持"而进行策略性创新，并没有进行实质性创新，结果创新"数量"增加，创新"质量"并没有显著提高，下一步财政税收激励政策必须以实质性创新为导向。

二、科技创新研究与成果转化的关系

技术创新是把新技术成功地与产品或工艺相结合。这意味着，技术不同于科学，技术只有以产品形式出现才有生命力。因此，学术论文、课题项目、专利数量的增长并不一定意味着技术创新和技术进步，更未见得能带来经济增长。习近平总书记指出："科研和经济联系不紧密问题，是多年来的一大痼疾。这个问题解决不好，科研和经济始终是'两张皮'，科技创新效率就很难有一个大的提高。科技创新绝不仅仅是实验室里的研究，而是必须将科技创新成果转化为推动经济社会发展的现实动力。""创新不是发表论文、申请到专利就大功告成了，创新必须落实到创造新的增长点上，把创新成果变成实实在在的产业活动。"因此，要处理好产学研协同创新的关系，打造基础研究→应用研究→成果转化→产业化的科技创新链条，形成产业链→创新链→价值链的协同创新转型。

三、传统发展要素与创新发展要素的关系

与生产要素驱动和投资驱动不同，创新驱动更加强调人才资源和智力资源的投入。在互联网、大数据时代，大数据产业对环境和产业基础的依赖，与河南传统优势和资源要素有着天然的"缘分"，为河南带来了千载难逢的机遇。河南互联网用户数、移动电话基站数、互联网省际出口带宽居全国第5位，作为第一人口大省和第五经济大省，拥有极具开发价值的海量数据资源和市场优势。河南网民数量居国内之首，每天产生的数据量位于全国前列，网络可以为人口红利续航，开拓河南人口红利新内涵，发挥网络人口红利在产业业态和商业模式创新中的作用。河南获批国家大数据综合试验区，让河南与经济先行地区站在同一起跑线上，现有的"云网端"网络设施和存储数据，作为产业发展的创新要素，将会带来产业业态的创新和商业模式的变革，使数据成为创新创业链上的"石油"资源，为河南创新创业带来新的发展机遇和上亿的产值。

四、高端化与高端产业的关系

产业中高端水平是相对于旧有的产业而言的，应当是生产效率更高、劳动报酬更高、资本回报更高、能源消耗更低的产业，它不仅来自产业内部的创新驱动，也来自产业外部的需求提升。

美国对高端产业明确了两个界定标准，每个产业工人研发支出超过 450 美元或位于本产业的前 20%，且产业队伍中获得科学、技术、工程和数学（science，techndogy，engineering，mathematics，STEM）学位人数高于全国平均水平或本产业所占比重达到 21%，即高端产业。然而，在我国经济驱动要素转型升级时期，呈现出劳动密集型、资本密集型与知识密集型等产业"多重并进"的演进现象，产业中高端化不能狭义定义为特指某些高端产业，不能简单用"去"的方式实现产业高端化，供给侧结构性改革的"去"是去落后产能、去僵尸企业、去无效供给，它不是通过"去旧产业""去传统产业"来实现产业中高端化。因此，产业的中高端化不仅指整体产业体系的高端，而且涵盖部分产业链的高端、单个产业周期的高端、某个产业环节的高端，甚至特定市场领域的高端等实现路径。例如，食品产业作为河南省过万亿的战略支撑产业，与营养科学、食品科学、现代医学及生物、信息、工程、新材料和先进制造等新技术密切关联，营养、安全、方便、健康已成为食品产业发展的主题，而部分地方政府和企业仍习惯将河南省过万亿的食品工业定位于农产品加工、吸纳劳动力产业，重产量轻效益，研发投入严重不足，区域品牌宣传推广不到位。面对消费结构的不断升级和食品市场的新趋势、新变化，低端的劳动密集型产业定位导致科技、人才支撑明显不足，制约了河南食品工业发展速度和效益提高。

五、制造业与其他产业的关系

从发展的实际来看，河南正处于工业化发展中后期阶段，制造业仍是河南省强省之本。即使在制造业规模仅占 GDP 总量 11% 的美国而言，据美国机械及联合产品研究所（Machinery and Allied Products Institute，MAPI）测算，制造业的乘数效应高达 3.6。因而，无论第三产业比重有多高，它都是建立在第二产业基础之上的。

从未来的发展趋势来看，随着行业跨界、价值交融与分享经济等新型业态出现，推动产业链价值提升是产业中高端化的有效途径，而产业趋长、趋专、趋轻则是重要的表现方式。首先是"趋长"发展，以传统产业升级为代表。产业链条向"微笑曲线"两端的研发、创意、品牌与服务延伸，是众多产业关注和惯用的发展方式。其次是"趋专"发展，以新型制造业模块化为代表。高度模块化的产业价值链不仅可以将各个环节独立完成，也可以将各环节交织融合，实现在全球价值链中摆脱低端洼地的产业升级路径。最后是"趋轻"发展,以现代分享经济为代表。最初的分享经济是1984年在西方经济滞胀的状态下由威茨曼提出的,即让员工工资与企业收益挂钩。今天的分享经济是利用轻快便利的互联网渠道,实现各个不同产业链的嫁接,达到资源配置最大化效应。因此,对产业中高端化的理解既不能本末倒置,也不能漫无边界,要始终坚持以制造业为核心的发展路径,即使今天给制造业赋予了"质造"或"智造"等不同的内涵要求,它都是建立在"制造"的基础之上的。

六、产业存量与产业增量的关系

河南现有的产业基础,是中华人民共和国成立60多年尤其是改革开放40年来发展的结果,是与河南的发展水平和各种要素基础紧密相连的。产业发展、新业态、新模式培育并不是完全推倒重来,河南产业结构中的"重""土",是和河南的资源优势紧密相连的,在新的市场需求和发展环境之下的转型升级,是要实现产业的高端化、提升竞争力,而不是抛弃、淘汰传统产业。新拓展的产业或新增加的产业,需要通过增量来调整各次产业内部的结构、提升第三产业中生产性服务业所占的比重,应是新常态下河南产业结构调整的着力点所在,跨境电商、物流、大数据产业等有可能实现"弯道超车"。

七、产业短板与产业活力的关系

要善用"加法"补齐短板、用"减法"增强活力,推动产业发展行稳致远、提质增效。首先,在产业发展上,要大力发展新兴产业,积极建设网络经济大省;淘汰落后产能,清理僵尸企业,盘活过剩产能沉淀的劳动力、资本、土地等生产要素,使国有资本活起来,在流动中优化配置,提升全要素生产率。其次,在投入产出上,要加快推进供给侧结构性改革,扩大要素供给,推动制度变革、结构优化、要素升级;强化节能减排,关停高耗能、高排放企业,有效缓解能源对经济发展的"瓶颈"制约,减轻对环境的压力。最后,在保障机制上,培育经济增长新动力,拓展经济发展新空间,增加人口供给,提升全员素质,提升创新能力,增加公共产品供给,加强政策制度协调性,为产业结构调整提供支撑;简政放权,破除垄断,放松管制,减税,降低企业运行成本和市场交易成本,激发经济活力。

八、持续发展与跳跃发展的关系

经济的复杂性与制造业的知识及能力直接相关。在产业不断升级的过程中,国家或地区的知识体系、创新能力、人才供应、制造水平等内在因素都会不断提高。也只有内在因素提高,产业才能向更新兴、更先进、更高端的方向发展。

产业前进的方向要以持续化为根本,具体表现在三个方面:一是产业科技含量不断提升。无论是传统产业的转型升级还是战略性新兴产业发展、未来产业谋划，都离不开科技这个最根本的产业要素。二是产业绿色水平不断提升。伴随我国节能减排标准的不断提高，绿色低碳在某种程度上已成为产业发展的首要条件。三是产业开放水平不断提升。随着产业分工向协作化、精细化的发展，只有占据全球价值链的中高层，在保证出口产品数量的基础上提升出口产品的质量，我国在国际市场的竞争力才能得到持续优化。可见，科技、绿色与开放是产业可持续化发展方向，这是一个循序渐进的过程，不可能一蹴而就，也不可能四处撒网，更不能频下跳棋，应该瞄准目标、发挥优势、恒定坚持，着重培育具有持续效益或潜在增长力的产业。

九、传统观念与发展新理念的关系

基于文化的优势是最根本的、最难模仿的、最持久的竞争优势。创新驱动战略的实施需要培育独特的区域创新文化，营造开放和包容的创新氛围。河南要加快新旧发展理念的转换，牢固树立和贯彻落实创新、协调、绿色、开放、共享的发展新理念，摒弃以小农意识为代表的内陆意识和狭隘保守的思想观念；要大力弘扬发展、改革、创新文化，培育有利于解放思想、创新发展的文化土壤，推进科技创新、制度创新、管理创新和文化创新；要以现代化的思维、全球化的视野和更加积极的开放姿态推动创新驱动发展。

十、自主发展与开放合作的关系

独立与开放关系的实质，是要充分利用两个市场、两种资源，加快自身发展。首先，要着眼河南省资源提升内生发展能力，持之以恒，激发内在活力，重塑发展新动能，深入挖掘本土企业潜力，发挥其先天的地缘、人缘等自身优势，坚持对本土企业与外来企业一视同仁、平等对待，助其实现借力腾飞。其次，要抓住国家实施"一带一路"国际合作的新机遇，积极融入国家对外开放和区域发展战略，把三大战略规划实施与国家"一带一路"国际合作密切结合起来，东联西进，贯通全球，构建枢纽，打造内陆对外开放高地。最后，要推动有条件的企业走出去，参与海外能源资源开发，支持农业、装备制造、资源加工等领域优势企业开展国际产能合作，加强教育、科技、文化、旅游等领域合作，提升利用国际国内市场、资源的效率和效益，发展更高层次的开放型经济，以扩大开放转换动力，促进创新，推动产业转型升级。

十一、政府与市场的关系

区域创新是一个全面系统、复杂互动的过程，区域创新系统不等于政府创新系统。政策的着力点应该放在营造激励创新的公平竞争环境，充分发挥企业在自主创新中的主导地位，而不是干预市场运行、扭曲企业的竞争行为。梳理全国区域发展路径，河南与东部发达地区的发展差距，在很大程度上源于思想观念、体制机制上的差距。河南经济市场化程度和市场经济的活力与上海、江苏、广东、浙江有明显差距，2008年以来市场化指数一直徘徊在全国第10~13位，这说明市场在资源配置中的作用发挥远远不够，政府主导型经济特征明显，市场运作的理念不足。2015年，河南非公有制经济增加值占全省经济总量的比重为63.9%，尚不及江苏、广东、浙江等省21世纪初的水平，也低于同期湖南等省的发展水平。

第二节 创新驱动促进产业转型升级的现状与问题

一、创新驱动促进产业转型升级的现状

（一）科技创新带动产业转型升级作用成效明显

2012年以来，河南省科技创新支撑能力不断增强，推动产业转型升级，河南省第三产业增加值增速连续5年高于第二产业，2017年第三产业增加值占GDP比重为42.7%，比2013年提高7.2个百分点，成为拉动经济增长的第一动力；创新驱动发展持续推动，郑洛新国家自主创新示范区建设迈上新台阶，2017年郑洛新三市高新技术产业增加值占规模以上工业增加值的比重达44.7%，高于全省8.6个百分点。发展新动能显著增强。2013~2017年，全省五大主导产业增加值年均增长12.6%，战略性新兴产业年均增长15.6%，高技术产业年均增长20.7%，分别高于规模以上工业增加值年均增速3.1、6.1、11.2个百分点。

（二）自主创新能力持续提升

2014年，河南省全年R&D人员23万人，经费支出400亿元，比2013年增长12.0%。启动实施省重大科技专项40个。获得国家科技奖励19项，省级科技进步奖346项。申请专利62 434件，授权专利33 366件，分别增长11.6%和13.2%。有效发明专利13 535件，增长20.3%。签订技术合同2958份，技术合同成交金额41.64亿元，增长0.6%。取得了一批具有影响力的标志性成果，如矮抗高产多抗广适小麦新品种矮抗58选育及应用，非水反应高聚物注浆防渗加固成套技术及装备，优质强筋高产小麦新品种郑麦366的选育及应用，豫综5号和黄金群玉米种质创制与应用，下一代网络与业务国家试验床创新技术研究及应用，等等，使我国首次跻身创新网络体系国际标准行列。这些成果的取得显示了河南省自主创新能力稳步增强，为相关领域实现跨越式发展奠定了更加坚实的基础。

（三）关键共性技术供给能力不断增强

科技创新平台瞄准河南省经济社会发展重大战略需求，涵盖农业、装备、生物资源、能源等诸多领域，对增强河南省产业创新能力和核心竞争力发挥了积极作用。各类各级研发平台的研发能力有较大提升，科技创新研发平台建设与管理取得新进展。2017年末，省级以上企业技术中心1136个，其中国家级84个；省级以上工程实验室（工程研究中心）616个，其中国家级46个。国家级工程技术研究中心10个，省级工程技术研究中心1287个；省级重点实验室184个。解决了一批关键技术难题，推动了装备制造、有色金属、客车、超硬材料、耐火材料等产业的改造升级，引领了特高压输变电装备、锂离子电池、生物疫苗、风力发电装备、电动汽车、盾构等新兴产业的形成和发展，一大批重大科技成果和关键技术装备在西电东送、高速铁路、载人航天等国家重点工程中得到应用。

（四）企业创新体系建设成效显著，创新支撑服务能力提高

企业创新体系支撑企业创新能力显著增加。2017年，省级以上企业技术中心1200个，其中国家级85个，成为河南省产业技术创新的中坚力量；国家级创新型试点企业18个，居全国第5位，省级创新型试点企业534个；拥有科学研究与技术开发机构1950个，对创新创业的支撑服务能力显著增强。企业技术中心是企业开展创新活动的主要平台，也是企业自主创新能力建设的主力，在许多行业中均取得了较好的发展，并具备了相当的规模，成为推动河南省创新发展的骨干力量。

（五）科技创新载体日趋完善，促进产业升级示范作用显著

国家高新区在发展战略性新兴产业和高新技术产业、促进产业升级和发展方式转变方面起着重要的示范带动作用，河南省国家级高新区数量居全国各省（自治区、直辖市）第6位、中部地区首位。河南省将在郑、洛、新3个国家高新区着力打造国内具有重要影响力的高端装备制造、电子信息、新材料、新能源、生物医药等产业集群，重点开展科技服务业区域试点、科技成果转移转化、科技企业孵化体系、新型研发组织和科技金融结合等方面的试点示范。2014年，新建14个省级高新区和26个省级高新技术特色产业基地。郑州、洛阳进入国家创新型城市试点行列。全省共有产业集聚区180个，2个创新型城市、3个高技术产业基地，全省高新技术企业超过1100家。12个国家级国际科技合作基地。河南省设立了高新技术产业化专项，培育创新型（试点）产业集聚区12家。截至2015年9月，全省高新区工业增加值达到2039.6亿元，同比增长14.8%。郑州高新区的仪器仪表、洛阳高新区的高端装备制造、新乡高新区的生物医药等产业发展迅速。郑州

智能仪器仪表、洛阳轴承、南阳防爆装备制造被科技部认定为全国创新型产业集群试点,涌现出河南辉煌科技股份有限公司、汉威电子股份有限公司、华兰生物工程股份有限公司、洛阳北方玻璃技术股份有限公司等一批行业骨干企业。

(六)科技创新队伍不断壮大,产业创新智力支撑作用增强

科技人才是产业创新发展要素资源的重要组成部分,是科技创新的关键因素,是推动产业结构转型升级的重要支撑要素。2016 年 R&D 人员为 249 876 人,较 2015 年增长 3.5%,R&D 人员全时当量为 132 371 人·年,居全国第 5 位,中部第 1 位。

二、创新驱动促进产业转型升级的问题

当前,河南省已进入中原崛起、河南振兴的重要时期,对科技创新提出了新的更高要求。近年来河南省科技创新虽然取得了较大成绩,但还远不适应新常态下产业转型升级的要求,仍存在以下问题。

(一)科技进步水平缓慢,与创新驱动发展要求存在差距

各个地区把创新驱动战略上升为区域经济发展转型的重要支撑,河南在激烈的区域竞争中面临着不进则退的局面,与其他省份和地区比起来,尽管河南省科技进步水平在不断提高,但与产业创新驱动转型要求相比还存在着较大的差距,2014 年综合科技进步综合指数为 47.21%,在全国排第 20 位,低于全国 66.49%的平均水平。传统优势产业的改造升级是实现经济社会可持续发展的重要着力点,也是河南省进入创新驱动发展的重要门槛。河南省钢铁、有色金属、化工等能源原材料产业比重达到 38%,分别高于全国、安徽和湖北 10 个、5 个和 7 个百分点;许多产品关键技术、大型成套设备和核心元器件依赖进口,轻工、新型建材领域品牌优势不突出。河南省主营业务收入超百亿元的工业企业分别比广东和山东少 112 家和 80 家。大部分传统产业仍靠要素投入实现增长,万元 GDP 能耗是国内先进水平的 2.1 倍,能源利用率比发达国家低 10 个百分点,万元工业增加值的用水量是发达国家的 3~5 倍。这种以要素为主投入的增长方式必将成为制约产业结构转型升级的重要障碍。

(二)对科技成果的吸收效率较低,制约了高新技术产业发展

河南省科技进步在产业结构转型升级中仍未发挥主导作用,科技成果转化为现实生产力的效率较低。2015 年科技活动产出指数为 20.06%,远远低于全国 73.11%的平均水平,在全国仅排第 26 位,科技产出效益低导致难以实现产业结构的高度化和融合发展。河南省高新技术产业近几年虽然发展较快,但与全国和

先进地区相比,还存在差距,从高新技术产业化程度看,2013年河南高新技术产业化指数为57.70%,位于全国第11位,与GDP规模全国第5位的地位不匹配。造成这个问题的原因在于河南省高新技术产业软环境发展相对滞后,高新区技术开发区考评机制片面追求宏观经济指标,忽视技术创新能力、发明专利授权量、人才引进、成果转化率、研发投入占销售收入比重等反映高新技术产业发展持续潜力的指标。

在科技成果产出上,河南省也是输出大省,但由于没有正确的市场需求与引导,很多科技成果被束之高阁,没有办法转化为现实生产力。具体导致科技成果无法转化的原因有以下三点:第一,产学研合作效能不高。河南省的产学研主要集中在企业、高校与科研院所三方,但是这三个主体所追求的目标是不同的,导致了研究过程中三者分工不明确,效率很低。第二,相关政策落实不到位。针对科技成果转化困难的问题,省政府也出台了不少政策促进成果转化,但是由于受到创业环境等多方因素的制约,在政策执行力度上有很大不足。第三,创新资源无法共享。创新资源无法共享的主要原因是科技中介服务体系不够完善,河南省的科技中介大多是由政府创办,存在政企不分的现象,市场的发展也不健全,服务层次、人员素质等都有待提高,导致服务体系跟不上创新的发展,无法实现信息共享。

(三)创新资源分布不平衡,与产业创新需求不相适应

大部分的知识创新平台和技术创新平台、公共服务平台和基础设施、科技人力资源和科技活动经费都集中在高校、科研院所及为数不多的国有大中型企业。在创新驱动经济社会发展的职能分配中,以新技术、新产品、发明专利等商业化应用成果产出为主的民营中小型企业才是创新驱动发展过程中的主力军,而事实上河南省的中小企业在创新资金投入、创新人才集聚、创新基础平台资源获取等方面都处于劣势。2016年,在全省4658家大中型工业企业中,有R&D活动的企业1391个,占企业总数的29.9%,参与创新活动的企业比例较低;从事基础研究、应用研究、试验发展的人员比例为2.7%、6.0%、91.3%,企业中的博士比例仅为15.7%,R&D人员结构不合理,导致技术创新基础薄弱,科技成果转化"最后一公里"梗阻。在全省4658家大中型工业企业中,有R&D活动的单位773个,占企业总数的16.6%,参与创新活动的企业比例较低。R&D人员结构不合理导致技术成果转化、推广滞后,研究成果仅有10%工程化率和5%产业化率。创新能力强的高校、科研机构通常以专业为主线、以学科建设为目标组织部署科技力量,主要追求科技论文、获奖成果、承担国家科研计划等纯科研型产出,难以与地方经济发展和主导产业的需求相吻合。

（四）科技资源供给不足，影响产业结构转型升级

从科研力量与科研院所的分布看，河南省科技人员及科学家和工程师数量偏少。河南人口占全国的 7.8%，2016 年博士研究生招收 565 人，仅占全国招生总量的 0.64%。由于河南博士研究生培养规模小，加之博士毕业生属地就业高达 50%以上，高层次人才远远不能满足创新驱动转型发展的需要。河南省每万名从业人员中研发人员数量远低于全国平均水平，低于中部六省的安徽、湖北、湖南。长期在豫工作的"两院"院士数量少，大部分集中在少数中央驻豫单位。河南在技术转让合同签订数量与成交金额上都处于中部六省的后列，与位于首位的湖北省差距较大。科技成果转化效率低直接影响了河南省产业结构转型升级。

（五）科技创新投入不足，制约了原始创新能力提升

知识创新是区域创新能力提升的核心因素，河南较低的创新知识储备导致区域内知识资源技术化和产业化速率缓慢，遏制了实用技术和创新知识的良性互动。在 R&D 上，2016 年河南省全社会 R&D 投入强度为 1.2%，比全国平均水平（2.1%）少 0.9 个百分点，排在第 16 位；在中部地区，低于安徽省的 1.9%、湖北省的 1.8%、湖南省的 1.5%，这一数据显然与河南省位居全国第 5 的经济总量很不相称。2016 年河南省的 R&D 经费投入为 494.2 亿元，不及江苏省的 1/4。2016 年，河南省年专利授权量达到 4.9 万件，其中发明专利 6811 件，但河南省发明专利授权数占其申请数的 25.9%，命中率非常低，与国内创新领先省市差距较大，发明专利授权占专利授权的 13.6%，大多是实用新型和外观设计。全省大中型工业企业平均仅拥有有效发明专利 0.86 件，大中型工业企业引进技术经费支出与消化吸收经费支出的投入比为 1.96∶1。作为创新主体的企业技术支撑能力薄弱，知识创新含量不高，企业对引进技术的消化吸收能力差，制约了企业科技创新能力的提升。

（六）科技创新要素投入结构扭曲，与产业创新发展要求不相匹配

合理配置创新驱动所需要素投入，积极发挥其最大功效。目前，河南省产业创新驱动所需要素投入配置过程中的扭曲现象严重。总体来看，河南省科技创新要素投入主要存在五方面的差异性：一是区域间的差异，科技资源配置呈现两极分化局面。二是产业间的差异，不同产业科技资源配置的水平有所不同。三是研发主体间的差异，不同创新主体对研发活动的投入强度不同。四是研发阶段间的差异，科技成果多数处于应用研究阶段，少量停留在基础研究阶段，产业化、工程化的成果偏少。相对于应用型科技研发经费投入，基础性科技研发经费投入较

少。五是相对于学历型劳动力,技能型劳动力供应不足。

第三节 产业变革对科技创新的需求与发展态势

一、国内外科技创新发展趋势

从国际来看,科技创新呈现出新的发展态势和特征,创新全球化广度和深度不断拓展,以科技创新为核心的国际竞争更加激烈,具体表现在以下几个方面。

一是世界新科技革命和产业变革加速推进。全球科技创新呈现出新的发展态势和特征,学科交叉融合、群体突破的态势日益明显。物质结构、宇宙演化、生命起源、意识本质等基础科学领域正在或有望取得重大突破,信息、生物、新材料、新能源技术广泛渗透,正在引发以绿色、智能、泛在为特征的群体性技术革命。商业模式与技术创新深度融合,带动原有产业结构和生产方式发生深刻变化。科技创新链条更加灵巧,技术更新和成果转化更加快捷,产业更新换代不断加快。

二是创新全球化广度和深度不断拓展。全球研发投入总量突破万亿美元,跨国公司研发投资推动技术、知识、信息、资本、人才等创新资源在全球配置,全球创新中心呈现多极化态势,亚洲日益成为全球创新资源聚集区。脑机智能一体化、大数据等推动创新组织模式日益跨国界、网络化、虚拟化,共建大科学工程、跨国研发中心成为重要合作方式,国际合著论文和专利大幅提升,全球近10年三方专利授权量比过去10年增加近1/3。合同研发外包不断拓展,全球技术贸易规模迅速扩大,近10年增长4倍。

三是以科技创新为核心的国际竞争更加激烈。世界主要国家抓紧制定新的科技发展战略,抢占科技和产业制高点。美国"先进制造伙伴计划",德国"工业4.0计划"以及欧盟"欧洲工业复兴战略",将网络与信息技术、新能源、生物技术、先进制造等作为战略重点。围绕人才、资本、市场和专利等战略资源的国际争夺更加激烈。国际安全和地缘政治形势日益复杂,国防安全边界向外太空、深海、网络的多维空间拓展,信息、能源、粮食、海洋等非传统安全问题日益严峻。

目前国际科技界和产业界基本形成一个共识,未来5年全球科技革命和产业变革呈现加速推进态势,将持续引发群体性技术突破和颠覆性创新,并为产业技术变革发展不断增添新动力。

从国内来看,实施创新驱动发展战略、支撑引领经济社会全面转型升级的需求更加迫切,科技体制改革进入攻坚克难期,科技全方位开放的战略空间更加广阔,具体表现在以下几个方面。

一是深入实施创新驱动发展战略、支撑引领经济社会全面转型升级的需求更加迫切。我国处于深层次矛盾凸显和"三期叠加"阶段，经济发展进入新常态，依靠要素成本和投资驱动的发展方式已难以为继。同时，迎接人口老龄化挑战，推动新型城镇化和生态文明建设，实现高质量就业，对科技创新提出了巨大需求。未来5年，安全跨越中等收入陷阱，实现经济社会发展向中高端水平迈进，需要进一步释放科技创新潜能，构建新的国家发展动力引擎。

二是落实全面深化改革部署、推进科技创新治理现代化的任务更加艰巨。作为全面深化改革的重要内容，科技体制改革进入攻坚克难期，迫切需要紧紧扭住"硬骨头"，从科技改革和经济社会改革两方面同步发力，破除一切创新的体制机制上的阻碍，全面提升科技创新治理能力和水平。同时，科技创新的广泛应用和深度拓展不断挑战固有利益格局，倒逼经济社会发展领域的深层次改革，进一步发挥科技在全面深化改革中的推动作用非常关键。

三是适应国家开放新格局、推动科技全方位开放的战略空间更加广阔。经过改革开放40年发展，我国已形成全方位、多层次、宽领域的开放新格局，特别是实施更加积极主动的开放型战略，深度参与全球治理等开放新举措，为科技全方位开放提出了新的更高要求。我国与多数国家经济科技联系更加紧密，欧美等发达国家与我国开展科技合作的主动性明显提升，广大新兴市场国家和发展中国家为我国科技对外开放提供了新的战略空间。

四是经过多年持续积累，我国科技实力实现整体跃升，创新型国家建设取得了重要进展，科技发展进入由量的增长向质的跃升转变的历史新阶段。我国2017年研发投入已接近1.3万亿元，科技人力资源和研发人员总量居世界第一，发明专利授权量居世界第二位；科技整体水平与发达国家差距明显缩小，呈现"跟跑"为主、少数领域向"领跑"转变的格局。未来5年我国在全球创新格局中的角色将发生重大变化，如何针对不同领域选择合适的战略、加速赶超引领的步伐就显得尤为重要。

二、河南省创新驱动产业转型升级面临的形势

（一）产业结构调整的科技支撑压力增大

改革开放40年来，河南省社会生产力快速发展，经济持续快速增长，人民生活明显改善，综合实力大幅提升，2013年河南省GDP首次突破3万亿元大关，达到32 155.86亿元，同比增长9.0%，经济总量居广东、江苏、山东、浙江之后，成为全国第五个超过3万亿元的省份。但是发展过程中暴露出来的问题也十分突出，首先是人口、资源和环境约束日益强化，近年来，河南省经济发展的要素条件发生了许多变化，劳动力成本逐步提高，能源、矿产品等资源性生产资料价格的上升，环境成本日益提高，低成本竞争优势逐渐减弱，传统的发展模式空间越

来越小。新常态下我省产业结构调整承压,在 2015 年 100 强名单中,涵盖了全省不同性质、不同行业的大企业,从企业性质来看,国有及国有控股企业 50 家,民营企业 43 家,外商投资企业 7 家;从产业分布来看,第二产业占 90 家,以服务业为代表的第三产业仅有 10 家。"十三五"时期供给侧改革势必影响产业结构,从生产角度看,供给侧改革将导致第三产业占比上升,第二产业中传统工业占比下降、新兴产业占比上升。目前河南省大企业名单中,能源、产能过剩等领域的企业占去大的比重,更凸显出结构调整形势之严峻。因此,"十三五"时期,创新将成为转方式、调结构的能量极,河南省迫切需要通过创新实现产业结构的转型升级。

(二)科技创新将成为催生新业态的动力源

科技创新日新月异,新技术、新业态发展趋势明显加快,科技创新将成为催生新业态的动力源。2014 年,河南省三次产业结构比为 11.9∶51.2∶36.9,高成长性制造业和高技术产业增加值增速分别高于河南省规模以上工业增速 2.6、11.4 个百分点,占河南省规模以上工业的比重分别为 45.0%、7.6%,同比分别提高 2.7、1.2 个百分点。从总体来看,传统产业和传统服务业模式依旧占据较大市场份额,新业态、新商业模式的潜力有待充分挖掘。为推动产业健康快速发展,实现提质增效的目标,必须抢抓创新驱动发展机遇,推进供给侧改革,优化生产要素和资源的组织配置。紧跟世界科技发展潮流,围绕战略新兴产业和高成长服务业,研发市场竞争前关键核心技术和产业技术标准,形成一批自主知识产权,推动相关产业向价值链高端跃升,并催生一批新技术、新产品。通过实现"互联网+"与旅游、商贸、物流、健康、教育、文化、金融等服务业深度融合,催生一批新业态、新商业模式。

(三)区域间科技合作的竞争更加激烈

区域一体化趋势明显,科技合作和竞争更加激烈。科技创新将成为区域协作的助推器,以发挥各地区比较优势和推动跨地区联合的区域特色经济加快发展。国家在继续实施区域发展总体战略的同时,明确提出实施京津冀协同发展、长江经济带、中原城市群等战略,我国区域发展进入新的优化整合期,为河南省进一步开展跨省跨国、区域合作创造了更加广阔的空间。郑州航空港经济综合实验区、中原经济区、自由贸易区、中原城市群等区域发展的交通联系日趋密切,区域一体化进程加快,科技进步水平逐渐趋同,科技合作和竞争更为明显。"十三五"时期,应坚持差异化定位和协同化发展,立足河南省在"一带一路"建设中的战略定位,加强与发达地区的区域间合作,扩大与周边区域的联合,不断拓展新的发展空间,增强区域聚合力。

（四）科技创新将成为改革深化推进的支撑点

随着政府和社会科技投入的增加，科技成果产出数量有了较大幅度增加，河南省每年登记省级成果超过千项，能真正实现产业化和规模效益的成果不足一成，产学研之间的耦合度不到10%。"十三五"时期，河南省必须加快实施创新驱动发展战略，使市场在资源配置中起决定性作用，并更好发挥政府作用；破除一切制约创新的思想障碍和制度藩篱，激发全社会创新活力和创造潜能；提升劳动、信息、知识、技术、管理、资本的效率和效益，强化科技同经济对接、创新成果同产业对接、创新项目同现实生产力对接、研发人员创新劳动同其利益收入对接；增强科技进步对经济发展的贡献度，营造大众创业、万众创新的政策环境和制度环境。

三、大力推进科技创新促进产业转型升级的必要性

从区域竞争看，国内外产业转移深入推进，中原经济区、粮食生产核心区和郑州航空港经济综合实验区等国家战略的实施中进一步凸显了河南省在国家发展战略中的重要地位和作用，各种政策效应加速释放。同时河南省面临发达地区在人才、技术、市场方面的激烈争夺和挤压，在发挥比较优势的同时，必须进一步提高自主创新能力，培育竞争新优势。从河南省省情看，随着工业化、城镇化的快速推进，传统工业和资源型工业比重高，战略性新兴产业、现代农业、现代服务业比重低，必须把科技创新作为打造河南省经济升级版的根本途径。

一是促进经济发展方式转变迫切需要加快推进科技创新。大幅度提高科技进步对经济增长的贡献率，使自主创新成为经济社会又好又快发展的内生动力，实现经济发展由要素驱动向创新驱动根本转变，使科技创新在调整产业结构、转变经济发展方式中发挥核心作用。

二是促进传统产业转型升级迫切需要科技创新实现新突破。冶金、建材、化学、轻纺、能源等传统产业是河南省经济发展的重要支撑，但是受国内外市场形势影响，以及要素成本优势被不断挤压，传统工业下行的压力持续增大。必须依靠科技创新，促进传统工业行业提质增效，使产品迈向中高端水平，增强市场竞争力。

三是培育战略性新兴产业迫切需要科技的支撑和引领。新材料、新能源、生物医药、新能源汽车等战略性新兴产业作为培育重点，需要在核心关键技术上实现重点突破和持续攻关，促进创新驱动与产业发展有机结合，占领科技制高点，培育新的经济增长点。

四是加快发展现代服务业迫切需要科技创新。加速发展以信息技术为主的"互联网+"与旅游、商贸、物流、健康、教育、科技、文化、金融等服务业深

度融合，催生新业态、新商业模式，加快高端制造业与生产性服务业融合互动发展。培育生产性服务业集聚区，迫切需要科技创新引领与强力支撑。

五是加快发展现代农业、巩固农业基础地位，依靠科技创新走出绿色、高效、节约和高附加值的发展路子。增加农民收入、实现农村经济的快速增长迫切需要科技进步和创新引领。

第四节 创新驱动产业转型升级的机制

围绕传统优势产业改造升级，培育壮大高成长性产业和战略性新兴产业，破解资源环境约束难题，推进农业科技创新，以产业转型升级需求、新业态新模式培育为导向，大力推进科技创新，构筑产业发展的新优势和新动能，依托产业链配置创新链，着力破解技术"瓶颈"和制度约束，构建以企业为主体、产学研相结合的自主创新体系。推动产业层次由低端到高端、增长动力由要素驱动向创新驱动、发展模式由粗放外延向绿色低碳转变，为实现中原崛起、河南振兴、富民强省提供坚强支撑。

围绕河南省产业结构战略性调整的总体目标，建设具有较强竞争力的先进制造业大省、高成长服务业大省和现代农业大省。以科技创新构筑河南省产业发展的新动能、新载体和新优势，解决一批产业发展中的关键共性技术问题，获得一批具有影响力的科技成果，培育一批拥有自主知识产权的核心技术，壮大一批具有较强核心竞争力的骨干企业，形成一批特色鲜明和比较优势明显的支撑产业，建设一批业态创新、商业模式创新的示范项目。科技引领和支撑产业发展的能力显著增强，形成三次产业协调、创新驱动主导、绿色低碳发展的新格局，建成结构优化、技术先进、清洁安全、附加值高、吸纳就业能力强的现代产业发展新体系。

适应和引领新常态，打造发展新引擎，培育和催生经济发展新动力，促进产业结构转型升级，必须遵循五项基本原则。

——坚持普惠原则。发挥市场对技术研发方向、路线选择和各类创新资源配置的导向作用，调整创新决策和组织模式，强化普惠性政策支持。降低享受政策的门槛和成本，以普惠性政策调动企业尤其是小微企业的创新积极性。

——坚持协同原则。积极搭建产学研协同创新平台，努力实现整体协同与多元协同的有机统一。在科研布局、资源配置、科研组织机制、用人机制等方面进行改革和创新，建立长效的协同创新机制。通过跨组织协同与互动，有效汇聚创新资源和要素，增强创新主体要素围绕区域重大需求的集群解决能力和服务创新驱动战略的主动性。

——坚持精准原则。以支撑经济社会全面转型升级为根本任务，以提升关键共性技术水平为目标导向，突出科技资金投入的重点，提高政府科技资金的导向和带动作用。将产业技术路线图作为科技计划投入和资源配置的决策依据。完善绩效评价制度,强化科技资金的使用绩效。实现资金点与创新点的对接,发挥"四两拨千斤"的效应。

——坚持法制原则。努力实现改革决策与立法决策相结合,不断完善区域特色科技创新法律体系。建立科学的评价考核机制,加强科学立法。完善知识产权保护体系,充分尊重和保护创新。增强贯彻科技法律法规的自觉性,完善科研项目和经费管理、科研评价和审计监督等制度,健全科技决策、执行和评价相对分开、互相监督的运行机制。

——坚持开放原则。面向国际国内两个市场、两种资源,打造引领性平台,构建开放创新的新高地。深度融入国家对外开放战略新布局,打造融入"一带一路"开放的重要战略节点。战略性地利用全球创新资源,提升企业核心知识资产的国际化水平。

一、以科技创新引领产业结构调整,促进产业转型升级

(一)以科技创新着力提升传统优势产业竞争力

按照"装备智能化、生产柔性化、管理信息化、发展绿色化"的思路,围绕传统产业转型升级,实施传统产业技术创新工程,支持食品、有色金属、化工、装备制造、汽车及零部件、纺织服装等产业集聚区建设一批公共创新和服务平台,打造一批创新型产业集群。加强传统产业技术改造,围绕品种质量、节能降耗、生态环境、安全生产等重点,积极引导企业充分利用高新技术、云计算、物联网等信息技术对产业生产流程、工艺和产品层次进行提升改造。在汽车、电子信息、装备制造、现代家居等领域开展规模化个性定制示范,实施客车柔性制造、智能化移动式冷链装备等重大项目。在化工、冶金、食品等领域开展智能工厂试点,实施工业云平台、电气产业基地智能工厂、中式营养快餐智能化车间等重大项目。在装备制造、汽车、冶金、化工、食品等领域,实施一批网络化协同制造示范项目。在工程机械、输变电装备、家用电器等领域开展制造业服务化转型试点,实施故障预警、远程维护、过程优化等项目。加快推进高新技术在传统产业中的应用,结合重大工程建设和重大成套装备开发,着力攻克一批关键共性技术,支持企业积极采用节能环保的新工艺、新技术、新设备,淘汰落后产能,推进节能减排和资源高效利用,围绕重点产业,加快构建绿色、低碳和可持续的技术体系。

(二)以自主创新强化战略性新兴产业,推进战略性新兴产业科技创新

加强战略性新兴产业领域的关键共性技术突破和集成应用,加快形成一批重

大战略产品和重大工程。探索科技支撑战略性新兴产业发展的新模式、新路径，努力形成有利于科技和经济相结合、科技链与产业链相衔接、产学研相融合的创新机制，提升战略性新兴产业的自主知识产权和自主品牌产品的研发能力，引领新兴产业倍增发展。支持河南省战略性新兴产业骨干企业与省外创新力量开展合作，以欧美等发达国家及北京、上海等市为重点，积极引进人才、技术和成果等资源，通过引进人才和技术创业、引进成果实现产业化，加快培育战略性新兴产业。加强资源整合和技术集成，充分发挥政府的引导作用，把加快培育和发展战略性新兴产业放在产业创新驱动转型的突出位置。统筹技术开发、产业化示范、市场应用等创新环节，组织实施战略性新兴产业重大创新工程和示范园区建设。着力培育具有核心技术的龙头企业和产业集群，努力把新一代信息技术产业培育成为新的支柱产业，把生物医药、新能源、新能源汽车、新材料等产业培育成为先导产业，促进节能环保、高端装备制造产业成为新的增长点，把河南打造成全国重要的战略性新兴产业基地。

（三）以科技创新促进"互联网＋新型现代农业融合"

以粮食安全、畜禽安全为核心，以设施农业、循环农业、精准农业等为重点，大力推进生物技术、信息技术和装备技术等现代高新技术在农业生产中的应用，发展壮大现代农业。围绕"百千万"优质粮田建设和粮食丰产，创新集成粮食生产技术，加强农作物新品种选育、示范和推广，推动现代种业发展。加强区域农业科技创新中心建设。围绕种业发展、主要农产品供给、生物安全、农林生态保护等重点方向，构建适应高产、优质、高效、生态、安全农业发展要求的技术体系和创新平台，建成一批"互联网＋精准农业"示范园区和农业物联网技术应用示范点。利用现有互联网资源建立完善农副产品和食品质量安全追溯公共服务平台，重点实施大田种植智能示范方、智能化种植养殖产业化集群示范园区，实施农业物联网精准生产及实时监测系统、林地信息服务平台及林权登记信息管理系统。

（四）以新业态、新商业模式打造转型升级新引擎

当前正处于信息化新一轮发展的黄金时期，云计算、大数据、移动互联网、物联网等技术的突破，使科技创新从技术维度的单一创新转向"新技术、新产业、新业态、新模式"集成创新。一是以培育壮大云计算大数据产业为目标，以提升能力、深化应用为主线，加强顶层设计，坚持市场主导、统筹协调，围绕总体架构和关键环节，明确开放重点，创新合作模式，优化设施布局，扩展应用领域，加快形成广泛合作、优势互补、多元参与、充分竞争的发展新格局，为促进云计算大数据产业创新发展，实施"互联网＋"行动提供有力支撑。二是充分发挥生

产性服务业催化剂、加速器的作用，实施"互联网＋"行动计划，运用移动互联网、云计算、大数据、物联网等先进技术，推动产品、业态和模式创新，实现产业由生产制造向服务制造转型、经济由要素规模驱动向创新驱动转型。三是积极培育高技术服务等新业态。服务业是经济结构调整的重要方向，也是商业模式创新最活跃的领域。重点培育电子商务、研发设计、检验检测等新兴高技术服务业态，带动社会分工模式、生产组织模式、管理模式创新。四是实施新业态示范工程，支持企业产品创新，培育新兴业态，实施商业模式创新培育工程，调整省级自主创新资金使用方向，在全省公开选拔推介一批商业模式（业态）创新示范项目并给予一定奖励，通过示范效应引导更多企业参与商业模式（业态）创新活动，打造新的产业增长点。在省科技进步奖中设立企业技术创新工程奖，定期评选一批商业模式（业态）创新示范企业，支持企业探索技术创新、管理创新、商业模式创新新机制。

（五）实施科技带动文化与科技融合

围绕促进文化产业发展的重大科技需求，深入实施科技带动战略，加强文化与科技的融合。强化基于现代信息技术的新兴文化产业的培育，将创意设计作为科技创新的重要内容，积极推动创意设计与现代农业、轻工、装备制造业、食品、服装等优势产业合作，提升生产企业的创新能力和品牌价值。研究动漫游戏与虚拟仿真技术在设计、制造、科普、教育、体育、建筑、旅游、商务等产业领域中的集成应用，加强动漫衍生品综合开发及文化娱乐装备的集成制造，促进动漫创意文化元素与相关产业的融合发展。运用高新技术改造新闻出版、工艺美术、广播影视等传统文化产业的创作、生产和传播模式，提高文化产品和文化服务的科技含量，推动文化产业转型升级。到2020年，建设一批特色鲜明的省级以上文化和科技融合示范基地，培育一批创新能力强的文化和科技融合型领军企业，将河南省建设成为在全国有较大影响力的区域文化科技融合中心。

二、以科技创新引导企业自主创新，增强产业转型发展内生动力

（一）以企业为主导组织产业技术研发创新

发挥市场对技术研发方向、路线选择和各类创新资源配置的导向作用，调整创新决策和组织模式，强化普惠性政策支持，促进企业真正成为技术创新决策、研发投入、科研组织和成果转化的主体。一是实施创新龙头企业培育工程，围绕河南省着力发展的主导产业、支柱产业，选择一批对产业发展具有龙头带动作用、创新发展能力强的创新型骨干企业，从重大科技专项实施、产业创新联盟构建、高层次创新平台建设到人才、技术集聚，整合创新资源，协同社会创新力量，加

快创新发展，形成一批主业突出、行业引领能力强、具有国际先进技术水平和国际竞争力的创新龙头企业。二是积极培育科技型中小企业和高新技术企业，引导科技型中小企业围绕国家重大工程、河南省重点产业和行业龙头企业集聚创新发展，提升河南省重点产业和产业链配套能力。

（二）促进创新资源向企业聚集

发挥企业和企业家在创新决策中的重要作用，吸收更多企业参与研究制定技术创新规划、计划、政策和标准，引导创新资源向企业集聚，推动企业成为研发投入和成果转化的主体。树立技术创新的市场和目标导向，围绕企业主体和产业发展组织实施产业创新驱动发展。改革政府应用性项目的形成机制和支持方式，面向企业技术需求编制项目指南，以企业为主牵头组织实施产业导向类科技项目。市场导向明确的科技项目由政府引导、企业牵头、联合高校和科研院所实施。支持企业自主决策、先行投入，开展重大产业关键共性技术、装备和标准的研发攻关。实施大中型企业省级研发机构全覆盖工程，优化重点实验室、工程实验室、工程（技术）研究中心、企业技术中心布局，按功能定位分类整合，构建向企业特别是中小企业有效开放的机制。

（三）健全企业主导的产学研协同创新机制

创新体制机制，探索有效模式，鼓励相关企业、高校和科研机构有效汇聚创新资源，按照产业链组织创新链，瞄准产业技术创新的关键共性难题，加强协同创新，推动产学研用有效结合，突破产业发展的核心技术，提升产业技术创新能力和整体竞争力。一是支持产学研合作承担重大科技计划项目、政府应用开发类重大科技项目，原则上应以市场需求为导向，以企业为主体，产学研联合组织实施，围绕产业技术创新链加强项目的系统集成。二是创新产学研合作形式，鼓励以企业为中心，与高校、科研机构建立以产权为纽带的各类技术创新合作组织。引导产学研各方围绕优势产业战略需求组建产业技术创新联盟，支持产学研技术创新战略联盟承担各类科技计划项目。积极探索支持联盟发展的各种有效措施和方式，引导联盟完善技术成果扩散机制，带动中小企业产品和技术创新。三是通过产学研合作开展消化吸收和再创新，重大装备的引进，应吸收制造企业、高校和科研机构参与，共同跟踪国内外先进技术的发展，并在消化吸收的基础上开展自主创新活动。积极吸引跨国公司在河南省设立研发机构，对经过认定的国家级和省级研发机构给予一定的经费资助。四是鼓励产学研联合建设自主创新平台，引导和鼓励企业、高校和科研机构联合组建重点实验室、工程（技术）研究中心、产业技术创新战略联盟等。建立完善自主创新资源面向企业和社会开放共享的机制与制度。引导高校和科研机构的科研基础设施、大型科学仪器设备、自然科技资源、科学数据与科技文献等公共科技资源进一步面向企业开放。鼓励社会公益类科研机构为企业提供检测、测试、标准等服务。财政建设资金对社会公益类科研机构的科技基础设施建设给予必要的支持。

(四) 推动企业发展自主知识产权

强化企业作为创新主体的作用,以获取核心自主知识产权为目标,开展新品研发、技术攻关、技术引进和消化吸收再创新活动,开发一批具有自主知识产权的核心技术。引导企业加快重大专利技术成果的运用和转化,围绕核心产品开展专利技术引进和实施,推进企业技术专利化和专利技术产业化。

(五) 大力推进企业人才队伍建设

全面实施企业人才优先开发战略,围绕产业转型升级需要,突出河南省经济社会发展中重大项目、重点产业发展需求,统筹推进各类企业人才队伍建设,制定完善以企业人才队伍建设为重点的人才政策体系,启动实施企业"三大人才工程"(专业技术人才培养工程、高技能人才培育工程、经营管理人才素质提升工程),加快建设一支懂经营、会管理、善钻研、技术精的企业人才队伍,不断提升人才对产业转型升级的贡献率。

三、以创新平台建设为载体,提升产业创新能力和水平

(一) 加快科技创新孵化器建设

根据现代产业体系发展需要,通过整体推进、合理布局、科学规划,引导全省孵化器建设与发展,打造良好孵化生态系统,实现所有省辖市、省直管县(市)和高新区全覆盖。一是以高新区、省级产业集聚区和城乡一体化示范区为重点,积极建设创业中心、大学科技园、留学生创业园、专利孵化中心等各类孵化器。二是鼓励各省辖市、省直管县(市)加快孵化器建设,组织认定市、县级孵化器,在全省形成多层次、多运作模式的创新孵化体系。三是围绕新能源、新材料、高端装备制造、信息技术、节能环保、生物医药等产业,规划建立一批专业孵化器,为培育和发展战略性新兴产业提供源泉。四是鼓励依托创投机构创办、主办孵化器,充分发挥投融资优势,以天使投资为核心,打造"早期投资+全方位孵化服务"新模式,构建创新创业生态环境,推进孵化器多模式发展。五是鼓励金融机构、企业等各类投资主体积极探索建设多种运营机制、多种发展模式的专业孵化器,探索建设网络虚拟孵化器、微型孵化器、农业科技孵化器、创新工场等类型的创新型孵化器,辐射更多科技创新创业者。推动孵化器与高校协同创新中心深度合作,建设科技创新型孵化器。

（二）加快建设科技创新服务平台

针对河南省研究成果工程化率、产业化率较低的现状，为加速成果转化、增强带动效应，建设科技研发平台、科技服务平台、科技资源共享平台，引导支持建立政、产、学、研、用、资相结合的产业技术创新战略联盟。围绕河南省若干传统优势产业、高成长性产业和战略性新兴产业，依托国家重点实验室、国家工程（技术）研究中心、国家质检中心、国家"2011协同创新中心"、工业设计中心等骨干创新平台及大型骨干企业研究开发机构，联合省内外企业、高等学校、科研院所、检验检测机构，探索建立省级产业协同创新中心。加强公共科技服务平台建设，组织开展共性和关键技术研究，省财政统筹相关资金给予支持，推动产业结构转型升级。围绕创新型城市、高新技术产业基地、航空港经济实验区等产业集聚区主导产业需求，以企业为主体，构建产业技术创新、公共技术、成果转化等服务平台有机结合的科技创新体系，提升产业科技创新能力。建立科技创新信息网络平台，建立行业专利、新产品、科技人才和知名企业等方面的信息数据库，为企业提供信息化服务；建立行业信息服务网站，为企业提供信息查询、信息存储、信息交换、数据处理和网上营销等服务，并具备决策咨询信息导航的强大功能。加快建设一批具有较强技术推广服务能力的中介服务机构，打造一批适合不同行业特点的科技创新服务平台。建设涵盖信息资源服务、能力要素纵向整合、工业大数据应用服务、电子商务等内容的省级工业云平台。鼓励互联网企业搭建面向中小微企业的协同制造公共服务平台，提供以数据聚合和知识共享为基础的云制造服务，促进创新资源、生产能力、市场需求对接，提升产品创新能力和资源利用效率。重点实施阿里云中部创业创新基地、中原大学生创业孵化示范园区、创客工厂、海创空间、文化创意、电子商务等重大项目。重点实施科技型中小企业综合服务平台、大型科学仪器资源共享网络平台、机器人技术创新服务平台等重大项目。支持建设一批线上与线下相结合的公共服务平台、专业技术支撑平台、人才培训服务体系，加快发展企业管理、财务咨询、知识产权、检验检测等第三方专业化服务。建设创新创业网络教育平台，建立重大科研基础设施及大型科学仪器等科技资源网络服务平台，推动互联网企业与基础电信企业向创业者开放平台入口、计算、存储和数据等资源。引导和鼓励各类创业孵化器与天使投资、创业投资相结合，完善投融资模式。

（三）加快科技信息平台建设，着力实现创新资源共享

发挥高校和各类园区的优势，鼓励和推动高校与企业形成创新利益共同体，建立产学研合作长效机制，形成各方优势互补、共同发展、利益共享、风险共担的协同创新机制。全面实施"2011计划"，大力推进高校与高校、科研院所、行

业企业、地方政府以及国际组织的深度融合，探索建立适应于不同需求、形式多样的协同创新模式，加快建设国家级、省级、校级三级协同创新中心体系。推进建设大学科技园和大学生创业园建设，利用好国家各项优惠政策，使之成为科技成果孵化的重要基地。鼓励高校和企业相互开放使用大型科学仪器设备。鼓励高校和企业采用市场化方式，积极相互开放使用大型科学仪器设备等科技资源，提高设备使用率。建立健全高校开放大型科学仪器设备的合理运行机制和管理模式。高校重点实验室、工程（技术）研究中心等各类创新平台以及重中之重学科、省重点学科可采用市场化方式，积极向企业开放使用大型科学仪器设备等科技资源。积极鼓励企业在高校建立实验室等研发平台。引导省内院校适应产业发展设置专业和课程。进一步整合高校教育资源，调整优化高校学科设置，优化人才培养结构，主动为产业发展培养急需紧缺人才。各高校要以产业发展需求为导向，根据本区域主要行业、产业集群、高新区、企业发展需要，建设特色专业和课程。积极推动各类高校与省内有关市县、各类园区和企业建立长期稳定的全面合作关系，与行业企业共同制定人才培养标准，共同设计培养目标、制订培养方案，共同开展专业、课程、教师队伍和实习实践基地建设等，让行业企业深度参与培养过程。

建立产学研合作信息服务平台，建好科技需求库、成果转化库、高端人才库、专家咨询库等数据平台，实现信息资源的充分共享。加强高校科技成果与企业技术需求的收集、分析和整理，推动产学研合作各方的交流与融合，促使高校、科研机构和企业主动对接，支持高校与企业根据市场需求研发新产品、新技术和新工艺。依托各类孵化器、生产力促进中心、专业技术协会等中介机构，形成组织网络化、服务社会化的产学研合作信息网络，充分发挥其在产学研合作创新主体中的组织、协调作用。支持高校面向企业和社会有序开放重点实验室、工程（技术）研究中心等创新平台资源，将高校科研仪器设备利用率和对企业开放程度纳入相关业务考评体系。

四、扩大科技开放合作，利用外部资源推动产业创新发展

结合河南省科技开放合作工程的实施，充分利用外部资源增强河南省创新能力，加强省部科技合作，积极争取国家层面的有利政策措施支持战略性新兴产业技术创新。支持河南省企业等创新主体与省外创新力量加强合作，积极引进省外和境外先进技术、成果、人才等创新资源，支持跨国公司和国外知名高等院校、科研机构来河南省建立研发机构，对引进的作用突出的研发机构，采取一事一议的办法，在项目安排、平台建设、资金扶持等方面优先支持。鼓励和支持省内企业、高校和科研机构走出去，积极开展省外（境外）兼并重组和并购，搭建开放平台，拓展开放渠道，聚集和扩大创新资源，提升引进消化吸收再创新能力和产业技术创新运用能力。

（一）加强国际合作

充分利用全球科技资源，提高创新起点，缩短创新周期。加强与美国、日本、俄罗斯、欧盟等国家和地区的科技合作，抓住国际产业转移和人才流动加快的机遇，努力引进海外科技资源，支持跨国公司和国外知名高校、科研机构来河南省建立研发中心。大力支持河南省企业引进国外先进技术，通过消化吸收再创新提高自主创新能力，获取核心关键技术，培育创新团队。大力引进海外高层次人才，依托产业集聚区、骨干企业、高校和科研机构，建立一批海外高层次人才创新创业基地，集聚一批海外高层次创新创业人才和团队。鼓励支持河南省企业到国外建立研发机构或与国外机构联合开展研发活动，提高企业开拓海外市场的核心竞争力。

（二）加强与国内创新力量的合作

通过省部会商等有效渠道，争取国家及有关部委对河南省科技创新的更大支持。加强与中国科学院、中国工程院、中国科协及中直和省外高校、科研机构、企业的合作与交流，鼓励和支持其在河南省建立成果转移中心或研发、成果转化基地，开展科技创新活动。积极支持中央驻豫单位和驻豫军事高校、科研机构参与河南省科技创新，进行成果转化。发挥河南省的区位优势，进一步强化与北京、上海等创新资源密集区域的科技合作。积极推进省内区域合作，结合河南省现代城镇体系建设建立科技创新协作区和创新资源密集区。

（三）加强各类载体间的合作

加强各类载体的横向融合、纵向互动、侧向联动、新老耦合，形成相互促进、协同发展的格局，推动单一载体功能优势向载体体系综合优势转变。发挥郑州航空港经济综合试验区的综合带动作用，建设国际航空物流中心、以航空经济为引领的现代产业基地、内陆地区对外开放的重要门户，积极争取国家设立自由贸易园区，引领产业转型升级。

五、着力改善供给侧环境和机制，激发产业创新驱动发展活力

（一）改善供给环境

改善供给环境包括以下几个方面。

（1）建立以社会、市场需为导向的创新资源分配机制。进一步打通科技与经济社会发展之间的通道，让市场真正成为配置创新资源的决定性力量，让企业真正成为技术创新主体。特别是应用技术研究要按照市场化原则组织，坚持企业主

导、产业导向,改变以往政府补贴的方式,提高企业自主决策的权限。逐步探索应用技术类项目从目前高校、科研单位申报,主管部门审批,先科研后转化的科研导向模式,改为市场导向模式,即由企业提出需求并组织、对研究投入和风险负主要责任,高校和科研单位竞标参与研究,政府视研究的外部溢出效应给予必要配套支持。

(2)建立以业绩为导向的效益分配机制。创新效益分配机制改革是解决激励机制问题的重要途径。在发达国家,高校、科研机构的科研成果主要通过许可、入股等方式向企业转移,由此在研究型高校、科研机构等周围集聚形成了一大批中小企业集群,成为推动科技创新、新兴产业发展的重要引擎。目前,河南省许多高校、科研机构科研成果产业化、向企业转移成果较少。应借鉴美国等发达国家经验,加快建立高校、科研机构的技术转移机制,要制定与科技创新促进产业发展相适应的科技成果转化办法和加强产学研合作的管理办法,优化财政支持科技项目成果的产权管理,改革高校和科研机构的无形资产管理办法,通过产权管理制度改革调动研究团队和研究人员的创新积极性。完善以创新成果知识产权利益分享为纽带的产学研融合发展机制,创造条件促使高校和科研机构应用技术研究成果主要通过许可等方式向中小企业转移。

(3)改革科技管理体制机制。加强重大科技问题战略性、前瞻性研究。对主导产业、优势领域的重大科技项目,必须开展前期调研论证。强化产学研合作的组织和引导,申请财政科技研发资金资助的重大研发类和转化类项目,必须以产学研合作为前提。开展技术预见研究,逐步建立科技公共资源开发共享机制,发布"大型科学仪器设备开放共享目录"和"河南省科技基础条件平台开放共享目录",减少重复投入,提高公共资源使用效率。建立科技成果转化激励机制和协同创新机制,促进科技成果产业化。建立创新调查制度和创新报告制度,改革科技成果评价和奖励办法,构建科学透明的科研资源管理、科研项目、科技成果评价机制。

(4)推进科技人才评价体制改革。继续推进科研院所体制创新,改革高校科研绩效评价机制,提高高校、科研院所科技创新和服务经济社会发展能力。针对科学研究活动多样性的特点,按照基础研究、应用研究、技术服务和转移、成果转化、决策咨询等不同科技活动形式,建立并完善科学合理、突出绩效、权重适当、多元参与的评价体系。根据河南省重点产业发展的技术需要,大力支持并引导科研院所和高校与企业联合开展提升产业核心竞争力的应用开发研究及成果转化。鼓励和支持科研院所、高校选派科技人员深入企业,研发技术、开发产品,建立科技人员与企业的合作机制和交流平台。

(二)强化人才要素保障

强化人才要素保障包括以下几个方面。

(1) 结合重大项目的实施加强对创新人才的培育。在重大科技专项等科技计划项目的评审、验收与重点实验室、工程技术研究中心等创新平台建设的综合绩效评估中,把创新人才培养作为重要的考评指标。

(2) 引进高层次人才。依托创新型企业、高新技术产业开发区、重点实验室、重点学科等,引进海外高层次人才,省财政和用人单位在事业平台、条件保障、生活待遇等方面给予支持。鼓励企业引进具有海外创业经验的创业人才和参加过国际大型科研、工程项目,具有丰富经验的高层次创新创业人才。

(3) 支持企业培养和吸引创新人才。改革和完善企业分配与激励机制,支持企业吸引科技人才,允许国有高新技术企业对技术骨干和管理骨干实施期权等激励政策。在高校和科研机构中设立面向企业创新人才的客座研究员岗位,选聘企业高级专家担任兼职教授或研究员。推动高校与有条件的科研机构根据企业对技术创新人才的需求调整教学计划和人才培养模式。

(三)优化完善供给侧机制

优化完善供给侧机制包括以下几个方面。

(1) 强化科技成果转化机制。改革科技成果评价标准,把科技成果的转化应用作为自主创新活动的根本目的和主要评价指标。政府科技资金支持的科研项目要把转化应用前景作为重要依据,政府科技奖励要把成果转化应用效果作为重要标准。在专业技术职务评聘中,要将科研人员开展自主创新及其成果产业化情况作为重要评价内容。落实有关规定,鼓励知识、技术、管理等要素参与分配,引导和激励科技人员从事科技成果转化与产业化工作。鼓励支持各类创业风险投资机构的发展,引导其把投资重点投向科技成果转化和产业化。积极推动科技保险创新发展,逐步建立高新技术企业创新产品研发、科技成果转让的保险保障机制。

(2) 完善科技成果权益保护机制。实施《河南省知识产权战略纲要》,支持创新主体在重点领域和关键技术、工艺和产品方面创造与形成自主知识产权。制定知识产权许可、技术转移等制度和政策,推动核心技术的专利化和标准化,促进知识产权的转化和应用。健全知识产权保护体系,加大保护知识产权的执法力度,严厉查处和打击各种侵权、假冒等违法行为,切实保护知识产权所有人的合法权益。探索建立防止滥用知识产权的保护制度,促进公平竞争和不断创新。知识产权、科技成果的转让和成果创造者的合法权益要以市场经济与法律手段提供保证。支持融合领域关键技术、工艺、产品方面创造和形成自主知识产权,申请重大发明专利、实用新型专利、商标等。鼓励互联网融合应用企业开展专利权质押融资,加强知识产权创造、运用、保护和管理。创新在线产权交易模式,促进知识产权转化和应用。

(3) 改革人才培养和发展机制。扫除人才流动、使用和发挥作用的体制机制障碍，完善股权激励、分红权激励等措施，支持科技人才创新创业。适应创新驱动转型需求调整教育办学模式，将更多财政资源投向职业教育和员工（包括农民工）的终身教育，促进河南省人力资源成本优势提升为专业技术人才竞争优势。

（4）建立科技、金融和产业的融合机制。进一步探索科技与金融的融合机制，推进科技部门与金融管理部门的合作，统筹协调科技金融资源，搭建新型科技投融资服务平台，建立科技投融资风险补偿机制。加大对科技型中小企业的信贷支持力度。鼓励商业银行积极探索科技型企业贷款模式，创新产品和服务，降低科技信贷门槛，简化信贷手续。推进知识产权质押贷款、中小企业技术创新投资风险担保等工作。支持科技型企业通过债券市场、信托工具、产权交易市场、资本市场等直接融资渠道融资。开发适合科技创新的保险产品，为科技型中小企业自主创新、并购以及发展战略新兴产业提供保险支持。

第五节　创新驱动产业转型升级联动耦合的着力点

一、构建产业创新发展的生态体系

（一）积极构建创新创业孵化载体

支持洛阳市建设国家小微企业创业创新基地示范城市，形成可复制的经验进行推广。围绕区域经济与产业发展需求，建设一批产业整合、金融协作、技术创新、资源共享的"双创"示范城市和"双创"示范基地。积极培育众创空间等创新创业孵化载体，推进市场化、专业化、集成化、网络化，实现创新与创业、线上与线下、孵化与投资相结合，为小微创新企业和个人创业提供低成本、便利化、全要素的开放式综合服务平台。依托行业龙头企业、科研院所建设一批专业化众创空间。实施知识产权助力创新创业计划，以国家知识产权创意产业试点园区为引领，加快建设一批知识产权创新创业基地。鼓励支持多元主体投资建设科技企业孵化器、大学科技园，鼓励各类孵化载体实行市场化运营，在土地、资金、基础设施建设等方面给予积极支持。积极发展众创众包众扶众筹，培育一批基于互联网的新型孵化平台，推动技术、开发、营销等资源共享。

（二）加快构建科技创新全链条的科技服务体系

积极推进示范区内创业孵化、知识产权服务、第三方检验检测认证等机构的专业化、市场化改革，在符合国家规定、有效控制风险的前提下，壮大技术交易市场。形成推动科技服务业创新发展的政策体系。落实国家将符合条件的科技服务企业纳入高新技术企业范围的政策，落实国家已出台的高新技术企业税收优惠、研发费用加计扣除、技术转让、科技企业孵化器税收优惠等促进科技创新的政策，建立激励科研设施、仪器开放共享等机制，为促进科技服务业发展营造良好的政策环境。加快国家质检中心郑州综合检验检测高技术产业园建设，依托示范区打造检验检测高技术产业基地和国家检验检测高技术服务业集聚区。以国家科技服务业试点区域为重点，加快推动科技服务业发展。

（三）积极推进产业链、创新链、资金链的"三链融合"

推动产、学、研、金深度结合，强化产业链、创新链、资金链"三链融合"。支持郑州市建设国家促进科技和金融结合试点城市，形成可复制的经验进行推广。设立郑洛新自主创新示范区科技成果转化引导基金，省市联动，引导社会资本支持科技创新，发展科技产业。发挥省科技金融引导专项资金作用，省市结合，开展"科技保"和"科技贷"业务，建立科技贷款风险补偿机制，引导银行加大对科技型企业的信贷支持力度，破解科技型中小企业贷款难题。鼓励银行业金融机构产品和服务方式创新，开展知识产权质押贷款和股权质押贷款等贷款业务，为科技成果转化提供金融支持。培育和支持符合条件的科技型企业在境内外资本市场上市挂牌与融资。充分发挥河南省技术产权交易所的作用，为科技型中小企业融资提供服务。支持符合条件的科技型中小企业通过发行债券和实施资产证券化等方式拓宽融资渠道。鼓励发展股权投资基金和创业投资基金，规范发展股权众筹融资，完善科技型企业投融资机制，进一步完善科技信贷、科技保险等创新发展政策措施。积极争取在郑洛新国家自主创新示范区开展投贷联动试点。

（四）建立科技成果孵化与转化服务平台

从一项研究发明诞生到生产成产品走向市场就是科技成果转化的全过程。在科技成果转化过程中，大致分为科技成果形成（基础研究、应用研究）、科技成果商品化（成果转让、许可、出资、融资等）、科技成果产业化（研究开发、中试、试销、投产等）三个阶段。目前科技成果转化的"最先一公里"和"最后一公里"成为制约成果转化的"瓶颈"，大量科研成果只能躺在实验室里无法应用到产业中去，无法为提升河南科技硬实力做贡献。科研成果不具备产业化条件，科研成果市场商业运作跟进少，需求企业在不确定情况下不敢进行实际的投入等等都是造成转化率低的原因。目前，受到体制及视野的限制，科研人员对于科研成果产业化过程中需要关注的重点难以把握，解决问题的能力会有所欠缺，这就需要一个专业的成果孵化与转化平台（如同我国台湾的"工研院"、日本的科学技术振兴机构等）来实现科研成果与产业需求这"最先一公里"和"最后一公里"的对接，为科研人员提供市场化的视野，为市场需求寻找最为确切的科研团队和成果，并辅助科研人员孵化相关成果，实现产学研中"最后一公里"的无缝衔接，以加快科研成果的产业化进程，提升实体经济的技术实力。河南省可以借鉴吸收国外和其他地区高校先进成熟的运作理念，将其本土化为可行的操作模式，建立产业技术研究院，与大学科技园、众创空间结合，构建成果孵化与转化服务平台，解决科技成果商业化的"最先一公里"和产业化的"最后一公里"问题，打通科技成果转化通道。

二、提升产学研协同创新的源动力

河南省必须大力实施创新驱动发展战略，积极探索"以市场为导向、以企业为龙头、以研究型大学和科研院所为依托"的区域性产学研协同创新新机制。不断深化产学研协同创新合作层次，集聚和共享省内外优势创新资源，建立长期稳定的产学研协同创新战略联盟，改革和完善有利于产学研协同创新的体制机制，加快科技成果市场化，增强自主创新能力，为河南建立创新型省份提供有力支撑。

（一）建设产学研协同创新的联动运行机制

党的十八大报告强调要更加注重协同创新，科技部门要不断深化科技体制改革，加强统筹协调，完善对产学研协同创新的顶层设计。一是在重点创新领域的战略布局、科技立项原则及支持方式上进一步加强统筹，在发挥市场配置资源基础性作用的同时，优化管理职能、加强统筹管理，尽快建立有利于产学研协同创新的部门之间分工合作、沟通协调、密切配合的工作机制。二是完善产学研协同创新链。面向市场需求的技术创新，既包括上游的基础性、原理性研究，还包括中游的技术突破、产品研发和下游的产品生产、市场应用，是一个环环相扣、缺一不可的完整链条，势必涉及多个相关创新主体，各创新主体之间牵起手来，围绕产业链，部署创新链条，打通技术创新的各个关节。三是各有关部门之间应加强统筹协调。各相关部门应着眼全局，围绕搭建完整的技术创新链条，营造有利于产学研协同创新的环境，不断推动技术创新、商业模式创新和政策创新融合，有效降低创新成本、缩短创新时间、提高创新效率、加快创新步伐。

（二）完善产学研协同创新的政策体系

围绕河南省国家战略实施和四个大省建设，进一步完善产学研协同创新的政策。一是研究制定促进产学研协同创新的配套政策和实施细则，完善机制和政策。二是引导地方结合区域经济发展战略和产业集群发展的特点，开展区域产学研协同创新的试点工作，完善科技创新政策体系。三是解决制约高校、科研院所、企业及金融等服务机构投身于产学研协同创新链条的瓶颈。四是积极营造推动产学研协同创新相关的税制、政策等外部环境，进一步加大产学研协同创新中涉及的知识产权保护的力度。

（三）建立产学研协同创新的长效机制

引导推动创新模式加快由双向对接向多向合作转变，由短期零散式向战略联盟式转变，由企业单一技术研发向产业关键共性技术研发和全球技术标准制定转变，加强产学研合作长效机制建设。一是进一步探索产学研合作机构或平台的运行和利益分配机制。推动有条件的向实体化运营模式转变，鼓励以项目实体运营、合资建立公共研发平台、引入风险投资等多种形式捆绑利益，真正形成利益共享、风险共担、共同发展、长效合作的新机制。二是探索建立高校、科研机构积极参与产学研协同创新的机制。进一步改革完善科技成果利益分配机制，调动高校、科研机构广大的科技人员创新创业的积极性，真正深入企业和行业中开展研发活动，解决企业和产业发展的实际问题，增强科研针对性和有效性，提高科技投入的效益，促进校企合作形成长效机制。

（四）着力打造高校产学研合作的科技服务链条

产学研协同创新离不开完善的科技中介服务体系。一是加强各类科技中介服务机构的建设，重点培育和发展各类技术要素市场，为产学研合作创造充分的交流渠道和服务平台，进一步完善科技成果评估机构，形成以专业服务中介机构为主体的、服务社会化的知识传播和技术扩散体系。二是加快科技企业孵化器建设。大力发展各类孵化器，为科技型企业发展提供全方位的服务。三是完善面向全社会的产学研协同创新信息网络。定期征集企业技术难题、高校和科研机构的科技成果、人才供求信息，及时做好高校、科研机构与企业之间的信息沟通、项目中介、咨询服务等工作，建立一条较为完整的服务链。

（五）建立产学研合作的风险投资机制

产学研协同创新的主要困难和科技成果转化率低的一个重要原因是资金缺乏。发达国家经验表明，只有加快发展风险投资体系，才能弥补科技成果转化阶段企业、高校和科研机构的筹资能力与国家财政支持、私人资金投入和银行贷款之间的空白。因此，需要建立一套完整健全的投资机制来保证风险投资资金充足。为此，一方面要通过建立多渠道的风险投资融资体系，以及灵活运用组合投资和联合投资的策略，以分散资金投放的风险。另一方面要建立风险投资的综合评价体系，制定科学的评估程序，以便在一定程度上识别风险和控制风险。

（六）深化高校管理体制改革

高校在产学研协同创新中发挥着主导地位，不仅要加强对产学研协同创新的管理、建立有效的激励机制,还要改革人才培养方式。高校要明确自己是国家知识创新的生力军和企业创新的保障力量,在此基础上应结合自身的实际特点制订出具体的发展目标,以此来指导学校发展。同时,高校还应该从真正意义上将创新作为自身发展的理念,以创新为治校之本。对高校而言,人才培养、科学研究、社会服务、管理体制、运行机制等各方面都需要创新,应将创新当作生命源,当作学校所有工作的主线,把创新贯彻到每一个细节之中,只有真正做到了这一点,创新才能真正成为高校生命之魂。

高校要综合教学、科研与校产资源,组织跨学科、跨院系甚至跨院校的科研力量,形成多学科协同作战的综合优势和内联外引、资源共享的联合机制,提升学校综合实力;评估方面要从教学、科研、科技成果转化与产业化等方面进行全面考核,鼓励并引导院校把与企业的合作重点放在加强咨询服务,为企业培养、培训所急需的高层次复合型人才上;根据社会和企业需要,聘请各种专兼职教师,改善师资结构,适时调整学校的专业设置、学科结构和人才培养规格,改革优化课程体系。

(七)创新产学研协同创新的体制机制

完善的科技体制,是促进形成完善的产学研协同创新机制的重要前提。进一步加快新一轮科技体制改革的进程,着力突破不利于自主创新的体制机制障碍,不断完善有利于创新资源流动、高端人才聚集的政策措施,为产学研合作奠定良好的体制机制基础。一是构建协同创新的评价体系。从评价体系上引导高校、科研院所重视产学研协同创新,逐步扭转重视论文、成果数量,忽视实际创新贡献,重视纵向课题轻视横向课题、科技成果转化推广的倾向,引导创新资源向现实生产力转化。二是构建协同创新的人才培养模式。研究推进高校与企业共同培养创新型人才的培养模式。将行业高级技术人员引入为高校导师,在校学生培养实行双导师制。一方面推动高校人才培养质量,另一方面为企业及产业培养和储备技术人才。三是构建多元化的投入体系和风险投资机制。积极引导银行、保险、风险投资等金融资本支持产学研合作,努力建立以企业为主体、市场为导向、政府引导带动、社会金融资本相结合的多元化科技创新投入体系,努力解决目前产学研协同创新中的资金"瓶颈"问题。

三、以体制机制创新促进创新资源有序流动和聚集

鼓励高校师生创新创业。健全科技人才流动机制,支持高校教师离岗创办科技型企业;鼓励大学生创新创业,在豫高校全日制学生休学创业,可保留学籍两年。支持和引导人才从高校向园区与企业流动。依托省级重点企业研究院、省级以上企业技术中心等创新载体和各类园区,培育产学研示范企业和基地。鼓励高

校采用"5+2""4+3"等多种形式,立足自身学科专业特色与优势,有针对性地与有关高新区、产业集群等进行挂钩对接,选派科技人员赴相关园区和企业工作。鼓励高校创新资源自主或与河南省企业合资创办新兴产业。企业、高校人才派出期间,其原职级、工资福利和岗位保留不变,工资、职务、职称晋升和岗位变动与原派出单位在职人员同等对待,并把科技人员服务企业的工作业绩,作为评聘和晋升专业技术职务(职称)的重要依据。鼓励高校教师到省重点企业研究院工作。鼓励教师"针对问题搞科研,服务企业促转化",积极围绕企业需求,为企业提供智力和成果支持。对列入"青年科学家培养计划"的,选派人员原单位工作岗位待遇不变;申报评审专业技术资格时,主要考核在企业工作时业绩及课题研究成果,并可按社会服务与推广型教师类要求考核。表现特别优秀的,可破格推荐申报高级职称。符合条件的,优先推荐申报国家"万人计划"、国家和省"千人计划"等,并在同等条件下予以重点倾斜;对在企业从事技术项目攻关且业绩突出的"青年科学家培养计划"人选,在省"151"人才选拔时,确定一定比例予以重点推荐。

改革评价体系,调动高校产学研合作积极性。根据《教育部关于深化高等学校科技评价改革的意见》要求,改革高校评价体系,尽快建立分类评价机制。改变片面将论文、奖励、项目与科研人员评价和职称评审直接挂钩的做法,把社会贡献作为考核评价的核心要素,将服务经济社会发展的应用技术研究和贡献作为重要指标,纳入到学校评价、高层次人才培养、专业技术职务晋升及工作业绩考核体系中。利用河南省"2011 计划",鼓励省属高校依托省级协同创新中心深化产学研合作,对于在创新平台和创新团队建设、科研岗位设置等人事制度和科研评价改革方面做出重要创新和突出贡献的,在后期专项资助额度上应给予优先和重点支持,充分调动高校产学研合作的积极性。

四、强化政策落实完善,营造良好的成果转化环境

全面落实国家有关政策措施,制定和完善科技成果转化(技术转移)、知识产权、股权激励机制等方面相关政策,鼓励高校及其科技人员从事科技成果转化工作。高校可以自主决定对其持有的科技成果采取转让、许可、作价入股等方式开展转移转化活动;高校科技成果转移转化所获得的收入全部留归单位,纳入单位预算,实行统一管理;高校对做出突出贡献的科技人员、专利发明人、知识产权管理人员、经营管理人员、成果转化人员,可参照《中关村国家自主创新示范区企业股权和分红激励实施办法》相关规定,实施股权奖励、股权出售、股票期权和分红激励。高校知识产权和科技成果作价入股,占股比例由合作双方共同商定,最高比例可达到公司注册资本的70%。对高校以科技成果作价入股的企业,放宽股权奖励、股权出售对企业设立年限和盈利水平的限制。高校科技成果持有单位

可以从技术转让（入股）所得的净收入（股权）中提取不低于50%的比例用于奖励科技成果完成人和团队。通过产权政策落实和激励机制构建，促进科技成果产权化、知识产权产业化。

进一步落实国家对科技发展的有关税收优惠政策。对国家重点扶持的高新技术企业，减按15%的税率征收企业所得税，落实现行企业研究开发费用税前加计扣除、高校技术转让收入免征增值税等税收优惠政策。对符合条件的中小企业信用担保、再担保机构从事产学研结合项目的贷款担保业务收入，按规定3年内免征增值税。

五、突出企业的自主创新主体地位

实施创新龙头企业培育工程，围绕河南省着力发展的主导产业、支柱产业，选择一批对产业发展具有龙头带动作用、创新发展能力强的创新型骨干企业，综合运用研发补助、股权投资、贷款贴息等多种方式，培育一批具有先进技术水平、引领行业发展、支撑产业转型升级的创新龙头企业。支持大中型企业建立研发机构，实现大中型企业省级研发机构全覆盖。鼓励围绕创新链的企业兼并重组，推动创新型骨干企业做大做强，形成一批主业突出、行业引领能力强、具有国际先进技术水平和国际竞争力的创新龙头企业。

围绕区域性、行业性重大技术需求，在郑洛新自主创新示范区，以企业为主体，以资本为纽带，以独立法人形式存在，联合省内、国内乃至全球若干产业链上下游企业、具有较强研发能力的高校、具有行业领先地位的科研院所共同组建，探索实现多元化投资、多样化模式和市场化运作，打造"产学研用金"协同的创新生态系统。围绕区域特色，积极构建创新创业孵化载体，营造创新创业氛围，全面激发创新创业活力。

发挥企业和企业家在创新决策中的重要作用，吸收更多企业参与研究制定技术创新规划、计划、政策和标准，引导创新资源向企业集聚，推动企业成为研发投入和成果转化的主体。树立技术创新的市场和目标导向，围绕企业主体和产业发展组织实施产业创新驱动发展。改革政府应用性项目的形成机制和支持方式，面向企业技术需求编制项目指南，以企业为主牵头组织实施产业导向类科技项目。市场导向明确的科技项目由政府引导、企业牵头、联合高等学校和科研院所实施。支持企业自主决策、先行投入，开展重大产业关键共性技术、装备和标准的研发攻关。

六、健全知识产权保护体系

知识溢出效应会对区域创新主体的人均创新产出增长率递减趋势有所补偿，这反映的是知识溢出对创新能力有负效应，有很多学者认为知识溢出的负效应与知识产权保护乏力相关。美国心理学家亚当斯的公平理论认为，一个人对其所得报酬是否满意不只是看绝对值，而是看相对值，要进行社会比较和历史比较。如果某人认为自己的报酬和贡献比率同别人相应比率相等则公平合理，从而感到满意和心情舒畅而努力工作，否则就会感到不公平不合理，影响工作情绪而导致贡献减少。企业家作为个人，在其公平感得不到满足后，便会失去继续创新的动力。如果一个企业的创新产权得不到有效保护，即创新行为不能产生预期收益，创新动力就会减弱。如果没有外部制度约束，加之顾客需求没有进入挑剔阶段，模仿产品或低质产品往往由于生产成本较低，可以制定更低的价格从而获得一定收益，那些缺乏创新能力而求生存的企业必然选择模仿，而不是创新。所以，解决这一问题的根本在于建立健全知识产权保护体系，使企业的创新收益不至于被迅速耗散。

建立健全知识产权保护体系，要从制度、方法和观念上建立健全企业知识产权管理制度与风险防范机制。具体来看，一是要完善自主知识产权制度，建立知识产权保护体系。健全知识产权领导组织和办事机构，进一步明确工作职责，完善知识产权保护、管理和侵权监督制度，培训知识产权保护队伍，确保公司知识产权保护工作有领导抓、有机构管、有人员做。二是要大力推进知识产权的应用，建立企业知识产权应用管理体系。系统员工中有很多技改、革新和实用新型创造，对企业的生产经营起到了很大的促进作用，但由于知识产权意识不强，有的没有申报，导致知识产权的流失；即使有专利，但疏于管理，也易被他人侵犯。因此要加强自主知识产权保护意识教育，明确知识产权的专有性，强化知识产权申报意识和严防侵权意识，从源头做好知识产权保护工作。要对知识产权的应用进行合法性审核，不得使用未经权利人授权的知识产权，解决好知识产权的合法合规问题，预防因管理疏忽导致的侵权行为的发生。

第五章 创新驱动产业转型升级：
特征事实与启示

从20世纪50年代开始，以美国为代表的发达国家开始了"去工业化"过程，将传统的劳动密集型产业等低端制造业转移到生产要素成本较低的国家，本国制造业所占GDP的比重持续下降。虽然"去工业化"后的经济服务化趋势强化了发达国家在高端服务业的优势，但虚拟经济的过度发展容易诱发经济泡沫，从而加剧了宏观经济波动。2008年全球金融危机促使发达国家纷纷对产业结构进行调整，转而发展高附加值的高技术产业和战略性新兴产业，并推出了一系列以振兴制造业为中心的战略举措。奥巴马政府于2009年底提出"再工业化"战略，通过加大政府对战略性新兴产业的扶持力度、税收激励等方式发展高附加值、高技术含量的先进制造业，并签署了《美国复兴与再投资法案》《美国制造业促进法案》《美国先进制造业国家战略计划》等一系列法案，以保障"再工业化"战略的贯彻落实。为了应对技术和市场日益激烈的竞争，保持制造业的领先地位，德国政府于2013年批准了"工业4.0"工作组提交的《保障德国制造业的未来——关于实施工业4.0战略的建议》，即"工业4.0"计划（裴长洪和于燕，2014）。不久德国政府设立了工业4.0平台，并发布了首个"工业4.0"标准化路线图，明确了该计划的实施步骤。"工业4.0"计划主要面向高新技术行业，重点在于将制造业与信息技术相融合以实现智能生产，最终带动整个制造业朝着智能化、网络化、数字化的方向发展。发达国家的"再工业化"战略和"工业4.0"计划表明，后危机时代的技术进步将引发生产组织方式的变迁，最终导致全球产业格局发生重大变化。

随着全球经济竞争的日益加剧，创新驱动产业转型升级已经被各发达国家和地区提到战略高度，创新引领发展已经成为世界发展新趋势和历史发展的重要进程。国内外在创新驱动产业转型升级过程中取得了显著成效，其经验做法值得借鉴。

第一节 创新驱动产业转型升级的多国事实特征

一、美国创新驱动产业转型升级：创新前沿

美国是典型的市场经济国家，其经济增长分别经历了工业化前期阶段（1776～

1884年)、工业化早期阶段(19世纪末20世纪初)和工业化快速发展阶段(20世纪初~20世纪50年代),到20世纪70年代美国基本完成了工业化和城市化,经济发展进入转型期。1943年美国人均GDP突破1000美元(1106美元),1973年超过5000美元(5230美元)。在美国产业转型升级和结构调整的过程中,促进创新驱动经济发展的途径和措施形式多样,但核心表现为制度优势是实现创新驱动经济发展的主要途径和手段。

(一)联邦政府高度重视支持基础研究

美国在全球创新中能够长期扮演"长跑领先型"的角色,主要原因在于联邦政府对基础研究的高度重视和持之以恒的大力支持。美国1945年发布的《科学:没有止境的前沿》报告中就对基础研究的重要性给予了高度肯定。V. 布什博士在该报告中指出,"基础研究导致新的知识,它提供科学的资本。它创造出知识储备,由此一定可以获得知识的实际应用。新的产品和新的工艺流程并不是一出现就是完全成熟的。它们是建立在新的原理和新的观念基础之上,而这些新原理和新观念优势是在科学的最纯粹领域中的研究工作中艰辛地开发出来的。"有研究表明,美国于19世纪末20世纪初就通过引进欧洲的电力理论和技术,率先完成了第二次工业革命,工业产量跃居世界第一。此后的一个多世纪里,美国不仅经受住了经济大萧条、第二次世界大战、通货膨胀和冷战的考验,还孕育和完成了以信息技术为代表的第三次工业革命。究其原因,主要在于其建立了一套有效的政府宏观调控机制,能够促进基础研究与社会重大需求相结合。20世纪40年代以来,美国政府先后推动完成了原子弹、晶体管、激光器、登月计划、重组DNA生物基因、航天飞机、人工DNA分子等科研项目。这些重大原始创新成果改变了人类生活,也成为拉动美国经济发展的强劲引擎。美国于第二次世界大战后到20世纪70年代能够完成创新驱动产业转型的主要做法包括坚持投入科技创新、系统推进产业技术政策等,其中,对基础研究的支持为美国发展高技术产业积累了大量的原始创新成果储备,同时,高速的军事及航天技术发展,雷达、固态电子及计算技术等开拓性的研究也支撑其成为70年代以后世界高技术发展的技术之源。

(二)大力促进产学研结合和军民融合

从创新体系的视角看,美国之所以能够长期处于全球技术领先地位,很大程度上归因于它拥有一个有利于企业、研究机构和大学、政府和社会密切联系的创新生态系统。通过总结20世纪70年代到90年代期间美国、英国、法国、日本、韩国和印度等主要国家创新驱动产业转型的主要做法,在进行横纵向对比的基础上提出,美国自70年代以来,高度重视利用产学研密切结合促进产业转型发展,并相继制定了一系列支持产学研合作鼓励技术成果转移的法律法规，充分依托大学推动产学研合作，形成了"硅谷"和"128公路"等著名的产业集群，有力地推动了美国80~90年代的产业转型和新经济发展。

军民融合机制是促进国家创新驱动发展的重要内容，美国主要通过综合运用政策、计划以及建立吸引企业加入的公平竞争机制来促进军民融合发展。例如，美国高度重视军民两用技术和产品的优先发展地位，针对国防工业的发展提出了军民一体化战略，积极推动军民两用技术发展。为确保适度竞争，美国还鼓励私有企业参加国防创新，在其《美国国防工业基础需要维持关键领域》中，允许更多承包商参与竞争。此外，美国军工企业还通过开展兼并重组，加强军民业务结合，增强创新能力。美国军工企业从20世纪90年代的几十家合并为现在的5家，并通过加强业务重组调整拓展其创新转移应用领域。例如，美国波音、雷神、洛·马等军工集团明确宣布向能源及环境领域拓展。

（三）不断夯实创新驱动发展的人才基础

美国历来高度重视技工、科学家、企业家等各类人才在创新中的重要作用。早期多种族集聚的移民国家文化促使其在招贤纳士、吸引人才方面，一直采取非常宽松的政策。美国国家科学院于2005年10月向国会提交报告《迎击风暴——为了更辉煌的经济未来而激活并调动美国》中指出，要继续增强美国在基础研究和人才培养方面的投入以应对未来的经济发展的挑战，并提出为承诺毕业后将在公立高中从事科学教育的学生提供2万美元的大学奖学金以及扩大外国科学家的签证项目等建议。美国出台有关创新战略的文件中，仍将劳动力、人才战略视为美国创新的基石。2011年2月，美国国家经济委员会、国家经济咨询委员会和国家科学技术政策办公室联合发布的《美国创新战略：确保经济增长与繁荣》中指出，要重点加大对劳动力、基础研究和基础设施等创新关键要素的投入。其中包括，要增加对教育的投入，使下一代美国人掌握最新的知识和技能，造就世界一流的劳动力队伍。具体建议如提升美国科学、技术、工程和数学方面的教育水平，加大改革初中等教育的力度，重获美国在技能培训方面的世界第一地位，创造世界一流的启蒙教育体系，等等。2012年1月，美国商务部和国家经济委员会发布《美国竞争力和创新能力》，尤其强调"教育对于经济增长和企业以及国家竞争力提升的关键基础作用"，并围绕下述议题开展分析，包括：美国科学技术工程数学领域的劳动力队伍仍在扩展，经济各领域对科学技术工程数学领域的劳动力需求更加迫切，美国拥有多所杰出的大学，但是在科学技术工程数学领域却缺乏优秀的劳动力队伍，高成本教育和低师资力量储备进一步削减生源，美国人口结构和发展趋势为经济增长既带来机遇也带来挑战，非美出生人口成为科学技术工程数学领域劳动力的主要构成，行政干预一定程度上降低了大学入学门槛，等等。

（四）综合并用各类政策工具激发企业的创新活力

20世纪60年代开始，联邦政府逐渐意识到民用技术研究开发及其应用的广阔前景，并采取了一系列后来被称为"技术创新政策"的手段措施，极大程度激发了企业的创新活力。联邦政府在80年代左右颁布实施了大量税收优惠政策，促进企业的技术创新活动，从而对创新活动起到了直接的推动作用。中小企业政策在美国的技术创新政策中也占有重要地位。成立于1953年的美国小企业管理局认为，小企业是美国经济的脊梁，它们创造了全国2/3的新工作岗位，贡献了美国国民生产总值的39%，发明了全国半数以上的技术创新。鉴于此，联邦政府通过小企业管理局帮助美国小企业获得贷款、教育以及培训机会，并先后于1982年通过"小企业创新发展法"、1983年开始实施"中小企业技术创新计划"（small business innovation research，SBIR）、1992年通过"加强小企业研究与发展法"、1994年实施小企业技术转移研究计划（small business technology transfer program，STTR）等。此外，联邦政府实施的包括先进技术计划（advanced technology plan，ATP）、制造业推广伙伴计划（manufacturing extension partnership，MEP）、技术再投资计划（the technology reinves tment program，TRP）以及联邦实验室技术转移联合体等也都给予中小企业很多支持。同时，一些由大学、工业和政府部门合作建立的企业技术孵化器也通过将技术、诀窍、企业家才能与资本联结在一起为中小企业技术发展提供支持。政府也非常擅于利用公共采购政策刺激企业创新。美国商务部和国家标准局于1972~1979年联合发布的实验技术激励项目，指出政府采购主要通过以下三个方面激励企业创新：一是利用政府采购创造出一个超出现有技术水平的产品市场，包括政府购买创新技术或产品自用，或为社会所用，等等；二是政府采购可以为新技术创造需求拉力，如政府采购申请书上会标明所需产品要具备哪些功能、哪些技术标准等；三是政府采购可以为创新性产品提供一个具备一定规模的测试环境，将为新产品进一步改进提供极其有价值的信息。

美国发达的风险投资制度是激励企业家创新创业的另一重要动力。从其发展历程看，1982~1983年的牛市之后美国工业领域的风险投资开始快速发展，据美国学者克拉克1983年估计，美国风险资本企业最多有900家，到1990年，风险资本总额累计达到350亿美元，7年时间里每年稳定在20亿~40亿美元规模。尽管规模不大，作用却不容小觑。这是因为，与大公司庞大复杂的决策机制相比，规模小、机制灵活的风投资本更容易接受创新理念、把握新的机遇，这一点在计算机、生物等新兴产业尤其明显，包括英特尔、IBM、微软、苹果、基因技术等一些著名的美国公司早期能发展起来都曾借助过风险投资的帮助。

美国激励企业创新的政府管制政策主要表现在两个方面：一是颁布的系列诸如质量标准、节能环保要求或安全标准等技术类管制；二是着力于营造公平竞争环境以及促进科技进步和创新的各类竞争政策及反垄断、促进技术转移等法律法规形式表现的制度类管制。美国通过实施反托拉斯政策维护后进入者的权益，有利于保证新技术发明能够最大限度地被应用、扩散。如半导体工业发展初期，贝尔公司迫于美国司法部监管机构对其电话网垄断诉讼的压力，于1952年春天以25 000美元价格允许其他公司取得晶体管专利许可，为美国后来半导体产业的大发展提供了技术源。值得注意的是，联邦政府的管制政策并非一成不变，当产业发展受制或面临越来越强大的来自海外的竞争压力时，联邦政府也通过放松反托拉斯管制来促进企业之间及其与大学、科研院所的联合研发生产活动。例如，自20世纪80年代半导体工业进入超大规模集成时代以来，美国不得不应对日新月异的技术进步压力和日本带来的巨大市场压力，在此背景下，总统产业竞争能力委员会于1985年向白宫提交一份报告中指出，"美国政府必须从世界市场的角度考察公司的竞争行为。在新一轮半导体产业技术变革中，用于半导体设备和新技术研发的前期投资越来越高，任何一家企业都难以负担。"为此，美国国会通过"全国合作研究法案"，旨在确保进行高新技术联合研究项目的企业可以免受反托拉斯诉讼。基于此，司法部没有对当时赫赫有名的微电子与计算机技术公司（Microelectronics and Computer Technology Company，MCC）采取诉讼行动。

总之，美国的驱动创新发展主要可以归结为以下几点：一是支持研究与开发，促进创新。其包括加强基础研究投入，支持应用研究，促进企业与大学合作，加强人力资源投资，等等。二是支持高技术企业发展。一方面，通过税收减免、加速折旧和政府采购等措施支持企业技术创新；另一方面，通过政府采购实现市场支持。三是支持中小企业和创业投资发展。其包括为中小企业发展提供融资支持、技术支持、创业辅导、市场支持以及免税优惠等。四是重视知识产权保护。美国是世界上知识产权保护制度比较完善的国家之一。特别是20世纪50年代以来，随着美国逐渐成为世界第一强国，其知识产权保护制度日趋强化。80年代，美国陆续颁布《拜杜法案》（1980）、《技术创新法》（1980）、《联邦技术转移法》（1986），有力地推动了专利技术商业化；实施"特别301条款"（1974）和修改"337条款"（1986），强化了国外侵权产品的市场准入；修改《专利法》《商标法》《著作权法》，扩大了知识产权保护领域。

二、德国创新驱动产业转型升级：创新与模仿并进

第二次世界大战后，德国抓住美苏冷战的有利时期，依靠雄厚的科技和工业基础，推动经济快速腾飞。德国经济发展主要经历第二次世界大战后到20世纪70年代的经济复兴时期、80年代到90年代中期的快速发展时期，90年代末的暂

时萧条时期以及 21 世纪以来的新增长时期。在世界经济增速放缓背景下，德国经济却能保持稳定增长，这与其实行的创新驱动发展战略密不可分。为促进德国的创新活动，联邦政府致力于通过制定战略规划和政策法规，建立和完善创新体系。

（一）德国创新驱动发展的主要特征

德国很早就注重创新能力的建设，以政府为主导推行了一系列战略规划，并辅以有针对性的政策举措，成为世界上创新领先国家之一。

（1）注重创新战略的连续性和创新政策的系统性。德国在创新战略制定和政策设计方面，特别注重不同背景下战略决策的连续性及政策制度的系统性。2006年，德国首次发布《德国高科技战略》报告，从国家层面系统地提出高科技发展战略，确定了旨在加强德国创新力量的明确政策路线。《德国高科技战略》提出从科研到创新，直至最终占领市场的一体化战略，有效地实现了科研成果与市场需求的结合。为应对全球科技创新竞争发展的新形势，2010 年 7 月，德国内阁通过由联邦教研部主持制定的《德国 2020 高科技战略》，在 2006 年《德国高科技战略》的基础上汇集了德国联邦政府各部门最新的研究和创新政策举措，立足于开辟未来的新市场，并确定 5 个重点关注领域。在战略规划的指导下，政府相应地推出系统性的创新政策。高科技战略发布后，联邦政府分别在能源领域、生物技术领域、纳米技术领域、交通领域、航空领域、健康研究领域等出台了一系列的政策行动，来配合创新战略的实施。联邦政府对战略制定连续性和政策设计系统性的重视使得德国在不同时期、不同领域的科技发展都有明确的路径可循，具有高度的前瞻性、针对性和灵活性。

（2）形成对内整合、对外聚合的良性互动机制。德国的科研体系结构完整，科研机构配套齐全、分工明确，研究力量配置合理，这与德国政府对内整合创新体系、对外聚合创新资源的机制建设密不可分。德国创新政策的制定注重发挥多元主体的作用，将政府、企业界、科技界以及其他社会力量全部纳入创新网络，通过紧密合作和信息共享实现创新知识的产品转化。在联邦层面，联邦教研部是负责科研与教育活动的主要部门，联邦经济与技术部则负责技术政策的制定。政府资助的非营利研究机构代表了德国科学研究的核心力量，其中马普学会（Max-Planck Gesellschaft，MPG）主要从事自然科学、生物科学、人文科学和社会科学等领域的国际顶尖水平基础研究；弗劳恩霍夫协会（Fraunhofer Society）则以研究应用技术为主，致力于科研成果的转化；亥姆霍兹联合会（Helmholtz Gemeinschaft）主要从事基础性研究、预防性研究和关键技术研究；莱布尼兹科学联合会（Leibniz Gemeinschaft）定位于问题导向的研究，同时也提供咨询与服务。企业是创新的主体，推动着科技成果的转化。德国政府通过政策引导，将科研机构、高校、企业联结为紧密的创新合作伙伴，充分发挥各类创新主体的作用，共同致力于创新驱动发展。同时，随着创新资源在国际范围内的高速流动，德国政府致力于通过广泛科技合作筹措全球创新资源。与西欧国家和北美国家的合作以尖端合作科研、大型科研基础设施联合建设、青年科学家培养与交流等为主；与独联体国家、中国、印度、南美国家等的合作旨在在国际范围内开发创新潜能，吸引发展中国家学生来德国学习并留住优秀人才，宣传德国作为研究目的地国家的优势和吸引力，促进国家间技术转移，等等。

（3）突出企业的创新主体地位。德国在实现研发投入占 GDP 3%目标的进程中，企业是最重要的主体，承担着德国近 2/3 的研发支出。过去的十几年里，企业显著地增加了其自身研发投入，从 1999 年的 334 亿欧元增加至 2012 年的 512 亿欧元，占 GDP 的比重也从 1.67%增长至 1.94%。企业连续十几年增加研究经费投入，强化自主创新，促使其成为技术创新的主力军。除此之外，政府还推出一系列计划和行动措施支持企业的发展创新：至 1996 年联邦教研部投入 3 亿马克，推出"质量保障计划"以支持中小企业建立完善质量保障系统和提高质量管理水平，资助范围达 6000 家企业；颁布《中小企业远程工作计划》及《企业技术创新风险分担计划》逐步改观企业的组织结构，促使中小型企业形成联盟；联邦经济部的《中小企业创新与未来技术计划》将技术资助作为继续开发的重点；高科技战略投资 150 亿欧元，将德国建成"创意之国"，建立有利于高技术小企业创业和创新型中小企业发展的政策环境；2012 年 2 月，联邦政府决定继续拓宽德国创新型初创企业的融资途径，为德国企业募集更多的风险资本，进一步加强德国在国际创新竞争中的地位。

（4）强调区域、产业的均衡协调发展。在创新驱动发展的过程中，德国十分重视区域、产业等的协调均衡发展。作为德国区域发展战略的重要原则，"实行均衡发展"被写入德国宪法，且先后制定并出台《促进经济稳定与增长法》《联邦改善区域结构共同任务法》《联邦空间布局法》《联邦财政平衡法》等一系列法律法规。面对两德统一时东西部地区巨大的经济差距，联邦政府在研究项目资助方面向东部地区倾斜，制定了振兴东部的战略，以联邦教研部发起的"德国东部州创新行动计划"为中心，启动了各种有针对性的资助计划，加强东部地区的创新能力。作为老牌工业强国，德国的装备制造工业基础雄厚。依托高端制造业等传统优势产业，德国加速发展战略性新兴产业，在研发资助、基础平台建设、国际合作等方面，联邦政府都予以重点扶持，以实现创新追赶的目标。

（二）德国创新驱动发展的战略与规划

德国政府高度重视战略规划对科技创新的引领作用，将创新置于国家发展的核心位置。为保障战略规划的有效实施，20 世纪 80 年代以来，德国政府先后出台了一系列法规以不断强化战略规划的宏观引领作用。1982年，联邦政府制订促进创建新技术企业的计划，将建立更多高技术公司作为国家的一项战略措施。1996年7月，德国内阁通过《德国科研重组指导方针》，明确了德国科研改革的方向。1998年，联邦政府颁布《INFO2000：通往信息社会的德国之路》白皮书，有力推动了德国信息产业的发展。2002年2月16日，联邦议院通过联邦政府提交的《高校框架法第5修正法》草案，为在大学建立青年教授（junior professor）制度提供了联邦法律依据。2004年11月，联邦政府与各州政府签订《研究与创新协议》，规定大型研究协会（马普学会、亥姆霍兹联合会、弗劳恩霍夫协会、莱布尼兹科学联合会）的研究经费每年保持至少3%的增幅。2006年，联邦教研部制定《科技人员定期聘任合同法》，规定将公立科研机构研究人员的定期聘任合同的最长期限放宽至12年或15年，以留住青年科技人才。同年，联邦政府首次发布《德国高科技战略》报告，继续加大特别是17个创新领域的投入，以确保德国未来在世界上的竞争力和技术领先地位。2012年3月28日，德国政府推出《高科技战略行动计划》，计划从2012年至2015年投资约84亿欧元，以推动在《德国2020高科技战略》框架下10项未来研究项目的开展。2012年10月，联邦议院通过的《科学自由法》，是一部关于非大学研究机构财政预算框架灵活性的法律。2013年1月16日，德国联邦内阁通过《联邦政府航空战略》，以保持德国航空工业在欧洲乃至全球的竞争力。标准在德国工业体系中拥有举足轻重的地位，"工业4.0"是德国面向未来竞争的总体战略方案。2013年4月，在汉诺威工业博览会上，德国正式推出《德国工业4.0战略计划实施建议》，旨在支持德国工业领域新一代革命性技术的研发与创新，确保德国强有力的国际竞争地位。

（三）德国创新驱动发展的政策与机制

深化政府科研体制和科研机构改革。作为第二次世界大战战败国，德国在20世纪50年代的科技政策重点是恢复科研及教育体制，重建被战争摧毁的教育基础设施和大学研究中心，同时恢复科学学会的工作，并建立新的科研促进机构。通过大幅增加科研经费、不断调整科技行政管理部门、新建一批科研机构及大力引进先进技术，到60年代末集中协调型的科技制初步建立，多层次、配套齐全的科研机构基本定型。德国强大的创新能力与其分工明确、统筹互补、高效运作的多层次科研系统密不可分。科研机构的改革和发展为完善德国科学研究体系、增强科技创新能力奠定了重要基础。在德国所获得的欧盟第七研究框架计划经费中，马普学会、亥姆霍兹联合会、弗劳恩霍夫协会、莱布尼兹科学联合会分配得到的经费占比为26.8%。这四大科研机构从2005年到2010年各自所接收联邦和州共同资助的金额也有明显的区分侧重，并呈上升趋势，在整体科研机构的资助总额中同样占了较大的比重。

（四）德国创新驱动发展的行动举措

德国创新驱动发展的行动举措能针对性地解决创新驱动发展中的问题。

（1）政府加强对技术创新的投入力度。自 1990 年两德统一后，德国研发投入总量逐年大幅度增加。作为一个统一的联邦制国家，德国联邦和 16 个州政府各自行使科技管理职能，每个州对其教育都具有立法权，并进行研发活动资助，每个州约有 50%的公共研发支出来自州政府。联邦政府和州政府的共同目标是，到 2015 年，将德国研发投入占 GDP 的比例提高到 3%。2012 年 12 月，德国科学资助者联合会公布，2011 年德国的研发投入为 746 亿欧元，约占 GDP 的 2.9%，几乎实现了 3%的目标，远高于欧盟 2%的平均水平。德国研发支出的增加促进了研发创新活动，使得研发人员的数量不断增长，德国全时当量研发人员的数量从 2000 年的 48.5 万名增长至 2010 年的 54.9 万名，2011 年达到 56.71 万名。

（2）促进区域创新的均衡发展。德国统一之时，东部地区的生产力水平远较西部落后。1990 年德国 GDP 为 27 643 亿马克，其中东部仅为 2443 亿马克，所占份额不足 10%。因此，时任科尔政府制定了振兴东部的战略，并按市场经济的要求对德国东部的科研机构实施重组，进一步充实德国的研究开发体系。1990 年德国政府启动"东部工业研究特别促进计划"，加快实现紧密结合经济的科技开发能力，建立工业研究新机制。针对东部企业的技术革新需求，联邦研究与技术部于 1994 年启动新的"产品更新计划"，并为其提供 1.5 亿马克，以支持东部及东柏林的企业更好地利用新技术和新材料开发新产品。仅"东部研究任务计划"和"东西部研究任务计划"，联邦教研部共向东部地区企业提供了 3.2 亿马克的研究开发项目。5 年内东部地区的企业获得资助的比例比西部地区高 10%以上。1991 年至 1996 年，联邦教研部在其管辖范围内为东部地区的转轨和重建提供了总计 170 亿马克的资助。经过近 7 年重建，新联邦州的科研体系转轨基本结束。自 1998 年来，联邦政府以目标明确的资助措施推动东部各州开展贴近经济的研究活动。通过建立"创新区""创新论坛""创新技术协作中心"，大大提升了东部地区的研发强度、创新能力及企业的市场竞争力。此外，联邦教研部还推出了名为"东部创新区"的主导项目，目的是通过建立新型合作模式，推动企业开展以市场为导向的技术创新产品和服务项目研发活动。2009 年，为有针对性地提升德国东部研究基地的实力，联邦教研部专门推出了"新联邦州尖端研究与创新"资助计划，以强化东部大学和研究机构已经形成的特色，扩大德国东部可持续的研究合作。2010 年德意志研究联合会（Deutsche Forschungs Gemeinschaft，DFG）的分类统计数据表明，东部 6 个州的工业研发人员不足德国工业研发人员的 1/10，仅占 9.7%，但呈现出良好的发展态势。无论是新联邦州还是柏林，尖端技术行业在数量上已经超过德国的平均水平，相比西部地区增长更为明显。

(3) 注重加强创新驱动载体的建设。推进集群式创新是德国创新驱动发展的重要路径选择。通过构建产业集群来提高企业的生产效率，发挥集群的创新载体效应。联邦政府通过 BioRegio（生物区）计划推动生物产业集群的形成和初步发展，后续的接应计划传承 BioRegio 计划的成功实施经验，带动德国其他高技术产业的全面发展，促进了产业集聚。高技术产业的蓬勃发展无法掩盖东部地区的经济落后，为促进区域均衡发展，1999 年德国政府以区域创新理论为指导，在东部地区实施 InnoRegto（创新地区）计划，通过创新网络激发中小企业的创新能动性，从而促进集群主体间的合作。创新集群的成功转型有效提升了德国的区域竞争力，然而，大量的集群策动也导致德国区域间的过度合作和竞争，造成政府资源的浪费。因此，2005 年德国政府发动了 GA-networking（GA 网络）计划，重点对并行发展的集群进行有效的管理和协调。从上述三个计划可以看出德国集群策动遵循的路径是从单个的集群内部主体间的合作到集群整体的创新，从单个的集群创新转型到集群之间的合作。这对德国高技术产业集群发展、集群创新网络的构建、集群之间的竞争合作等形成了明显的正向效应，既提升了德国高技术企业的创新能力，又推动了区域均衡发展，同时还实现了对各创新集群的统筹和协调管理。

(4) 积极推进与新兴发展国家的国际合作，为积极参与全球的科技合作和竞争，有效利用全球创新资源，德国政府及其研究机构积极推进与新兴国家的国际合作。2008 年 2 月，联邦政府发布《加强德国在全球知识社会中的作用：科研国际化战略》，该战略明确了德国参与国际科技合作的四大目标，其中目标之三即为加强与发展中国家的长期科技教育合作。联邦教研部下设国际事务办公室的国际科技合作项目则更多聚焦于发展中国家，在 2011 年度国际事务办公室资助的国际科技合作项目中，与发展中国家合作的项目数及金额均在 80%以上。从其合作对象国来看，2011 年合作项目数及合作金额排名前 10 位的国家中，新兴国家占了很大的比重。马普学会、弗劳恩霍夫协会秉持"立足德国，遍布世界"的理念，发展全球合作网络，提高其科技竞争力。其中，主要从事应用导向型研究的弗劳恩霍夫协会在德国之外开展了诸多国际活动。协会总部有其自己的战略目标，但并没有为各研究所的国际活动制定自上而下的中心战略，而是鼓励研究所实施自我管理，弗劳恩霍夫协会在中国的策略恰好体现了这个特点。近几十年来，弗劳恩霍夫协会在中国的活动日趋活跃，与中国科学院、中国工程院等签署了一系列的框架式协议，协会的重点越来越趋向于与中国顶尖机构（如清华大学）的合作。同时，协会加快了与中国合同研发的合作步伐，数据显示，中国市场的合同正在赶超目前亚洲较大的市场——日本。一项对弗劳恩霍夫协会各研究所负责人的调查结果显示，弗劳恩霍夫协会与中国合作的重要性排在第 7 位，而未来与中国合作的增长则被排在首要位置。对于弗劳恩霍夫协会而言，中国既是合作伙伴又是研究实施地，在协会开展国际合作创新的过程中，中国变得日益重要。在复杂的中国市场环境中摒弃自上而下的战略计划，通过在个体项目中展示能力，争取信任，从而逐步增加合作机会仍将成为弗劳恩霍夫协会今后的路径选择。

（5）新兴产业领域的创新追赶。除了在传统的高新技术产业发展方面具有非常强的国际竞争力外，德国也特别重视发展战略性新兴产业。生命科学和生物技术是21世纪较重要的创新领域之一，德国政府不断提高对生命科学领域的创新要素投入，以促进新兴产业的创新追赶。2005年起，政府提高了以生命科学为代表的可持续研究领域的研究与发展资助力度。2010年通过"高科技战略"在生命科学领域的项目资助达50亿欧元，以此进一步促进未来行业的创新。德意志研究联合会2012年年报显示，德意志研究联合会共拥有预算25亿欧元，联邦政府资助67.1%，州政府资助32.9%。其中德意志研究联合会对生命科学领域的资助经费约占资助总额的39%，为各学科中最高。联邦政府还进一步加强生命科学领域科研基础条件平台的建设：2006年，在海德堡开始建设新的先进生命科学培训中心。2007年至2009年，在生命科学领域马普学会增添了3个特殊型的"新研究所"来扩大其投资组合，并筹备了技术成熟的创业公司——波恩凯撒研究中心的"生命科学孵化器"来转化发明为创新。2010年德意志研究联合会在"生命科学成像质谱分析"资助计划内为德国9所大学配备最高标准、总额为580万欧元的质谱分析设备，在大型设备资助计划下为3所大学的生命科学专业提供近500万欧元为其配备新型的动态核极化——核磁共振（DNP-NMR）设备，以保持并扩大德国在生命科学领域的领先地位。在加强基础平台建设的同时，政府十分重视新兴产业领域的国际合作，如与俄罗斯的科技合作由生物技术合作扩展至生命科学领域。2011年，德中生命科学创新平台联合声明为两国生命科学领域的科研人员奠定统一的行动基础，共同开展理论研究、技术创新以及产品创新，进一步开发生命科学领域的创新选题。2012年11月，经联邦政府与柏林州政府的同意，德国最大的医科大学与马克斯—德尔布吕克分子医学中心合作成立柏林健康研究所。该所旨在将医学和生命科学相结合，开辟生命科学研究的新领域。

总之，第二次世界大战后德国经济快速增长，成功实现创新驱动转型主要得益于强大的军事工业和科技基础、实力雄厚的大型企业集团、系统连贯的创新制度环境以及服务于科技和经济发展的强大职业教育体系。首先，德国政府在战争时期积累的现代军事技术和武器装备、先进交通运输工具、现代综合燃料和合成材料等科研能力，能够在第二次世界大战后迅速转化为工业生产能力。其次，德国拥有西门子、大众汽车、戴姆勒-奔驰、宝马、蒂森工业、纽伦堡机器公司等资本雄厚、具有强烈创新意愿和强大研发能力的企业集团，其高度重视培育发展新产品创新能力、新工艺开发能力、生产设备研制和维修能力。再次，德国历届政府都能充分认识到科学技术对国民经济发展的关键作用，几十年的科技政策具有较强的连贯性。

早于第二次世界大战时期就引入国家标准体系并发展成为德国工业标准（deutsches institut für normung，DIN）和电子设备技术标准（Verband Der Elektro technik，VDE），为 20 世纪德国工业发展奠定了基础。最后，德国建立了面向强大工业发展、大学教育和职业教育"双元发展"的先进教育体系，培养出大量高素质的工程师和拥有工业生产能力的高级技工，有利于将科研成果快速转化为适销产品。

德国抓住 20 世纪中期的电力、电气以及交通运输等技术革命和产业革命的机遇，用了几十年的时间完成了现代产业体系建设，确立了至今仍称霸全球的"德国制造"的强国地位。在钻探机械制造、高速列车、地铁、汽车等领域均位列全球三甲以内。在欧盟企业研发投资排名中，前 25 位有 11 家是德国公司，很多德国中小企业都拥有自己领先世界的技术。正是由于德国人精益求精的精神和一系列完善的体制机制保障，才创造出"德国人能把普通金属敲打成震惊世界的科技奇迹"。

三、日本创新驱动产业转型升级：从追赶到前沿

第二次世界大战后，日本经历了经济复兴和起飞（1945~1960 年）阶段、经济高速增长（1960~1971 年）阶段。进入 20 世纪 70 年代后，世界先后爆发了两次大的石油危机，信息技术革命开始进入大规模产业化。同时，日本经济高速增长带来的"代价"逐渐显现：重化工业发展带来严重污染和生态环境恶化，生产集中带来城市人口拥挤，城市化带来公共基础设施投资不足，等等。

面对当时国内外形势，日本政府大力推进产业结构从"重化工业"向"知识密集化"转化，知识密集产业成为主导产业。日本首先加大节能技术和高技术开发，发展节能产业和高加工度化产业，制定了《公害损害健康赔偿法》《自然环境保护法》，加快工业化型结构向后工业化结构转换。其次，加快高加工度化和知识集约化，产业结构要转向包括高科技产业、高级组装产业、时髦产业和知识产业等在内的知识密集产业。最后，提出"技术立国"战略，促进企业技术开发。为促进技术研发和产业升级，日本政府为企业研究开发和引进外国先进技术提供资助。政府资助主要采取三种方式：税收减免、政策性金融机构的低息贷款和政府补贴。

通过近 20 年持续的努力，日本经济实现了向创新驱动的转型。主导产业由 20 世纪 50 年代的纺织、50 年代末到 60 年代中期的煤炭和钢铁、60 年代后期的机械和化纤、70 年代的汽车到 80 年代后的家电、计算机、新材料等高科技产业，服务业比重大幅度提高。人均 GDP 由 1970 年的 3000 多美元提高到 1980 年 1 万美元，成功实现了由中等收入国向高等收入国的转型。

日本创新驱动转型虽然取得了成功，但近十几年经济发展停滞不前，与创新驱动转型的政策和措施不能适应科技创新的浪潮也有关系，其经验教训值得深思。日本自主创新和创新体制在以工艺创新为主的渐进创新方面具有独特的优势，但由于日本目前在灵活生产方式、产业信息化和创造新产业方面所遭遇的严重困

难，这种优势难以发挥。特别是由于基础研究和大学体制等方面的落后，日本创新体制无法适应激进创新的要求，从而未能抓住跨越式科技发展的机遇。

20世纪80年代日本与美国已大为缩短的技术创新差距又明显拉大了，突出的标志是日本在信息和生物技术上的落后。造成这种状况的一个重要原因就是第二次世界大战后日本创新体制在R&D资源配置上的失当，忽视了基础科学研究对于一国在世界经济中处于领先地位所起的关键作用。与美国相比，日本在创新体制上对基础科学研究的忽视主要表现在以下几个方面：第一，第二次世界大战结束后，美国对基础研究进行了大规模的投资，而日本则把绝大部分科研资源集中于应用开发研究上，并在工程领域的研究较多，这与日本对美国的追赶和技术立国发展战略密切相关。因此，到20世纪90年代初，在世界基础科学的研究上，美国与欧洲大约分别占50%和40%，而日本只占10%左右。第二，与美国大学在基础研究上的主导作用不同，日本大学在新的科学知识的生产上是非常薄弱的。第二次世界大战结束后，美国联邦政府成为大学基础科学研究主要的赞助人，到20世纪60年代中期，美国大学的研究体系几乎在每个领域已经明显地成为世界上较好的，并且这种优势一直保持至今。日本虽然自1870年以来发展了极好的学校教育体系，并拥有丰富的和各种类型的工程师资源库，但几乎没有美国式的研究导向型大学，因为日本把有关设计与开发的知识发展放在了公司部门而非大学；同时，日本大学受重视技术观念的影响也是一个不容忽视的因素。第三，虽然日本把有关设计与开发的知识发展放在了公司部门，但在公司部门的科研中，无论是在理念还是体制上，日本的公司都远不如美国对基础研究更为重视。

若杉隆平（Boyer and Yamada，2001）从企业开发研究的组织与行为角度揭示了日本企业技术创新的特点。首先，经常性研究经费在全部研发经费中所占比例不到一半。另据研究，在日本企业的研究课题中，由研究者提出的仅占47%，而由业务经营部门提出的则达到40%。其次，在日本企业中，研发人员的"晋升之路"是从研发人员到项目管理人员，再到生产、销售和计划等部门的主管。因此，无论是从获取经费还是从考虑将来的晋升机会角度出发，日本企业的研发人员都把技术性研究放在了创造性构思的前面，基础性研究并未得到应有的重视。一般说来，创新经济学家区分了两种类型的创新活动：渐进创新和激进创新。渐进创新或多或少的是连续的事件，它通常不是深思熟虑的研发活动的结果，而是工程师和其他直接参与生产活动的人员的发明和提出的改进意见的结果（"干中学"），或者是用户首创和建议的结果（"用中学"）。渐进创新虽然对提高各种生产要素的效率是极端重要的，但它只表现在现有产业的产出范围及其效率的改进上，而不能创造新产业。创造新产业的活动主要是由激进创新所完成的。正如熊彼特所指出的，汽车不可能从马车技术的改进中产生，激进创新作为不连续的事件，目前通常是大学、企业和政府实验室中深思熟虑的研发活动的结果。一般说来，激进创新是导致产业结构演进的主导力量，它会产生基本的产品创新，但它必须由长期的和大量的渐进创新所支持，才能使新生产业成长为在经济体系中产生扩散性影响的主导产业，因而，工艺创新就成为渐进创新的支配力量，它对生产率稳定增长的作用是显而易见的。按照这种理论，日本创新体制在工艺创新上的优势无疑是世界领先地位，它是由第二次世界大战后日本追赶型经济的性质所造就的。但当这种追赶阶段在20世纪80年代结束以后，日本创新体制的历史局限性就变得越来越明显。因此，与美国的"新经济"形成鲜明对比的是，当日本在许多国际竞争领域中跨入"领头羊"行列之时，因基础科学研究的落后，缺乏主导产业和内需难以启动等，从而饱受长期经济危机之苦。

实际上，日本创新体制的缺陷不仅表现在对基础研究的投入不足和重视不够，更主要的是这种以渐进创新为基础的追赶型体制在制度结构上无法适应新的产业革命对激进创新的要求。首先，从创新体制的刺激结构来看，激进创新受制于个体独创性的动力不足。与美国专利制度相比，人们在日本更容易获得专利，但与专利相关的权利并未得到很好的保护。因为每个企业都可以低成本和低风险地利用竞争对手的创新，所以这种制度对于渐进创新和整个国家技术水平的提高可能是有利的，但它对激进创新却起到了阻碍作用。由于渐进创新是由大量的、局部的和微小的改进所构成的，在很多情况下难以申请专利，所以，现场改革和团队合作是非常重要的协调机制，这是日本第二次世界大战后创新体制在汽车等传统制造业取得成功的主要原因。然而，激进创新是以产品创新为主体的，它往往是由少数天才的灵感而来，严格的专利保护制度对于快速地推出新产品无疑起到了重要的刺激作用，日本在激进创新上所存在的许多困难受制于第二次世界大战后创新体制由于路径依赖而导致的锁定。其次，从激进创新的特征来看，日本政府的相关作用存在着严重的缺陷。第二次世界大战后，日本政府对汽车和电子等产业技术发展的直接干预之所以成功，其主要原因就在于这些产业的创新活动是以渐进创新为特征的。对于落后国家以追赶为目标的渐进创新来说，由于技术范式已定，风险程度较低，信息较充分，发达国家大量的经验可以学习，因而政府干预成功的可能性较大。然而，对于激进创新来说，这些做法则是非常不适合的。大量经验研究说明，激进创新在其结果的不确定性上远远大于渐进创新，这不仅仅指缺乏有关已知事实是如何发生的信息，更根本的因素还包括存在着尚不知晓如何解决的技术经济问题，准确地追踪其行为的结果是不可能的。因此，对于激进创新来说，大量的和分散的行为者的交互作用，不仅可以降低整个系统在创新活动中由于路径锁定所导致的高风险，而且，行为者之间由于技术范式不同而相互启发和竞争，从而使技术创新的步伐不断加快。正因为如此，美国政府对以大学为主体的基础研究提供了大量的资助但并不干预，这不仅为其信息技术和基因工程奠定了雄厚的科学基础，而且，它也使大学产业联盟成为美国独特的制度创新,在此基础之上发展起来的硅谷高科技产业园区基本上也是市场机制孕育的结果,美国高新技术产业的领先地位就得益于其创新体制在激进创新上所具有的优势。与美国相反,日本政府则很少资助自发的基础研究,但却对其进行了大量的行政干预。由于大学在国家创新体制中的作用大为削弱,日本的高新技术创新就无法像美国那样利用基础科学发现打开新产品市场并找到潜在的应用领域,因而大学产业联盟也就带有明显的政府干预色彩,而且,日本传统的基础科学研究体制也导致了筑波科学城的官僚化(胡德巧,2001)。最后,日本使基础科学研究从属于追赶战略的要求导致了其在知识产业上制度创新的落后。在知识产业中,科学与技术的界限越来越难以划分,如基因技术并不是产品创新而是研究的模式或工具,因而,基础研究和应用开发之间的交互作用就变得越来越重要。换言之,在知识产业的创造中,类似于日本创新体制的横向信息交流组织要比它在从前新产业的创造中发挥着更为重要的作用。

日本产业转型升级的理论解释最为清晰的是雁阵模式,其基本观点如下:一个后发国家先从一个发达国家进口一种商品,然后自己生产该商品,最后生产并出口到其他国家,后发国家在技术台阶上逐步升级,学习生产更高附加值、更复杂和精细的商品,为达到产业结构优化目的,国家可以通过产业政策支持新兴产业发展壮大。但是,林毅夫认为,日本的产业转型升级遵循了比较优势发展战略,其发展从劳动力密集的产业开始着手,当时劳动力多、资本稀缺是它们的要素禀赋结构,先发展有比较优势的劳动密集型产业,等积累了资金和技术,才逐渐把失掉比较优势的劳动密集型产业转移出去,同时提高自己的产业和技术的水平,日本在 20 世纪 60 年代的汽车产业发展政策,要素禀赋结构实际上已经达到了产业转型升级的阶段。所以从经验看,这些赶上了发达国家的东亚国家和地区,在发展的每一个阶段都比较好地利用了它们的比较优势。

日本创新驱动产业转型升级经历了从模仿到创新的历程。1955~1972 年日本经济以平均每年 10% 的速度增长,在化学、钢铁、造纸、交通运输、电视、计算器、数字式电子手表和汽车等领域迅速崛起并成为美国企业的有力竞争者,站到了世界前沿。成功的关键在于日本对创新的重视,日本把迅速进口和改造国外技术作为关键的国家战略,在全球范围内搜索可以获得的最佳技术,然后引进、改造、改良,在此过程中,一系列关键技术和产品都沿袭了这样的发展道路:美国创新,日本引进、改造和改良,以半导体技术为例,20 世纪 70 年代末,日本在半导体存储芯片——动态随机存取存储器(dynamic random access memory,DRAM)领域的技术突破,是整个半导体工业的技术驱动力,甚至已经超过了美国芯片技术。日本在模仿的过程中,一直试图将美国的先进技术本土化,并且加入自己的核心附加值。即使 1990 年后日本经济大幅度放缓,但都没有大幅度削减对技术研发及专利申请的投入。

四、韩国创新驱动产业转型升级：从模仿到创新

20世纪60年代末以前，韩国可以说是现代工业的不毛之地，1960年，韩国出口额只有4000万美元，由此韩国开始了产业从低级到高级、技术从简单到复杂的迅速升级。60年代中期，韩国开始出口纺织品、服装、玩具、假发等劳动密集型产业；70年代中期开始，轮船、钢铁、消费电子等传统资本密集型产业对发达国家形成挑战；80年代开始，计算机、半导体存储片、录像机、电子开关系统、汽车等技术和知识密集型产业成为主导出口产品，同时涌现出一批具有核心竞争力的跨国企业。韩国从手工制品到重工业、从没有经验的模仿者到经验丰富的创新者，仅仅用了30年时间。

在促进韩国经济创新驱动产业转型升级的过程中，韩国政府采取了一系列措施。一是高度重视科技创新对经济发展的作用。20世纪80年代，韩国提出"科技立国"战略，重点发展技术密集型产业。对那些在发达国家已属夕阳产业，但在韩国仍具有优势的产业（如家电、汽车、造船等）进行技术升级，以提高国产化率和附加值，形成出口主力产业；对那些在发达国家正处于成长期，而在韩国尚处于引进、吸收的产业（如精密化学、精密仪器、航空航天等），予以重点扶持；对那些在发达国家处于开发阶段，而在韩国则处于萌芽阶段的新兴产业（如信息、新材料、生物工程等），作为积极发展的未来产业。二是鼓励企业技术创新，包括设立企业技术研究开发预备制度、免征非资本性研发的税金、减轻研发设备进口税、免征企业研究机构土地税、免征研发样品进口税等，如企业技术研究开发预备金制度规定，企业可按照其收入总额的3%~5%（技术密集型产业为4%，生产资料产业为5%）提取技术开发准备金，在投资发生前作为损耗计算，将其计入成本，在提留期的3年内用于技术开发、技术培训、技术革新及研究设施等用途。3年到期时未使用的部分，应计入所得税照章纳税，并按年利率10.59%~14.6%加收该税金的利息。三是国家财政直接支持产业技术开发。韩国政府以私营企业研究机构承担或参与国家研究开发的项目，均可向韩国技术银行申请贷款，通过审查即可得到年息为6%（韩国一般银行贷款利率为12%以上）的3年期贷款。贷款到期后，有效益的项目要还贷，失败的项目则可免除。

（1）科技创新规划与投资政策。1998年韩国政府推出了科技创新五年规划（1998~2002年），其目标是将韩国的R&D能力提高到七国集团国家的水平。1999年韩国政府颁布2025年科技发展远景规划，该规划包括三个时间框架：第一个时间框架及其目标在2001年韩国政府制订的国家科技主题规划（2003~2006年）中做了详细阐述。第二个时间框架（2007~2015年）的目标是，作为亚太地区主要的R&D促进国脱颖而出，积极参与科学研究并创造有利于促进R&D的新氛围。第三个时间框架（2016~2025年）的目标是，在亚太地区确保与七国集团国家媲美的科

技竞争力。该规划中,政府选定未来技术的 6 个领域、77 个任务导向的 R&D 项目。其中国家战略性技术领域是信息技术、生物技术、纳米技术、空间技术、环境技术和文化技术。从 1998 年开始韩国政府大幅度增加基础研究基金,并进一步扩大对开发通用或上游技术的任务导向的研究计划的资金支持政策,尤其是大学任务导向的研究项目,据此培育重要的卓越中心,如科学研究中心、工程研究中心和区域研究中心等。

1992 年,韩国开始设计并发起政府和行业提供资金的高度发达国家计划,直到 2001 年该计划才完成,其目标是韩国在科技方面自力更生。该计划包括产品技术开发和基本技术开发。1997 年,韩国政府开始创造性研究行动,根据该行动方案,韩国政府对基于创造性和原创性的科学研究领域提供各种资助。1999 年,韩国政府推出了 21 世纪前沿 R&D 计划,其战略美景是发展和保证在信息技术、生物技术、纳米技术和新材料这些战略性领域的尖端科学技术。1999 年,韩国科技部推出国家研究实验室计划,旨在培育核心科学技术领域的卓越研究中心。2001 年,韩国政府实施五年综合区域科技推广计划。此外,韩国科技部已开发国家 R&D 计划管理系统,以避免重复国家 R&D 项目,提高 R&D 投资效果,促进 R&D 成果的商业化。

(2)科技人力资源发展政策。韩国在仅仅半个世纪内就实现了"汉江奇迹",如此快速的经济增长都应归功于和政府工业、经济促进政策相匹配的科技人力资源政策。20 世纪 60 年代以来,韩国政府一直围绕产业转型升级不断调整其科技人力资源政策(表 5-1)。

表 5-1 韩国科技人力资源政策的目标、具体方向和时代特征

时间	20 世纪 60 年代	20 世纪 70 年代	20 世纪 80 年代	20 世纪 90 年代	2000～2004 年	2003～2007 年	2008～2012 年
政策目标	主要为轻工业培养技术劳动力	通过实践的方法来培养科技劳动力,发展重化学工业	为未来的高端工业培养高质量的科技劳动力	为技术创新培养科技劳动力	培养科技劳动力以满足企业的需求	通过"生命周期"的方法培养创造型人才	培养创造型人才
具体方向	技术人员培养和培训学院;需要生产和操作的劳动力资源	增加大学毕业生及大学的竞争优势;设置标准资格的技术人员	支持硕士和博士学位持有者和吸引优质的海外劳动力;提高科学家的地位	支持大学加强研究能力,促进学研一体化,利用科学家为国家研发项目	鼓励小学、初中和高中学生在科学和技术领域的表现;扩大科学与工程专业的研究范围	"生命周期"的劳动力培养政策;支持科学和工程专业发展	在教育和研究方面通过"世界一流大学计划"吸引世界知名学者
时代特征	从农业转向轻工业,促进出口	从轻工业转向重工业,推动出口	半导体等尖端工业;全球经济衰退;自由化贸易市场	手机、汽车;金融危机;资本自由化	移动通信和其他 IT 部门	生物技术等新一代的增长引擎	绿色经济;新增长引擎

资料来源:韩国科技评估与规划研究院。转引自:朴英娥,金辰镕,徐幸我,等. 韩国科技人力资源政策发展历程及未来走向[J]. 世界教育信息,2014,27(20): 13-15

通过韩国科技人力资源政策变迁，可以看出，韩国科技人力资源政策是一个动态演化过程，始终是与国家的产业和经济政策相契合的，科技人力资源政策沿着独立的科技人力资源政策——科技政策的一部分——经济政策的一部分主线不断强化，高素质人力资源对国家创新起着至关重要的作用。

（3）风投企业发展政策。1997年亚洲金融危机以来，韩国政府设计和实施各种政策推动风投企业，试图将风投企业培育成为技术商业化的新私人创新发电机。这些措施包括：第一，1997年，韩国政府颁布促进风投企业特殊措施法，目标是促进风险初创企业并将现有的中小企业转变为高技术企业。第二，2000年，韩国成立韩国技术转移中心，以便于技术的商业化和转让。韩国政府也鼓励受过高等教育的科技人力资源流入高科技风投公司，促进学院和公共机构内部风投企业孵化器中心的建立。1998年，韩国政府修改金融信贷法，以扩大对高技术风投企业的技术贷款服务。2000年，韩国风险投资基金成立，作为中小企业管理局的公共基金主要招揽外国投资者。为了使风投企业更容易获得资本金，韩国政府加强韩国技术信用担保基金的作用，为预期的高技术风投企业提供技术贷款的信贷担保。此外，通过将新技术引入技术市场并促进技术的商业化，韩国技术信用担保基金技术评估中心充当中间人，以促进研究机构和风投企业间的技术转移。

韩国政府促进创新驱动发展的政策的努力取得了引人注目的成就。尽管韩国政府在促进韩国创新驱动发展中的作用是重要的，但是其过度参与可能削弱市场机制激发的私人主体的创新主动性，加深他们对政府政策的依赖。韩国政府促进创新驱动发展的公共政策主要集中在投入要素，忽视了公共政策的流程管理改进，忽视了如何解决限制国家创新系统"过程"方面的问题，如创新主体间系统性联系和相互作用较为薄弱的问题。在提高现有科技人力资源的利用方面，韩国的公共政策没有解决科技人力资源流动性差的问题。韩国政府主导的创业促进政策不仅导致风投企业和有关机构的扩散（如孵化器、资本金和技术市场中介），而且还产生了意想不到的问题。韩国政府的优惠补贴和KOSDAQ的急剧增长，引起道德风险和风投企业中创业精神的损失，因为许多风投企业对股票价值的投机策略比技术的商业化更感兴趣。韩国创新驱动发展的公共政策中存在的这些问题，是我国创新驱动发展的公共政策制定需要加以解决的重要问题。

韩国政府支持的科技政策在产业转型升级中起到了关键作用，韩国经济学家李文勇对此做了深入研究，他把韩国技术发展阶段从20世纪60年代到现在划分为三个阶段：模仿阶段、内化阶段和创造阶段，从1962年到1979年是模仿阶段，从1980年到1989年是内化阶段，从1990年开始持续到现在是创造阶段。1980年作为从模仿阶段到内化阶段的转折点，主要是技术战略开始转变，总研发投资占GDP比重从1980年的0.58%上升到1985年的1.56%（图5-1），并且自由品牌制造（original brand manufacture，OBM）战略扩张，取代了原始设备制造商战略

（original equipment manufacture，OEM）；1990 年从内化阶段向创造阶段转变，总研发投资占 GDP 比重从 1990 年的 1.88%上升到 1995 年的 2.71%，超过了美欧日发达国家，韩国企业的技术战略开始从依赖性向防御性甚至向进攻性转变。

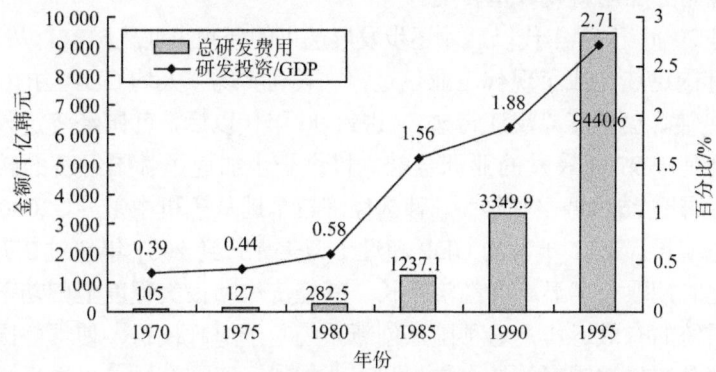

图 5-1　韩国总研发投资情况

韩国产业转型升级值得借鉴的经验：一是早期发展阶段的出口促进政策方便与国外技术来源的接触，许多产业通过"干中学"积累了技术并获得了竞争优势；二是韩国政府在模仿阶段对科技基础设施的投入从长远看取得了成效，在模仿阶段韩国就把建立科学与技术基础设施置于高度优先的地位，到 1980 年，韩国政府研发投入占总预算的份额快速上升，韩国政府还建立了许多政府资助研究机构，为私营企业的研发活动建立了标准，同时促进了科学与工程领域研究生教育的发展，万人研究者数量大幅度增长（图 5-2）；三是支持本土装备制造业发展，韩国政府在 1973 年就提出要快速构建资本物品的本土制造能力，支持本土企业进入装备制造业，替代进口设备，资本物品工业自给率由 20 世纪 60 年代的 30%提高到

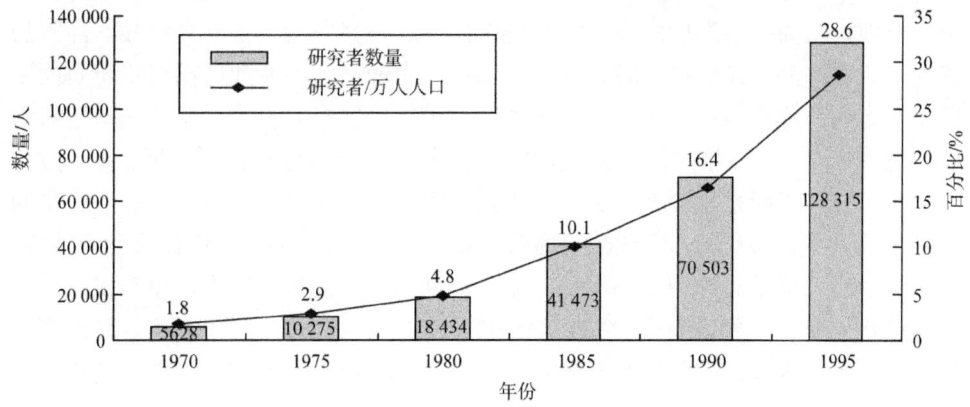

图 5-2　韩国研究人员情况

80年代的60%，这种增长步伐与工业领域的产出和出口等指标的快速增长是一致的；四是创新环境与制度建设的跟进，1997年《科学技术创新特别法》的颁布，成为科技创新政策的一个转折点，虽然还有许多没有解决的问题，但推动了社会和经济环境向更加创新友好型转变。

韩国是20世纪60年代以后才逐步发展起来的新兴工业化国家。从70年代到80年代，韩国迅速完成了现代工业化过程，顺利实现了人均GDP由1000美元向5000美元过渡，创造了"汉江奇迹"。进入90年代以后，韩国经济进入结构转型阶段，特别是1997年爆发的亚洲金融危机进一步加速了韩国经济的转型。经过90年代中后期的结构调整和转型，韩国经济较早地从危机中复苏，2000年以来继续保持快速增长，2002年人均GDP超过1万美元，到2007年超过2万美元。韩国在工业化时期取得了显著的经济增长，其经济成功很大程度上归功于其特有的国家创新系统的有效运作，这种国家创新系统基于追赶模仿，使得韩国通过模仿和吸收迅速掌握先进国家的技术知识和工业技能。亚洲金融危机之后，韩国政府强调"从模仿创新模式到原始创新模式"转变的公共政策，涵盖了科技创新战略规划、增加R&D投资、制度重构、产业结构调整、人力资源开发等各种不同的政策。

第二节 我国创新驱动产业转型升级的实践

一、浙江省产业转型升级："四换三名"战略

浙江经济发展水平位于全国前列，与近几年主动调整转型密切相关。浙江在产业转型升级方面抓得实、推进速度快。浙江省委在贯彻党的十八届三中全会精神的决定中，提出了"四换三名"战略，"四换"就是加快"腾笼换鸟、机器换人、空间换地、电商换市"的步伐。"腾笼换鸟"，就是集中力量扶持高科技、高附加值的产业和产品，淘汰高能耗、高排放、低产出的产业和企业，出台投资负面清单。一方面，严格执行国家产业政策和产业结构调整指导目录，坚决淘汰落后产能；另一方面，全面推进产品换代，"换鸟"提质。以培育科技型初创企业、成长型中小企业、高新技术企业为目标，抓好"孵鸟""育鸟"。"机器换人"，就是通过技术改造和设备更新，实现减员增效，适应高端制造业发展，优化劳动力结构。"空间换地"，就是集约用地，提高土地资源利用效益，将"以亩产论英雄"作为产业结构调整的重要风向标。"电商换市"，就是要大力发展电子商务，实现商业模式的创新和提升，实现有形市场大省向无形市场大省转变。"三名"就是培育名企、名品、名家，就是要加快培育一批知名企业、知名品牌和知名企业家，打造行业龙头，形成以大企业为主体、大中小企业协作配套的产业组织架构，其本质

是产业组织创新。"四换三名"战略，涵盖产业创新、科技创新、管理创新、要素利用方式创新、商业模式创新、组织创新等，是实施创新驱动战略的一个主要抓手，是推动经济转型升级的一套重要"组合拳"。"四换三名"战略实施的目的在于，以高端替换低端、智能替换人工、集约替换粗放、新型替换传统，进一步增强产业竞争力、劳动生产力、土地配置力和市场开拓力，以新的体制机制和新的增长方式提升浙江的产业竞争力。

体制机制上创新：破解了产业转型升级的难题。推动产业转型升级关键在于调控手段和办法的有效性。一般的做法是要么下发文件，以文件来指导企业转型升级，这样的做法由于与企业本身发展实际联系不紧密收效甚微。要么就是直接插手干预，其结果也适得其反。浙江从产业转型升级的体制创新入手，成功地运用差别化的产业政策进行引导，制定土地、水、电、排污等差别化或阶梯式价格机制，对工业投资项目准入标准做动态调整，抓好增量环节优化。建立"宽进严管"的投资项目准入机制，破解了抓不到"大项目、好项目、优质项目"的难题。态度鲜明地扶持龙头骨干企业，推动落后产能整治淘汰进程，破解了落后产能"退出难、退出慢、成本高"的难题。逐步形成了资源要素高效利用、生态环境不断改善、产业结构持续优化的体制机制，抓住了产业转型升级的关键。

重点集聚区求变：抓住了产业转型升级的关键。开发区是现代生产要素的聚集地、产业发展的引领区、经济转型的示范区。浙江高度重视通过管理模式创新，增强开发区的活力，充分发挥其对经济发展的支撑作用、产业转型升级的引领作用。衢州是浙江开发区十大改革样本之一，在管理模式创新方面的做法值得我们学习借鉴。衢州开发区的巨变主要是通过"大部制"和"公司化"改革，将竞争机制和公司化经营引入开发区管理，以市场化改革作为开发区实现"二次创业"的主要目标，实现了开发区从行政性政策优惠向投资综合环境优化转变，成为聚集创新资源、集约集群发展的新高地。

提升产品附加值：强化产业转型升级的目标。以低成本优势、粗放经营方式占领低端市场是我国传统产业过去几十年发展的特色，但现在这种方式已不可持续。应大力实施质量、品牌和标准战略，加强新技术、新理念、新产品对传统产业的渗透，高度重视技术改造对传统产业转型升级的作用，加大传统产业的技术研发力度，增强自主创新能力，切实提高管理水平，创新商业模式，加快培育具有国际竞争力的龙头企业和中小企业群体，在全国一些基础较好的传统产业集群，引导和扶持其大力加强区域品牌建设，提高知名度和美誉度，适应制造业绿色化、网络化、融合化、服务化的新趋势，推动产品向高端制造、绿色制造、智能制造方向转型，企业由单一生产向系统集成生产服务结合转变，提高中国传统产业的竞争力。

"两只手"协同互动：扭住了产业转型升级的核心。浙江的产业转型升级之所以取得明显成效，一个重要经验就是将市场和政府"两只手"协调配合。经验表明，政府干预过多会妨碍市场机制充分发挥作用，但政府缺位也不利于经济社会发展。在发展过程中，政府应当有所不为，使得市场主体依照经济规律充分发展；也应当有所为，为经济发展创造良好环境。改造提升传统产业是一项浩大工程，单靠市场一方很难完成，政府应当有所为，适时"入位"，致力于制定完善的政策、提供公共服务和进行产业引导，提升地区的软硬条件，改善服务水平，妥善处理好产业转移和产业转型升级的关系，为企业投资经营创造"安心、放心"的良好环境，使企业和人才在当地"生根发芽"。

依托电子商务：带动传统产业转型升级的抓手。与传统经济相比，电子商务在发掘商机、推广营销和削减成本方面具有显著优势，是企业实现"开源"和"节流"的有效途径，对于传统产业中的中小企业，其作用更加突出。中小企业信息获取渠道窄，并面临着资金和技术的双重劣势，这使得它们难以同大型企业一样自建复杂的电子商务系统。第三方电子商务平台降低了电子商务的进入门槛，为传统产业里的中小企业提供了一个转型升级的信息化平台。

在传统产业转型升级过程中，要加强信息化在生产、经营、管理、营销中的应用，积极借助电子商务，改变传统的营销模式，推动传统产业市场向现代商贸物流、现金现货交易向网上交易转变。在培育和充分发挥电子商务作用的同时，要加强相关法律法规的制定，明确责任，防止假冒伪劣商品对消费者利益的侵害，促进网络交易的健康发展。

浙江产业转型升级的启示包括以下几个方面。

启示之一：把转型升级的办法细化到企业和产业，才能确保收到实效。浙江"四换三名"战略和典型县市推动产业转型升级的实践，给我们最大的启示是：产业转型升级就一定要把实际问题细化、具体化；笼而统之，切入不到企业、产业实际，就不会有明显效果。建议河南省在重点市、县进行"腾笼换鸟"试点。在新建项目准入、现有企业发展、落后产能淘汰三个环节上，制定具体的调控办法，强化生态环保考核对资源型产业发展的硬约束，提高政府对产业管理调控的精准度，确保产业转型升级取得实质性效果。目前，各地土地短缺与土地利用效益低下并存的状况也较普遍，按照"腾笼换鸟"的思路，把那些土地产出率低、环保水平低的"麻雀"换成产出效益和环保效益双高的"金丝雀"，不失为产业转型升级的可行路径。

启示之二：加快重点产业集聚区管理模式创新，才能真正强化产业转型升级的牵引力。河南省与浙江省相比，第一梯队——国家级开发区不仅数量少，发展水平也低很多。河南省一些位于中心城市、全国第一批的国家级高新区，发展模式创新不够、服务水平较低，直接影响了郑州市作为国家中心城市增长极的形成。建议借鉴浙江衢州经验，在自主创新示范区、国家级高新区和重点产业集聚区进行管理模式改革试验。从产业集聚区管理模式创新入手，精简机构、提高效率、打破身份、激发活力，把"大部制"和"市场化"作为改革路线图，把自主创新示范区和国家级开发区打造成为投资综合环境优化、体制机制灵活、特色突出、引领全省产业转型升级的高地。

启示之三：市场和政府"两只手"协调互动，才能有效破解产业转型升级的难题。借鉴浙江经验，将市场和政府"无形"和"有形"之手协同配合，特别是要明确政府作为的边界在哪里。按照浙江的做法，政府就是要制定产业准入标准和退出机制，实现"有为之手"，在尊重市场经济规律前提下对要素配置施加作用。建议建立企业综合绩效评估制度，配套建立差别化的土地审批、阶梯水电价、排污权和用能预算化管理等政策，倒逼过剩产能退出，促进高新技术企业进入。政府除了做好"裁判员"外，"有形之手"还必须做好监管和服务。目前，河南省在产业结构调整方面遇到的两大难题：一是过剩企业退出难，二是战略新兴产业培育难。破解这两大难题的有效办法就是市场和政府"两只手"协调互动。

启示之四：完善和发挥好政府投资建设的公共服务平台的作用。公共服务平台对传统产业转型升级具有重要的推进作用。一方面，政府应将检验检测、公共技术研发等服务平台建设纳入各地经济社会发展规划以及产业转型升级、产业集群培育实施方案中去，在资金、场地、装备等方面予以支持；另一方面，应建立部门协调机制，充分发挥政府的组织优势，联合企业、高校、科研院所的力量，构建以企业为主体、产学研互动的服务平台，重点面向中小企业，为其提供有力的技术支撑，探索公共服务平台供给与企业需求互惠互利、紧密合作的持续发展模式。

二、贵州省产业转型升级：大数据带动大转型

基于资源禀赋和发展基础，贵州形成了以磷、铝等能源化工产业以及烟、酒等特色产业为重点的传统优势产业。从20世纪90年代开始随着国家转方式、调结构的全面展开，贵州磷、铝等传统产业由于高消耗、高排放、高污染而成为受资源环境"瓶颈"约束效应影响最突出的产业，这些传统产业具有低科技含量、低附加值等特征而处于产业链、价值链的底端。在互联网、云计算、物联网等信息技术快速发展的今天，人类正在迎来大数据时代，大数据时代的到来深刻地影响了社会的各个领域。贵州的传统产业结构在具有国际竞争力的现代产业方面仍然存在着较大的缺失，因此要推动贵阳市社会经济的持续健康发展，必须将大数据这个新的驱动力量紧紧抓住，将贵州当地经济的优势充分发挥出来，才可以将产业结构的转型升级顺利完成。

一是抢抓机遇，趁势而上。以云计算、大数据、互联网、物联网等为代表的数字技术、信息技术变革成为产业转型升级的重要支撑和推动力，新技术激发新产业、新业态、新模式不断涌现，为传统产业转型升级提供了新路径、拓展了新

空间。贵州省委十一届六中全会提出要实施大数据战略行动，把大数据作为产业创新、寻找"蓝海"的战略选择。贵州在产业转型升级转型的关键时期，抢抓大数据时代带来的契机，提出以信息化、服务化、绿色化为导向，推动磷、铝、特色食品等传统资源型产业转型升级，尤其是要坚持创新发展理念，运用大数据、互联网推进产业转型升级、行业整合、品牌提升、质效提高，强化创新链、延伸产业链、提升价值链，培育传统产业新优势。

二是顶层设计，引领发展。大数据已经成为重要的战略性资源，国家竞争的前沿，以及产业竞争力和商业创新的源泉。贵州省、贵阳市大数据产业发展意见、规划和优惠政策相继出台，政策环境得以进一步完善，贵州省先后出台《关于加快大数据产业发展应用若干政策的意见》《贵州省大数据产业发展应用规划纲要（2014—2020）》，加快推进贵州省大数据产业跨越发展成为贵州省经济社会发展的新引擎。贵阳市明确了大力发展高新技术产业和现代制造业的总体思路，出台了《关于加快发展高新技术产业和现代制造业的意见》《贵阳市产业布局规划》《贵阳发展大数据产业行动计划》《关于加快发展大数据产业的实施意见》《关于加快大数据产业人才队伍建设的实施意见》等配套文件，集成了国家和省市对电子信息、电子商务、云计算等行业在土地、税收、资金等方面的优惠政策，向大数据企业倾斜。安排大数据产业发展专项资金，对大数据产业在用电、用房等方面给予政策支持，提出打造千亿级信息产业集群。目前，贵州在大数据产业发展方面已创出5个"全国之首"，即全国首个大数据交易中心、全国首个块上集聚的大数据公共平台、全国首个政府数据开放示范区、全国首个大数据交易所、全国首个大数据战略重点实验室，贵州将成为全球的数据交易中心，全国领先的大数据技术创新与应用服务示范基地和产业集聚发展的"中国数谷"。

三是融合创新，绿色转型。贵州实施了一系列新举措来推动大数据产业发展。首先，注重产业转型升级载体，培育产业升级龙头。着力推动中关村贵阳科技园、贵安新区大数据基地等园区基地建设，为运用大数据对传统产业升级打造载体平台；在传统资源型产业转型方面，建有磷煤化工生态工业示范基地、铝资源深加工基地等产业转型升级载体。依托基地建设大力培育重大项目和龙头企业，为产业转型升级强化龙头示范带头作用。其次，大力推动产业融合发展，培育产业竞争新优势。贵州充分发挥国家大数据中心的优势条件，积极推动"互联网＋特色食品""互联网＋协同制造"等传统产业与新兴产业、新技术融合发展，通过发展智能技术、智能装备和智能产品，优化产业产品结构，形成以大数据为引领的电子信息产业、以大健康为目标的医药养生产业、以绿色有机无公害为标准的现代山地高效农业、以民族和山地为特色的文化旅游业、以节能环保低碳为主导的新型建筑建材业等产业发展格局。最后，大数据催生新业态。贵州以新产业、新业态为带动，产业转型升级步伐加快，积极探索大数据发展的核心、关联和衍生三大业态,数据存储、清洗加工、流通交易、数据安全等大数据全产业链加快形成。获批建设国家级大数据产业发展集聚区、大数据产业技术创新试验区,随着贵阳(国际)大数据软件园正式启动,大数据产业生态示范基地、贵阳乾鸣国际信息产园、惠普数据中心等一批项目陆续建设。2016年贵州大数据信息产业工商注册企业已达1.7万家,阿里巴巴、富士康、百度、高通、惠普、IBM等200多家国际、国内知名企业落户贵州,国内三大通信运营商、华为、腾讯等数据中心已经入驻。同时,服务器芯片、智能手机、可穿戴设备和数据清洗、挖掘、交易等各种新技术、新产品、新业态甚至新商业模式在贵州诞生。目前,大数据产业规模已超过2000亿元,以大数据引领的贵州电子信息产业增加值同比增长80%以上。

贵州的产业转型升级对河南的启示:河南作为国家大数据综合试验区,要探索大数据发展的有效途径,实现"应用、数据、产业"三位一体协同发展,推动形成以大数据应用为基本业态的产业发展模式,推动智能制造和智慧农业发展,助力于制造业强省、农业强省、现代服务业强省和网络经济强省建设。

第三节 创新驱动产业转型升级的经验与启示

通过创新驱动产业转型升级的实践及特征分析,可以获得以下几点启示。值得注意的是,在借鉴它们的经验时,应充分考虑不同国家和地区要素禀赋、体制机制、经济基础、法制建设、社会管理、传统文化、民众素质以及所处不同发展阶段等背景因素的影响。

一、建立和完善创新驱动发展的顶层设计

结合创新型国家的工业化发展经验和新兴发展中国家的发展历程来看,推进经济增长由要素、投资驱动进入创新驱动阶段,不同的国家分别针对其不同的发展现状和侧重点进行了创新驱动发展的顶层设计,制订了不同的创新驱动战略规划,并针对不同阶段的战略规划颁布了相应的法律法规为保障措施,同时辅以系统性的政策设计和标准化的行动计划。完善的顶层创新体系极大地提升了本国的创新能力,推动了经济发展成功转型。

二、抢抓新技术革命和产业革命机遇

从一些国家的发展实践看,在每一次科技革命和产业革命中,总有一些国家抓住机遇,后来居上,实现创新转型和跨越发展。如美国抓住工业革命、电力革命、信息技术革命等几次大的战略机遇,发展成为世界第一强国。德国抓住20世纪初科技革命和产业革命的机遇,实现了快速崛起。日本、韩国抓住20世纪70年代以来信息技术革命快速发展的机遇,使信息技术产业成为国民经济的主导

产业，实现经济结构的成功转型和赶超。

三、企业创新能力建设是宏观经济政策的重要内容

在人均 GDP 突破 5000 美元以后，主要发达国家非常重视科技创新在促进经济增长的作用，开始注重自主研发，走引进吸收与自主创新并重的发展道路，如日本提出"技术立国"方针，极其重视引进国外先进技术，并加强消化吸收和再创新。韩国 1990 年出台了《战略部门技术开发计划》(1989 年人均 GDP 突破 5000 美元)。从主要发达国家的科技创新政策看，重点是通过财税金融等政策，鼓励企业技术创新，扶持一批创新能力强的龙头企业。美国、法国等通过税收补贴或政府优先采购等方式鼓励企业研发投入，韩国、德国、英国等采取直接奖励和补贴的方式支持企业创新，日本通过政府出面组织企业研发合作攻克平台技术等方式支持产业技术的大幅度提升。美国转型发展阶段企业研发投入的一半以上都来自政府，日本、韩国、德国企业的研发人才、研发设施，甚至基础研究力量要比大学和科研院所强很多。大幅提升企业的创新能力是各国实现创新驱动产业转型的必要手段。

在发达国家，企业不仅是应用研究和试验发展的投入主体，在基础研究方面也占相当分量。如 1995 年美国企业的基础研究投入超过全部基础研究投入的 25%。而韩国企业基础研究投入一直占全部基础研究投入的 50%左右。正是企业自觉的高强度创新投入，带动了整个国家的创新驱动产业转型和发展。

四、健全知识产权制度是发展创新型经济的基石

从发达国家创新转型的经验看，知识产权制度在经济增长驱动力量从投资和要素向创新过渡过程中发挥了至关重要的作用。只有保障了创新者的利益，才能激发创新的动力和活力，创新的驱动力量才能真正体现。在转型过程中，知识产权制度要及时调整、逐渐强化，否则将严重阻碍创新创业。20 世纪 80 年代，日本在大量引进技术消化吸收之后，部分领域实现技术反超欧美，为了使整个国家实现从"贸易立国"向"技术立国"转变，日本开始对知识产权登记、审查、保护等制度做系统调整，有力地保证了其实现创新驱动的产业转型。

五、良好的创新环境是实现创新驱动转型必要的基础条件

从世界一些成功实现经济发展方式由要素驱动向创新驱动转变的国家看，一般具备以下几个条件：一是拥有比较健全的国民教育体系，国民教育普及，人口素质较高，具备良好的科技基础和人才基础；二是拥有一批具有强烈创新意识和创新能力的高水平大学、研究机构和创新型企业，具有较好的科技基础；三是形成了一整套从基础研究、应用研究、工程研究、产品开发到规模化的财税、金融、

政府采购等政策制度。

六、以新兴产业发展引领转型创新

100多年的创新努力使德国的传统工业领域和高新技术产业在全球都具有较强的竞争力，尤其以集群为载体的创新驱动有效地提升了产业的创新能力，促进了整个产业的创新发展。德国在2006年出台的《德国高科技战略》，确定了广泛而又明确的关于加强德国创新力量的政策路线，以支持其战略性新兴产业的创新发展。"实施创新驱动战略，加快转型发展步伐"是我国今后推动科学发展的主题。在转变经济发展方式的过程中，我国应以新兴产业的发展来引领转型创新。首先，应制定完善的新兴产业发展路线图，并发挥好企业作为创新主体在新兴产业发展中的作用，加快实现创新追赶。其次，政府还应建立相应的预警机制，充分发挥市场调节的作用，形成有序、良性、合理发展的局面。

第六章　河南省创新驱动产业转型升级：
框架、路径和方略

　　产业结构合理化程度是衡量一个国家或地区经济发展质量效益和综合竞争力的重要指标。推进产业结构升级是建设经济强省、塑造竞争新优势的需要，是确保与全国一道全面建成小康社会、提升河南在全国发展大局中地位的需要。当前河南省正处于城镇化加速推进期、产业结构深度调整期、全面小康攻坚关键期。在国际发展竞争日趋激烈和我国发展动力转换的形势下，河南省产业结构调整，必须围绕优化产业布局、提升产业竞争力的总目标，正确把握增长与调整的关系，以比较优势为依托，以市场需求为导向，以创新驱动为核心，积极推进双向产业转移，推进载体转型发展，推进组织方式转变，推进产业融合发展，形成结构层次高新化、生产要素市场化、创新能力自主化、产业政策服务化、企业结构梯队化的发展新格局，构建以现代农业为基础、优势产业为支撑、战略性新兴产业为先导、服务业加快发展的现代产业体系。

第一节　河南省产业转型升级的内在动力需求

　　习近平总书记在河南调研时指出，要着力打好产业结构优化升级、创新驱动发展、基础能力建设、新型城镇化"四张牌"。河南省委牢记总书记嘱托，推动形成以发展理念为指导、以供给侧结构性改革为主线的产业转型升级政策框架，突出以发展理念引领产业结构优化升级，凝心聚力打好产业转型升级攻坚战，大力推进经济强省建设。

一、是落实中央治国理政新思想的必然要求

　　习近平总书记在党的十八届五中全会上系统阐述了"创新、协调、绿色、开放、共享"的发展理念，"五大发展理念"是马克思主义中国化的卓越理论成果，具有理念的杰出首创性、理论的完整体系性和实践指导的精准性，为产业结构优化升级提供了科学理论指导和行动指南，坚决摆脱发展的传统路径依赖，真正做到崇尚创新、注重协调、倡导绿色、厚植开放、推进共享。"创新理念"是产业发展的发动机和第一动力，决定着产业发展的结构、质量和效益，解决产业结构不优、创新能力不强的问题，必须把产业发展基点放在创新上，发挥创新的支撑和

引领作用，培育发展产业新动力、构建产业新体系；"协调理念"是产业发展的内在要求，解决区域产业同质化、产业发展不协调问题，就是要打破资源要素驱动的路径依赖，做优存量，激活增量，促进区域产业协调发展，实现传统优势产业与新兴产业互补互促、产业结构升级与技术结构升级融合并进；"绿色理念"是产业发展的必要条件，解决环境污染不仅是生产方式与生活方式问题，也是产业转型升级问题，我们必须以"两山"重要思想为指导，找出把绿水青山转化为金山银山的路径，实现产业生态化、生态产业化良性发展；"开放理念"是产业发展的必由之路，解决产业发展的资源、要素约束问题，必须利用好国内外两个市场、两种资源，在国际产业分工格局中形成享誉世界的河南制造品牌；"共享理念"是产业发展的本质要求，解决农业大省河南的城乡协调发展、区域不平衡、收入差距等问题，必须使产业发展成为不断为人民造福的丰硕果实，保障人民更多、更公平、更实在地共享发展改革成果，让包括 430 万贫困人口在内的约 1 亿河南人民分享到产业发展的利益，使全体人民拥有更多幸福感和获得感。

二、是纾解新时代我国社会主要矛盾的有力举措

产业转型升级是经济问题，更是民生大计。近年来，河南省经济快速发展、恩格尔系数大幅下降，消费对经济增长贡献率超过 50%，人均 GDP 超 6000 美元，进入了人民对美好生活的需要日益广泛、消费拉动经济作用明显增强的重要阶段，社会矛盾转变为人民日益增长的美好生活需要和不平衡不充分的发展之间的矛盾。河南产业最为突出的不平衡不充分表现为供需结构错配，产业新业态、新模式发展相对滞后，未能充分满足民众对品质、安全、舒适和美丽的需求，这已经成为需要优先着手解决的紧迫性和必要性问题。围绕新的主要矛盾，河南必须加快推进现代化经济体系和"四个强省"建设，集中解决经济发展与人民群众对美好生活需求的新期待还不够适应的问题。大力推动先进制造业发展，满足人民对高质化、多元化中高端物质产品的消费需求；大力推动现代服务业发展，满足人民对绿色化、定制化、个性化产品和文化产品的消费需求；大力推动农业供给侧结构性改革，促进农村一二三产业融合，建设美丽乡村，实现农民增收，满足农民及城市中产阶级对农村田园生活的浪漫精神需求；快速发展新产业、新业态、新模式，创造新供给、激活新需求。打好产业结构优化升级牌，既是实现产业供需两侧协调平衡发展的需要，又是满足人民日益增长的对美好生活的需要的有力举措。

三、是实现全面小康、出彩中原的责任使命

着力发挥优势打好产业结构优化升级牌，是习近平总书记调研指导河南工作时提出的殷切期望和嘱托。打好产业结构优化升级牌，立意高远、内涵丰富、切

中肯綮,具有很强的思想性、针对性和指导性。河南正处于产业结构转型升级攻坚期和经济增长换挡期,容易诱导领导干部只关注经济总量而忽视产业结构。同时,脱贫攻坚任务依然艰巨,河南 29 个国家级贫困县、14 个省级贫困县大多产业体系薄弱,仍守着传统农业"一亩地里打转转"。唯其艰难,才更显勇毅,产业转型升级和如期完成脱贫,是广大党员干部必须承担的责任使命。这就要求广大党员干部特别是领导干部必须更加积极主动地适应新形势、研究新情况,要深刻地认识到,产业结构调整既是经济关系和经济资源配置的具体形式,也是政治导向和社会关系配置方式的重要体现。同样的资源条件和经济总量,产业结构不同,其所产生的资源效率和经济主体的活力大不相同,党执政和政府行政的绩效也大不相同。广大领导干部要强化战略思维、创新思维、辩证思维能力,提出新举措,坚定不移地推进产业结构优化升级,为河南经济的持续健康发展和社会进步奠定稳固的基础。

四、是夯实"四个强省"建设的重要基础

让中原更加出彩,首先是经济发展上更加出彩,产业结构优化升级是让中原更加出彩的重要基础,建设先进制造业强省、现代服务业强省、现代农业强省、网络经济强省"四个强省"是让中原更加出彩的重要战略举措。河南经济强省建设是由高速增长阶段向高质量发展阶段转变的迫切要求和发展战略目标,只有深入推进供给侧结构性改革,才能明确产业调整发展方向,突出区域优势,实现产业发展动力变革,提升经济质量效益,实现发展方式从规模速度型粗放增长向质量效益型集约增长转变,产业要素从资源驱动型向创新驱动型转变,产业分工从价值链中低端向中高端转变,产品结构由单一低质低效向多样高质高效转变,构建实体经济、科技创新、现代金融、人力资源协同发展的产业体系,把河南建设成为经济强省,为全面建成小康社会打下坚实的物质基础。

第二节 河南省产业转型升级的内在机理与遵循之策

中国过去 40 多年的经济发展,总体上量在加速扩张,而质跟进维艰,主要表现为数量扩张占据主导地位,结构性矛盾呈现出刚性化(徐光辉,2011)。造成我国产业结构升级难的原因是多方面的,但根本原因是对产业结构升级的本质、内在机理或规律存在认识上的误区,导致所采取的很多措施并不符合产业结构升级的内在规律,符合规律却是实现产业结构升级的根本改善的重要前提。当前推进的供给侧结构性改革为推动产业结构升级提供了新动力。为使供给侧改革能从根本上内生地推进产业转型升级,其着力点也应遵循产业结构升级的内在机理。作为一个大国经济,中国各区域的资源禀赋和比较优势存在着较大不同,实际上不

能把中国看成一个经济体,而应把它看成由许多不同经济体组成的非均质经济组合体。作为内陆的河南省,如何选择产业转型升级的方向和路径,可从以上理论与实践研究得到很多启示。

——产业转型升级是一个动态演化过程,创新是推动产业转型升级的根本动力。产业转型升级是一个从低端到高端的连续攀升过程,在攀升过程中必然伴随着企业的兴衰更替,产业不会轻易消失,但是企业和产品会不断更新。政府应在创新层面加大支持力度,包括投入直接引导资金、设立创业基金、出台政策支持企业研发、支持研发平台建设和教育培训投入,引导和鼓励企业向创新环节进军。由于转型升级是动态演化的连续过程,政府不能拔苗助长,而要遵循产业成长的规律。

——产业转型升级不仅意味着结构调整,更意味着价值提升。全球产业分工已经由产业间分工演进到产业内分工,现在是产业内分工主导的新阶段,核心企业可以在全球范围内依托成本和资源优势对生产流程进行战略布局,以提升附加值。而从内涵看,转型升级是产业从低技术水平、低附加值状态向高技术水平、高附加值状态的提升,其中最重要的是效率和价值提升,如果没有这种实质上的提升,企业在不同产业间的转移只是结构的变化而非优化,无助于提升区域产业层次。

——产业转型升级要依托区域比较优势,不能进行不切实际的产业赶超。河南在农业、能源、原材料等产业领域的比较优势还没有充分发挥出来,随着生态环境保护的强化和节能环保产业的发展,河南在这些领域的优势会转化为产业转型升级的巨大潜力,因此,河南在战略性新兴产业的选择上不能进行大跨越,而要依托传统优势产业发展战略性新兴产业,尤其是在当前产业和技术前景不明朗的情况下,在传统优势产业中开发新技术、新产品、投入小、风险小、回报率高。

——承接产业转移是后发地区实现产业转型升级的一个重要途径,提高产业配套能力至关重要。当前是我国产业转型升级的提速期,各地均把承接产业转移作为地方产业转型升级的一个重要途径,在政策支持与优惠措施上相互竞争,通过引进新的项目和企业,推进本地企业与引进企业之间产业对接,促进知识和技术外溢,使入驻企业成为提高本地企业技术水平和配套能力的重要引擎,推动本地产业转型升级。

——产业转型升级的主体是企业,要提高企业转型升级的积极性和主动性。政府的工作重点是在环境优化和制度建设上。政府要设计与营造合适的环境和制度,提供公共信息,推动技术和知识密集型产业的发展。

——企业虽是产业转型升级的主体,但政府却不能无所作为,政府重点要在环境优化和制度建设上有所作为。政府要设计与营造合适的环境和制度,提供公共信息，益于技术和知识密集型产业环节的发展，河南这几年虽然在环境建设上成效显著，但与其他地区相比差距仍较明显，还有很多工作要做，如创新体系、金融体系、创业体系的构建，政府与企业互动机制的创新，等等，而这就是城镇化引领的意义所在，提高城镇化水平就是要打造一个有利于创新和知识集聚的环境，推动产业转型升级。

在新常态下，国内版大国雁阵正在逐渐形成，河南如何在发挥比较优势中实现河南产业的"中原突围"。未来一段时期，河南产业转型升级的动力机制如图 6-1 所示，主要动力来源有四个：企业创新能力、承接产业转移、市场需求变化和比较优势演进。

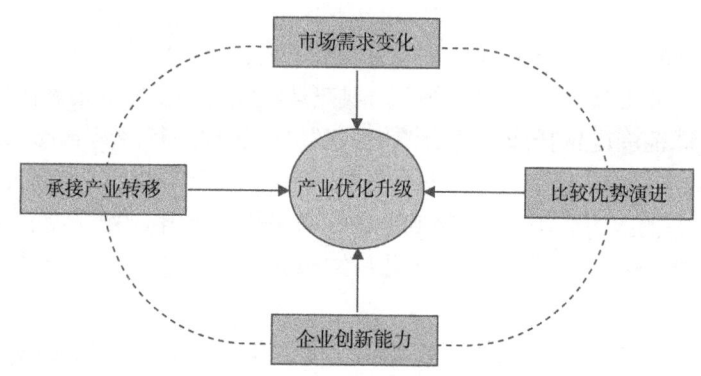

图 6-1　河南产业转型升级的动力机制

——企业创新能力。如何引导企业加大研发投入、提高创新能力，是最为重要的问题。政府科研引导资金如何投入？配套的制度和适宜创新创业的环境如何打造？如何实现从"抓产业"到"抓创新"的转变？区域性创新体系和创新平台如何重塑？如何围绕主导产业链构建创新链？这些问题对政府和管理部门的发展理念与服务能力均有较大考验。

——承接产业转移。这是实现产业间升级的重要途径，尤其是国际金融危机以来，以消费电子为主的高技术产业内迁态势明显，各地在大项目上竞争激烈，关键还在于：如何让这些入驻项目带动本地优势产业升级，促进知识外溢，提高本土企业配套能力，使入驻企业真正成为带动河南产业转型升级的"新引擎"。

——市场需求变化。尤其是在当前阶段，结构性过剩普遍比较严重，如何把握消费者需求变化和减量消费特征，开发出新产品、新技术，对于处在中上游环节的河南产业是个难题，尤其是如何针对国内消费者提供"符合本土需求的高性价比产品"，以及适应大数据和互联网时代的个性化消费与共享经济，对于企业来说是一个考验。

——比较优势演进。河南产业发展的突出问题是传统优势逐步丧失，而新的竞争优势还没有形成，在这个转折点上如何加快比较优势的演进，有几个重点：通过教育和培训提高劳动力素质，提供优质环境促进返乡农民工创业，促进一二三产业融合；随着受教育年限延长和互联网普及，劳动力供给出现新变化，利用人口大省的质量型人口红利和网民人口红利，顺势推进产业转型升级；利用"三区一群"等国家战略规划和战略平台实施，促进高端产业集群化形成一批新型产业集聚区，依托传统优势产业培育壮大战略性新兴产业；等等。

第三节 河南省产业结构的演变与阶段特征

加快推进河南省产业转型升级，既是落实"创新、协调、绿色、开放、共享"发展理念、完成全面建成小康社会奋斗目标的必然要求，也是提升河南产业竞争力、加快由经济大省向经济强省跨越的根本途径。国际金融危机以来，河南省通过大规模承接东部产业转移实现了工业化、城镇化的快速飞跃，产业结构不断优化、产业层次持续提高、产业竞争力全面提升。然而，面对当前国内劳动力、土地、资源、环境成本约束刚性化，发达国家"再工业化"战略方兴未艾、新兴市场国家后发优势挑战等国内外大背景，河南省如何进一步加快产业转型升级，不仅关系到河南作为内陆农业和人口大省培育新的经济增长点与产业竞争优势，而且很大程度上决定了未来河南在全国、全球价值链分工中的地位和可持续发展空间。

转变经济发展方式，推动产业转型升级是关系国民经济全局的紧迫而重大的战略任务，对于区域经济而言，这是构造持续发展能力和竞争优势的必然要求。改革开放以来，经济结构调整和产业转型升级一直都是河南省经济发展的重大战略，并取得了较大成效，但随着经济发展的条件变化和动力转变，经济快速增长过程中积累的结构性矛盾和深层次问题日益凸显，严重制约着河南省竞争力的进一步提升和经济的可持续发展。在"十三五"时期，推进经济结构调整和产业转型升级依然是改革与发展的重要任务，河南省只有加快经济结构调整和产业转型升级，才能在竞争中保持优势，实现产业结构的合理化和区域经济的健康持续发展，并对全省产业的转型升级起到示范和辐射带动作用。

一、河南省产业转型升级的变量描述统计分析

本课题所用数据来自1998~2016年《河南省统计年鉴》《中国统计年鉴》《工业经济统计年鉴》。将上述产业转型升级所属的产业结构合理化、高级化、高效化三个层面指标体系总结如表6-1所示，并以河南省18年间的均值反映指标的平均水平，以标准差和离异系数反映指标的离差变动情况。

表 6-1 产业转型升级水平的指标体系设定及变量描述统计

一级指标	二级指标	三级指标	指标代码	单位	指标方向	均值	标准差	离异系数
产业转型升级水平	产业结构合理化	第二产业偏离度	x_1		适度（0）	0.140	0.139	0.993
		第三产业偏离度	x_2		适度（0）	−0.401	0.098	−0.244
		居民人均消费性支出	x_3	元	正向	5 796.379	3 840.682	0.663
		消费—投资比	x_4		适度（1.5）	0.940	0.306	0.326
		能源供需比	x_5		适度（1）	0.879	0.103	0.117
	产业结构高级化	第三产业产值比重	y_1	%	正向	31.234	2.583	0.083
		城镇化率	y_2	%	正向	33.382	8.444	0.253
		外贸依存度	y_3	%	正向	6.689	3.795	0.567
		专利申请受理数	y_4	件	正向	22 225.500	22 584.18	1.016
		教育经费占一般财政预算支出的比重	y_5	%	正向	31.928	5.678	0.178
		普通高等学校在校学生数	y_6	人	正向	990 191	559 291	0.565
	产业结构高效化	工业企业总资产贡献率	z_1	%	正向	15.366	5.926	0.386
		工业企业成本费用利润率	z_2	%	正向	7.194	2.715	0.377
		能源产出率	z_3	吨标准煤/万元	正向	9 368.522	3 369.585	0.360
		水资源产出率	z_4	元/立方米	正向	64.509	37.029	0.574
		亿元GDP"三废排放量"	z_5	万吨/亿元	逆向	29.542	11.324	0.383

注：统计范围为河南省1998~2015年

首先，从产业结构合理化来看，河南省产业结构不合理主要表现为工业产值比重过大而就业弹性较差；服务业增长发展滞后；投资占比过大且增长过快，导致消费—投资比严重失衡；消费对产业经济的内生驱动作用有待提升；能源供不应求成为常态。但是2010年以来河南省居民人均消费支出增长较快，服务业的就业比重明显增大。

其次，从产业结构高级化来看，河南省的第三产业产值比重和城镇化率均落后于全国平均水平，仍是未来一段时间拉动河南省产业转型升级的主要抓手。以专利申请受理数、教育经费占比和高校学生数衡量的科技创新能力和人力资本潜能仍相对落后，科技与人才对产业结构高级化的驱动作用尚待提升。

最后，从产业结构高效化来看，河南省工业企业的运营效率和盈利能力在过去18年间，尤其是2006年以来得到了大幅度提升，有效支撑了产业结构的高效化。以单位产出的能源消耗、水资源消耗、"三废排放量"来看，河南省产业结构仍然"偏重"，去产能、降成本、补短板任务仍然艰巨。

二、河南省产业转型升级水平的综合测度

（一）数据预处理与指标赋权

表 6-1 中河南省产业转型升级的评价指标体系中存在逆向指标和适度指标，且各项指标的度量单位也不尽相同。为了对产业结构进行综合测度，需要对评价指标数据进行指标正向化和指标无量纲化处理。

1. 指标正向化

为综合判断产业转型升级水平的方向，需对指标进行类型一致化分析。由于本文选取的指标大多数为正向，因此对逆向指标和适度指标进行正向化处理。对于指标体系中的逆向指标，即亿元 GDP "三废排放量" 可以倒数化处理。其转换公式如下：

$$x_{t,i}^* = \frac{1}{x_{t,i}}$$

对于指标体系中的第二产业偏离度、第三产业偏离度、消费—投资比、能源供需比等适度指标，设定阈值分别为 0、0、1.5、1，在不改变数据分布规律的前提下，可采用下列公式进行正向化，其中 k_i 是指标 i 的阈值：

$$x_{t,i}^* = \max|x_{t,i} - k_i| - |x_{t,i} - k_i|$$

2. 指标无量纲化

为消除原始数据单位和数量级的影响，需要对评价指标进行无量纲化。本文采用线性转换方式，选取极差正规化进行指标无量纲化，使结果映射到[0，1]区间，且不改变原始数据的分布特征。其公式如下：

$$x_{t,i}^* = \frac{x_{t,i} - \min x_i}{\max x_i - \min x_i}$$

3. 指标权重的赋权方法

为排除主观赋权的随意性，本文选取客观赋权方法中的变异系数法进行指标赋权。基本做法：考察数据样本的内部差异性，赋予内部差异较大的指标以更大的权重，凸显被评价单位的差距。其计算公式如下：

$$v_i = \frac{\sigma_i}{\mu_i}$$

其中，v_i 为第 i 项指标的变异系数；σ_i 为第 i 项指标的标准差；μ_i 为第 i 项指标的均值。进行归一化处理后第 i 项指标的权重为 w_i，赋权结果如表 6-2 所示。

$$w_i = \frac{v_i}{\Sigma v_i}$$

表 6-2 预处理后的变量描述统计与指标权重

一级指标	二级指标	三级指标	均值	标准差	离异系数	指标权重
产业转型升级水平	产业结构合理化	第二产业偏离度	0.5127	0.3644	0.7107	0.0528
		第三产业偏离度	0.2597	0.2825	1.0880	0.0808
		居民人均消费性支出	0.3392	0.3202	0.9440	0.0701
		消费—投资比	0.4317	0.3936	0.9118	0.0677
		能源供需比	0.5278	0.2938	0.5567	0.0413
	产业结构高级化	第三产业产值比重	0.2751	0.2423	0.8810	0.0654
		城镇化率	0.4832	0.3240	0.6705	0.0498
		外贸依存度	0.3558	0.3363	0.9452	0.0702
		专利申请受理数	0.2677	0.3171	1.1845	0.0880
		教育经费占一般财政预算支出的比重	0.3220	0.3067	0.9525	0.0707
		普通高等学校在校学生数	0.5207	0.3451	0.6628	0.0492
	产业结构高效化	工业企业总资产贡献率	0.5033	0.3628	0.7208	0.0535
		工业企业成本费用利润率	0.5077	0.3040	0.5988	0.0445
		能源产出率	0.3367	0.3382	1.0045	0.0746
		水资源产出率	0.3814	0.3545	0.9295	0.0690
		亿元 GDP "三废排放量"	0.4697	0.3328	0.7085	0.0526

（二）综合测度

河南省产业转型升级水平值为指标体系中各项指标以指标权重为比重的加权求和。设河南省产业结构合理化、高级化、高效化、综合值水平值分别为 F_1、F_2、F_3、F。

河南省产业结构合理化水平测度公式为

$$F_1 = 0.0528x_1 + 0.0808x_2 + 0.0701x_3 + 0.0677x_4 + 0.0413x_5$$

河南省产业结构高级化水平测度公式为

$$F_2 = 0.0654y_1 + 0.0498y_2 + 0.0702y_3 + 0.0880y_4 + 0.0707y_5 + 0.0492y_6$$

河南省产业结构高效化水平测度公式为

$$F_3 = 0.0535z_1 + 0.0445z_2 + 0.0746z_3 + 0.0690z_4 + 0.0526z_5$$

河南省产业转型升级综合值测度公式为

$$F = F_1 + F_2 + F_3$$

将预处理后的数据代入上式,可得1998~2015年河南省产业结构合理化、高级化、高效化及转型升级综合值水平值的变动情况,并计算出历年的环比增速,具体如表6-3所示。

表6-3 1998~2015年河南省产业转型升级水平值

年份	合理化		高级化		高效化		综合值	
	数值	环比增速/%	数值	环比增速/%	数值	环比增速/%	数值	环比增速/%
1998	0.154	—	0.088	—	0.004	—	0.246	—
1999	0.160	3.723	0.078	−10.922	0.002	−32.533	0.241	−2.053
2000	0.143	−10.616	0.079	0.771	0.020	693.407	0.242	0.303
2001	0.151	5.313	0.090	14.572	0.021	5.196	0.262	8.329
2002	0.152	0.718	0.090	−0.581	0.029	38.926	0.270	3.277
2003	0.152	−0.108	0.099	10.264	0.038	34.421	0.289	6.999
2004	0.123	−19.163	0.093	−6.516	0.060	56.212	0.275	−4.799
2005	0.110	−10.081	0.095	2.110	0.092	52.444	0.297	7.673
2006	0.093	−15.537	0.098	3.919	0.125	36.439	0.317	6.740
2007	0.066	−29.130	0.113	15.282	0.176	40.391	0.355	12.140
2008	0.046	−29.908	0.119	4.549	0.188	6.997	0.353	−0.645
2009	0.051	10.905	0.110	−6.997	0.184	−1.798	0.346	−1.880
2010	0.051	−0.075	0.122	10.976	0.220	18.999	0.393	13.615
2011	0.073	42.158	0.167	36.081	0.211	−3.940	0.450	14.526
2012	0.102	39.383	0.208	25.123	0.201	−4.707	0.511	13.459
2013	0.173	70.803	0.245	17.703	0.221	10.091	0.640	25.264
2014	0.195	12.703	0.281	14.761	0.231	4.405	0.708	10.623
2015	0.215	10.050	0.324	15.289	0.240	3.752	0.779	10.078

三、河南省产业转型升级水平的实证分析

从综合值可以看出,河南省产业转型升级的总体水平呈上升趋势,2015年综合值为0.779,是1998年的3.17倍。从产业转型升级中各方面的贡献率大小来看,产业结构高级化和高效化的增长贡献率均为44%,产业结构合理化的增长贡献率仅为11%。这说明1998~2015年河南省产业转型升级主要依靠的是企业经营效率提升,生产所用能源、资源节约,废弃物排放量减少,以及大力发展服务业、对外贸易等。但是河南省产业—就业结构、消费—投资结构、能源供需结构等结构性因素的改进相对滞后,这些产业结构合理性的缺陷和失衡严重阻碍了产

业转型升级进程。根据图 6-2 河南省产业转型升级的历年综合值及其环比增速情况，大体可以将河南省产业转型升级进程分为四个阶段。

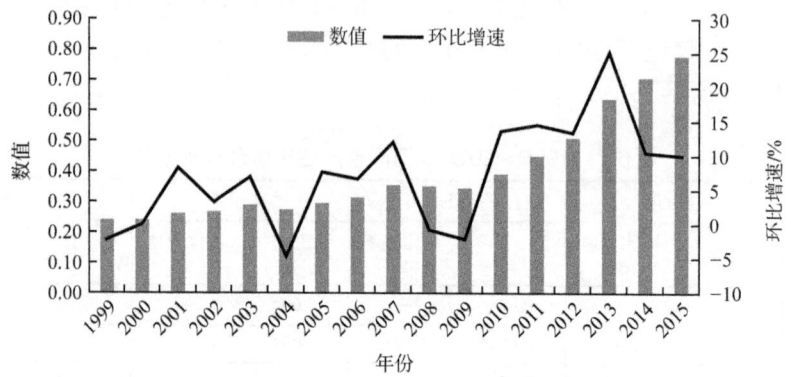

图 6-2 河南省产业转型升级的历年综合值及其环比增速

第一阶段是 1998～2004 年产业转型升级的震荡调整期，产业转型升级的总体速度较为缓慢甚至负增长。其间产业转型升级的综合值仅上升了 11.8%，主要根源是产业结构合理化水平降幅达到 20%。现实原因可能在于这一时期河南省国企改革进入攻坚阶段，带来了产业经济发展的波折，导致居民就业和消费增长受阻，使得产业结构合理化的下降幅度较大。

第二阶段是 2004～2007 年产业转型升级的非平衡性快速增长期。经过国企改革的阵痛后，这一阶段河南省的产业转型升级开始加速，综合值共上升了 29%，主要归因于高附加值产业比重、外向型经济、科技与人力资本投入、能源与资源集约度均得到加大改进，带动了产业结构高级化和高效化的大幅度提高。然而，在这一阶段河南省产业结构的合理化水平反而进一步下滑了 56%，包括产业—就业结构、消费—投资结构、能源供需结构等以往的结构性不合理之处不仅没有及时得到修正，反而进一步恶化。可以说，2004～2007 年河南省产业转型升级水平的总体提升掩盖了内部重化工业比重高企、投资拉动型经济特征加剧，以及能源和资源的低效消耗等结构缺陷，这种产业转型升级路径显然是难以持续的。

第三阶段是 2007～2009 年产业转型升级的全面下滑期。主要是受国际金融危机影响，河南省的外需减弱、外向型经济明显衰退；再加上前期产业结构性问题积累，严重影响了河南省的就业扩大、消费增长、城镇化推进等。因此，这一时期河南省产业转型升级的综合水平下降了 2.5%，主要归因于产业结构合理化下降了 22.7%。而这一时期产业结构高效化反而上升了 4.5%，说明金融危机摧毁的更多是高污染、高能耗、低效益的落后产能，反而为产业转型升级和先进产能发展创造了空间。

第四阶段是 2009~2015 年产业转型升级的快速健康发展期。这一时期河南省产业转型升级的综合值大幅度上升 125%，其中产业结构合理化的贡献率为 38%，高级化的贡献率为 49%，高效化的贡献率为 13%。经过金融危机的创造性毁灭后，近年来河南省产业结构中的不合理性因素如产业—就业结构、消费—投资结构、能源供需结构等均得到了一定纠正。同时随着产业结构的进一步高级化，这一时期河南省第三产业比重快速提高，城镇化水平突飞猛进，外向型经济获得新发展，科技和人力资本支撑力更加稳固。可以说，虽然近年来河南省产业经济增速有所下滑，但是产业经济的结构、质量和效率得到明显改善，产业转型升级的可持续得到进一步增强，河南省产业经济竞争力得到全面提升。

从合理化水平值的变动趋势来看，河南省产业结构合理化水平总体呈 U 形上升趋势：在 2010 年之前基本是下降趋势，从 1998 年的 0.154 下降到 2010 年的 0.051；合理化改进主要发生在 2010 年之后，2010~2015 年合理化值上升幅度达 3.2 倍。说明产业结构合理化是河南省产业转型升级的明显短板，但同时也是未来优化产业结构的潜力所在。

从高级化水平值的变动趋势来看，除了少数年份外，河南省产业结构高级化水平总体呈稳步上升趋势。且 2010 年之后上升幅度明显加快，增幅从 1998~2010 年的 39%，提升到 2010~2015 年的 166%，印证了河南省产业结构高级化具有较好的改进势头，是推动产业转型升级的主要动力。

从高效化水平值的变动趋势来看，河南省产业结构高效化水平总体呈增速递减的上升趋势，尤其是 2008 年之后上升幅度明显减缓，这一方面是由于基数增大导致的改进余地缩小，另一方面也说明节约资源和能源消耗、减少污染物排放、提高企业经营效益仍然是未来河南优化产业结构的重要任务。

四、河南省产业转型升级水平实证分析的主要结论

河南省产业转型升级水平实证分析的主要结论包括以下几点。

（1）河南省产业转型升级总体呈良性发展态势，其中产业结构高级化和高效化的增幅与贡献率明显高于产业结构合理化。因此，进一步调整优化产业—就业结构、消费—投资结构、能源供需结构，提高河南省产业结构的合理化水平，是深挖河南省产业转型升级的潜力、补全短板、全面提升产业竞争力的关键。具体举措包括大力发展现代服务业，提高产业经济的就业吸纳力；提高消费在国民经济中所占比重，减轻对投资的过度依赖；推进能源供给侧改革，缓解日益紧张的能源约束，加快降低高能耗、高污染产业比重；等等。

（2）历史经验证明，河南省必须摒弃、修正金融危机之前采取的重化工业主导、固定资产投资驱动、高能耗、高污染的产业发展模式，加快"去产能、去库存、去杠杆、降成本、补短板"，转向大力发展高附加值的第三产业、外向型产业、

技术与人力资本密集型产业。政策上应进一步鼓励加快技术创新，提高新产品研发效率，以产业结构的高级化水平提升为主要支撑，形成快速、高效、可持续性的河南省产业转型升级路径。

（3）2010年至今河南省产业转型升级迈入全面提升的"快车道"，无论是综合值水平还是合理化、高级化、高效化水平，均显著提升。河南省大力发展第三产业、加快城镇化进程、重视开拓对外贸易发展促进产业结构高级化水平的加速上升；重视扩大就业和居民消费也直接改善了产业结构合理化这一历史短板。这些优势因素和先进经验值得进一步总结、发扬光大。但是2010年以来河南省产业结构高效化的上升势头明显减缓，说明未来若干年河南省需要进一步通过政策创新和落实加大节能减排力度，提高企业运行效率和经营效益，保障产业转型升级和产业竞争力全面提升的可持续性。

（4）河南省产业结构与就业结构的偏离度日趋缩小。根据配第一克拉克定理，伴随产业结构的转变，就业结构也应随之发生变化。采用产业—就业结构偏离度（产业偏离度）来衡量劳动力在产业间转移的协调程度。计算公式如下：

$$\theta = \frac{GDP_i / GDP}{L_i / L} - 1 \quad (i = 1, 2, 3)$$

式中，GDP_i/GDP 为第 i 产业 GDP 产值所占比重；L_i/L 为第 i 产业就业人员所占比重。产业偏离度为正值表明产值比重大于就业比重，其绝对值越小，产业结构和就业结构发展越平衡，为零时，两者均衡。

2000～2015年河南省产业偏离度的变动情况如图6-3所示。

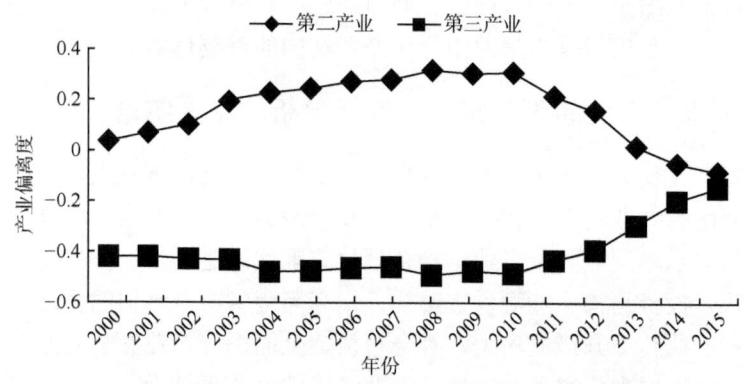

图6-3 2000～2015年河南省产业偏离度的变动情况

从图6-3可以看出，与河南省产业结构的"二三一"特点相比，进入21世纪以来，河南省的就业结构呈现出"一三二"的特点：第一产业即农业一直以来发挥着农村富余劳动力"蓄水池"的作用；第二产业的就业比重小于产值比重，是就业弹性较小的部门；第三产业的就业比重远高于产值比重，是吸纳新增就业的主力部门。从历史趋势来看，以2008年为分界点，第二产业和第三产业的偏离度在此之前呈两极分化的扩大趋势，即产业结构发展不平衡；而近年来河南省第二、第三产业的产业偏离度都逐渐缩小，根据统计数据，这主要归因于工业就业人数的减少，以及第三产业产值的增加。这充分说明了2008年以来河南省产业结构发展越来越协调，就业结构也更加平衡，产业结构走向快速转型升级的良性轨道。

（5）产业结构持续优化。2016年三次产业结构占GDP比重为10.7∶47.4∶41.9，全年高技术产业增加值增长15.5%，占规模以上工业的8.7%。高成长性制造业增长10.6%，占规模以上工业的48.4%。传统支柱产业增长5.3%，占规模以上工业的44.5%。六大高载能行业增长6.1%，占规模以上工业的32.3%。服务业占比和贡献提高，其增加值占GDP比重达到41.9%，同比提高1.7个百分点；对GDP增长贡献率达到49.3%，同比提高11.4个百分点，是全省经济增长的主要拉动力量。装备制造业较快增长、占比提高，工业发展继续向中高端迈进。全省装备制造业增长12.7%，增速高于全省工业4.7个百分点；占全省工业比重16.6%，同比提高0.6个百分点。传统产业产品结构向质量更优、技术含量更高的方向调整，转型升级成效继续显现。全省铝工业中铝型材、铝板材、铝带材、铝箔材产量分别增长31.3%、14.1%、23.8%、17.9%，而氧化铝、电解铝产量分别下降6.2%、4.7%；玻璃工业中钢化玻璃、中空玻璃产量分别增长51.1%和12.5%，而平板玻璃产量下降5.0%。

（6）产业发展的新动力孕育成长。新动能成长势头较快，2016年全省高技术产业增加值增长15.5%，高于全省规模以上工业增速7.5个百分点。太阳能电池产量增长38.0%，环境污染防治专用设备增长30.7%，卫星导航定位接收机增长30.0%，新能源汽车增长29.1%，风力发电增长26.7%，智能手机增长8.6%。新业态蓬勃发展。全省信息传输、软件和信息技术服务业投资增长47.8%，高于全省投资34.1个百分点。互联网和相关服务、软件和信息技术服务业主营业务收入合计增长49.9%，营业利润合计增长74.0%，税收合计增长57.4%。

第四节 河南省产业转型升级的基本框架

一、河南省产业转型升级的新起点：现实基础与历史机遇

（一）河南省产业转型升级的现实基础

1. 自然禀赋和历史积累优势

自然禀赋和历史积累优势如下：一是资源丰富，能源、电力及水价格较低，

劳动力要素资源充足且成本低廉，有利于精细化分工与协作，产业升级后劲足；二是地理位置优越，地处承东启西、连南贯北的重要交通枢纽，运输物流成本相对较低，经济要素流动速度快；三是工业基础良好，配套设施完善，优势产业中高成长性产业增长值增速快于全国平均水平，有利于产业集群与产业链拓展；四是人口规模大且密度高，拥有近1亿人口的消费市场，创新创业土壤肥沃，发展现代服务业等共享经济成本低。

2. 国家战略的纵向累积有利于协同实现产业转型升级

叠加在河南的国家战略围绕某一重要领域或问题，通过不同时序出台，客观上形成了适应形势发展需要的不断丰富和完善的规划或政策集成，持续推进着该领域相关问题的解决。如河南农业强省建设，河南粮食生产核心区战略着力推进高标准农田等基础建设，中原经济区战略强化推进"三化"协调发展，河南自贸区战略着力提升农副产品加工国际合作及贸易能力，郑洛新国家自主创新示范区战略强调互联网、物联网等信息技术在农业方面的开发应用，国家大数据战略提出建立国家农业粮食大数据创新应用先行区，等等。这些都是根据形势发展需要，将现代科技、信息技术、网络技术、大数据等现代要素叠加累积在农业发展领域，从不同侧面对粮食核心区建设方略进行丰富和拓展，构成了对建设现代农业强省的强力支撑。可见，叠加在河南的国家战略尽管主题和出台时间不尽一致，但在聚焦发展重点、破解发展难题方面的基本取向既一脉相承又与时俱进，在推动政策集成、培育发展动能上发挥了纵向累积的叠加效应。

3. 国家战略的交叉协同有利于改善产业发展的投资环境

叠加在河南的国家战略通过战略规划、政策工具之间的协调互动，形成协同推进某具体领域发展或问题破解的政策合力。如在产业转型升级方面，中原经济区战略通过项目审批、核准的优先安排、实行工业用地弹性出让的土地管理政策、开展营改增改革、重点工程和在建项目优先进行信贷等，加大产业升级政策支持力度；郑州航空港经济综合实验区战略通过金融支持、土地管理、服务外包等措施支持产业转型升级；郑洛新国家自主创新示范区战略明确设立示范区发展专项资金、科技成果转化引导基金，引导相关资源向示范区倾斜；河南自贸区战略试点选择性征收关税政策、完善适应境外股权投资和离岸业务发展的税收政策、财政政策、投资政策、金融政策，不同侧面共同发力，互有交叉而又相互支撑、协力并进，在形成合力、助推产业转型升级方面凸显了交叉式协同的叠加效应。

4. 科技创新助推产业结构升级的能力持续提升

"十二五"以来，河南省进入创新驱动高速发展时期，取得了显著成绩。一是创新环境不断优化，科技创新综合实力显著提升。2016全年研究与试验发展人员

25万，经费支出490亿元，比2015年增长13.0%（图6-4）。申请专利94 669件，增长27.3%；授权专利49 145件，增长2.9%；有效发明专利22 601件，增长28.6%。签订技术合同4275份，技术合同成交金额59.2亿元，增长30.0%。综合科技进步水平指数在全国的排名由26位升至21位，指数位次上升幅度为全国第三。二是科技引领发展能力持续增强。2016年，河南省高新技术企业总数达到1353家，是2010年的1.6倍；规模以上高新技术产业增加值达到5376亿元，占规模以上工业增加值比重由19.2%提高到33.3%。三是高端创新资源加速聚集。省级以上企业技术中心1072个，其中国家级84个；省级以上工程实验室（工程研究中心）459个，其中国家级42个。国家级工程技术研究中心10个，省级工程技术研究中心1080个；省级重点实验室125个；国家级创新型（试点）企业18家，省级创新型（试点）企业515家。

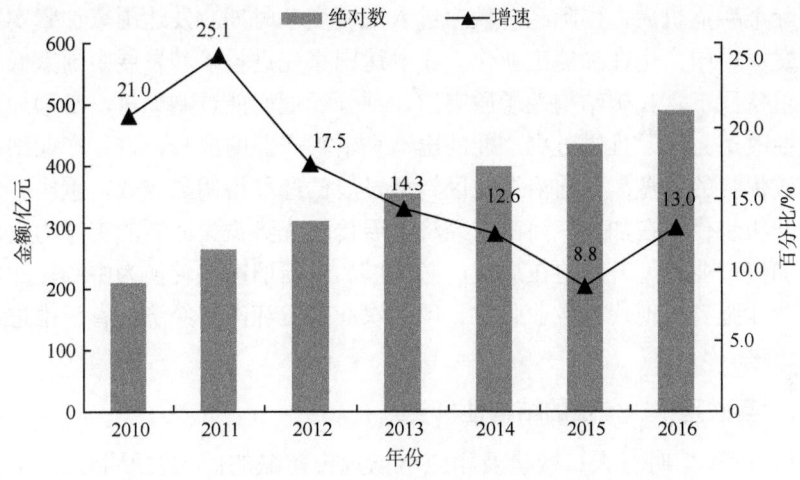

图6-4　2010～2016年研究与试验发展经费支出及增速

（二）河南省产业转型升级的历史机遇

当前，我国的经济发展呈现新的态势，新型工业化与信息化深度融合，全球产业分工不断细化，资本与生产技术全球重配，中产阶级主导的消费升级导致需求多元化，因此，河南省在迎来产业转型升级重要战略机遇期的同时也面临新的挑战。如何借势积极主动并合理有序地推进产业转型升级，提升河南经济质量和效益、培育经济增长内生动能，推动河南经济社会向绿色可持续发展转型是当前面临的重大课题。

1. 新一轮科技革命带来的新机遇

新一轮科技革命和产业变革正在创造历史性机遇，以智能化、绿色化、服务化为主要特征的先进制造业应运而生,以互联网为代表的信息技术催生出智能制造、"互联网＋"、分享经济等新业态,现代物流、金融保险、科技研发等新型服务业发展空间越来越大,并与制造业深度融合。从国际上看,制造业流程创新、协作体系创新深入推进以及互联网、物联网日益普及,越来越多的国家和地区积极融入全球产业链并努力占据价值链中高端,国际产业空间重新洗牌。创新发展不仅是国内外发展形势所迫,也是区域发展的兴衰所系。从国内来看,过度依赖廉价劳动力承接产业转移的传统招商引资模式正在改变,"特色小镇"等新型产业载体不断涌现。在"一带一路"倡议国际合作深入实施背景下,强化交通基础设施建设,打造自由贸易区平台,构建国际物流通道枢纽,深度融入全球分工体系,成为区域经济和产业发展的新特征。

2. 经济秩序深度变革要求河南省必须抓住用好转方式、调结构的重要窗口期

国际金融危机后,国际经济秩序进入深度变革时期,发达国家加紧实施再工业化,发展中国家也在加速工业化。在发达国家先进技术和发展中国家低成本竞争的双重挤压下,我国结构性矛盾突出,部分行业产能过剩严重,必须加大供给侧结构性改革力度,推进过剩产能的出清和新兴产业的成长,进行产业结构的调整和比较优势的重塑。目前沿海地区转型发展已经取得明显成效,重庆、贵州等地转型升级步伐也在加速。河南省经济发展传统优势丧失而新的支撑力量还没有形成,加快产业转型升级迫在眉睫,必须以加快新旧产业转换为中心,加快建设先进制造业强省、现代服务业强省、现代农业强省和网络经济强省,推进产业向中高端迈进。

3. "互联网＋"催生的结构性机会

"互联网＋"时代人口数量及相应市场规模蕴藏的巨大发展潜力使中国产业新业态和生产性服务业迎来了快速发展的新时期,中国的电商已经"弯道超车",实现了全球领先、世界一流。河南省互联网建设近年来取得了快速发展,全省互联网用户数、移动电话基站数、互联网省际出口带宽居全国第5位。河南网民数量居国内之首、世界前列,每天产生的数据量也位于前列,网络可以为人口红利续航,开拓河南人口红利新内涵。河南现有的"云网端"网络设施和存储数据,作为产业发展的创新要素,带来产业业态的创新和商业模式变革,使数据成为创新创业链上的"石油"资源,驱动产业链的良性发展,可以为创新创业地区带来新的发展机遇和上亿的产值。因此,新常态下产业转型升级已经成为一个不以人的意志为转移的过程,等不得、熬不得。面对"互联网＋"带来的有效的技术手段,早调早转就会赢得主动、抢得先机,晚调晚转就会被动乃至被淘汰。长三角、珠三角等发达地区由于实施较早,已经出现较好势头,而河南跨境电商和大数据综合示范区促成新的经济格局与产业空间布局,也有望催生结构性机会。

4. 国家战略叠加释放政策红利

近年来,国家出台的关于河南或与河南密切相关的发展战略达 13 个之多。特别是 2016 年以来,中原城市群规划等一系列战略规划和平台相继获批,共同构成了引领带动全省经济社会发展和产业结构转型升级的战略组合。诸多国家战略密集布局中原,呈现叠加之势,促使河南在全国发展大局中的地位和作用更加凸显,为河南省产业结构转型升级带来政策红利。一是改革红利,利用叠加在河南的国家战略所赋予的先行先试政策,在重点领域和关键环节聚焦突出问题深化改革、克难攻坚,形成体制机制和政策制度新优势;二是创新红利,郑洛新国家自主创新示范区等国家战略,将推动河南技术创新、产业创新、业态创新、协同创新、模式创新等全方位的创新体系构建,在传统资源和人口红利日渐式微背景下,创新驱动将成为河南新的重要战略红利;三是开放红利,以河南自贸区和郑州航空港经济综合实验区为代表的国家战略,将进一步拓展河南开放发展的广度和深度,提高开放型经济发展水平,塑造对外开放新优势;四是载体红利,叠加在河南的国家"试验区""示范区"等载体丰富多元、系统全面,涵盖产业类、创新类、开放类、市场类等多个层面,是河南集聚优势资源、培育发展新动能的有效平台。

纵观叠加在河南的诸多国家战略,集中体现国家意志、国家利益的有五个全局性战略目标,即打造内陆核心增长极、建设全国重要的粮食生产基地、建设国际性综合交通枢纽、建设郑州国家中心城市、培育国家级城市群。释放国家战略叠加效应,必须优先保证这些战略目标的实现。充分利用中原经济区、郑州航空港经济综合实验区、河南自贸区等国家战略,把加快新旧动力转换作为中心任务,推进先进制造业和现代服务业基地建设,培育装备制造、航空经济等优势产业,提升产业供给体系质量和效率,不断推进产业转型升级。

5. 高铁枢纽带动周边城市形成产业链条的机遇

随着高铁时代的到来,尤其是进入"十三五"中国高铁的繁荣期,会使中国经济三大经济圈扩展为覆盖全国的高铁城市圈。目前郑州市和合肥市是国内仅有两个"米"字形高铁的城市。据统计,东部地区的产值近 10 年来,下降 10%的产业有农副食品、工业等,这些产业恰恰是中西部应该承接的产业。目前高铁网络的兴建,使得国家在站位、发展区域重构、经济、空间上进行调整,河南在这样的背景下,必须积极承接产业转移,迎头赶上。高铁枢纽城市不一定是核心城市,如果没有人口、资源产业的聚集,高铁仅仅是一个换乘站,如果二、三线城市没有自己的特色产业,那么一线城市的"虹吸效应"更强。因此,河南要以国家中心城市郑州为核心,抓住高铁枢纽的区位优势,积极承接产业转移,并且同周边城市紧密协作,形成一条完整成熟的产业链条。

6. 消费结构升级变化带来的机遇

当前,全球经济发展态势和格局正在发生深刻变化,总体上延续疲弱复苏态势。我国经济下行压力增大,投资类产品需求不足,产能过剩问题还没有得到根本解决,"去、降、补"及人员安置、债务化解等难题突出。随着居民收入水平提高、消费能力提升和消费层次分化,以传统消费提质升级、新兴消费蓬勃兴起为主要内容的新消费,特别是服务消费、信息消费、绿色消费、时尚消费、品质消费、农村消费等重点领域快速发展,对经济增长和产业升级的拉动作用持续释放。

二、河南省产业转型升级的转折点:突出问题与重大挑战

(一)河南省产业转型升级存在的突出问题

多年来,河南省持续不断地推进产业结构调整,着力发展有特色优势的战略性新兴产业,培育壮大高成长性产业,改造提升传统优势产业,取得了明显成效。但以能源原材料、劳动密集型产业为主体的结构性缺陷突出,长期积累的矛盾和问题尚未根本解决。河南产业发展方式偏传统、产业结构偏重化、产业链位置偏上游和价值链位置偏低端等结构性矛盾等日益显现,传统优势逐步丧失,新竞争优势尚未处于主导地位。

1. 产业结构偏重化

河南产业结构层次低主要体现在以下方面:①产业结构偏传统,三次产业结构有待升级。目前我国三次产业结构比重已进入"三二一"时代,而河南省产业结构仍是"二三一"格局。从贡献率变化看,第二产业地位仍处于主导地位。2016年全国三次产业结构比重为8.6:39.9:51.6,河南省三次产业结构比重为10.6:47.6:41.8。河南省的第一产业比重比全国平均水平高2.0个百分点,第二产业规模大而不强、结构全而不优的现象明显,第三产业比重比全国平均水平低9.8个百分点,河南省三次产业结构与经济规模、人口规模和发展水平很不相称。②农业生产性服务业偏低。河南省作为全国粮食生产核心区,随着农业供给侧结构性改革的推进,第一产业尽管呈现以传统农业为主的特点,但多样化指数缓慢上升。传统农业内部仍偏重于传统种植业,种植业增加值占第一产业比重达60.3%,高于全国水平6.5个百分点,农林牧渔服务业仅占4.3%,农业服务业发展滞后,严重制约了农业与二、三产业的融合和农民增收。③工业内部结构偏重。第二产业的中初级、中间产品居多,传统产业占比高,重工业占规模以上工业比重69.4%;高技术产业规模小,其增加值仅占规模以上工业比重8.8%,先进制造业正在发育,战略新兴产业和高端装备制造业增长难以弥补传统产业萎缩形成的缺口。④现代服务业滞后。第三产业内部结构仍需进一步优化和调整,服务业中交通运输、

批发零售、住宿餐饮三大传统服务行业占比近50%，金融业、现代物流业、电子商务、网络信息、教育科技、商务与租赁等现代服务业仅占不到20%，与现代服务业强省建设的要求相比发展滞后。

2. 产业链位置偏上游

河南中上游产业多，能源、原材料比重大，产业延伸度不够，比较优势没有充分发挥。以铝工业为例，河南在全国具有产业优势，但是集中在氧化铝、电解铝上，在深加工上虽然有一些企业，主要还是板、带、箔，就算是能达到双零级，但说到底这还是中间产品，定价模式仍是"原铝价格＋加工费"，未来关键是在终端产品上下功夫。另外就是当前电解铝企业和深加工企业的关联度低，调研中发现很多下游企业用的都是省外的铝中间产品，产业链对接优势没有发挥出来，影响了铝工业整体竞争力。这种产业链分裂的格局在河南省很多产业中都普遍存在。

3. 价值链位置偏低端

从价值链角度看，河南产业偏低端的特征也比较明显，当前，制造业产业链各环节的附加值由加工制造环节加快向"微笑曲线"的两端增值环节提升，如研发与品牌等服务增值环节转移，而河南的传统优势又大多集中在中间制造环节，研发和品牌环节是河南产业的弱项，这是河南产业粗放发展、盈利能力弱化的一个主要原因。未来加快向"微笑曲线"的两端增值环节提升，是产业转型升级的主导路径，一些龙头企业已经取得了成绩，如郑州煤矿机械集团股份有限公司、中信重工机械股份有限公司等，近几年不断提高机械成套装备制造能力，现在已经从简单的供给装备向提供整体解决方案转型，品牌影响力与市场竞争力大幅度提升，但对河南来说，这样的企业还比较少。

4. 供需结构错配问题突出

供给侧结构性改革将使产业结构由工业主导转向服务业主导，消费结构由物质型消费转向服务型消费，要素结构由低端要素主导转向高端要素主导，动力结构由传统发展动力转向新兴发展动力。和全国相比，河南产业发展过度依赖资源、土地和低成本劳动力的传统模式，供需错配更为突出。GDP居全国前四的广东、江苏、山东、浙江，已经形成经济技术联系紧密、产业价值链较长、配套产业完整、带动能力较强的主导产业体系。相较之下，河南地区产业布局分散且结构趋同，主导产业则表现为产业联系不紧密、产业链较短、带动能力较弱。一方面，部分产业产能过剩，产品层次和附加值低，相当部分生产能力无法实现市场出清；另一方面，有效供给不足，市场需求旺盛的高品质消费品和高端投资品生产能力短缺且处于零星分布状态，大量关键装备、高端产品还依赖进口，教育、医疗等优质服务不能满足人们的需求，消费能力严重外流。

5. 产业结构效益较差，与就业结构不协调

根据赛尔奎因和钱纳里就业结构模式，当一个国家或地区人均GDP在2000美元左右时，其相对应的就业结构大致为38.1∶25.6∶36.3，而目前河南人均GDP已超过6000美元，2016年，河南三次产业相对应的就业结构为38.4∶30.6∶31.0，与三次产业结构10.6∶47.6∶41.8错位较大，第三产业就业明显不足。河南产业结构偏离系数明显高于全国平均水平，结构效益较低。第一产业从业人员偏多、束缚了大量劳动力，二、三产业吸纳劳动力的功能不足。同时，人力资源结构、素质和技能水平不能适应产业升级与新产业体系的需要，处理好充分就业、产业升级与就业升级之间的矛盾是一项艰巨的任务。

（二）河南省产业转型升级面临的重大挑战

1. 新常态下产业技术升级压力空前巨大

新常态下产业技术升级压力：第一，从区域竞争看，"三区一群"等国家战略的实施进一步凸显了河南省在国家发展战略的重要地位和作用，各种政策效应加速释放，但是也面临发达地区在人才、技术、市场方面的激烈争夺和挤压，在发挥比较优势的同时，必须进一步提高自主创新能力、培育竞争新优势。第二，在产品层面，新常态下市场与消费需求加速升级，高性能、高品质消费品供给不足与传统式消费品产能过剩使制造业产品升级压力空前巨大。随着整体发展水平大幅度提高，中国消费者发生部分质变，形成了一个愿意为高性能、高品质产品买单的庞大中产阶级群体。在高性能、高品质需求强劲增长，传统需求萎缩的背景下，河南"价廉物美"式消费品生产企业在产品升级方面面临前所未有的压力。第三，在技术层面，由于需求萎缩、成本上升、利润空间急剧下降，传统低成本、低利润技术路径难以为继。改革开放以来，河南利用后发优势通过"山寨""模仿"进行低成本大规模生产，导致产品技术空间狭窄、差异性小，大量企业在同一技术层面上进行低水平竞争，利润率不高。经济新常态下传统消费需求萎缩，"产能过剩"严重，生产成本不断攀升，低成本、低利润模仿型排浪式生产难以为继，大量传统企业无钱可赚、生存困难，在技术升级方面同样面临前所未有的压力。

2. 结构升级，生产模式转变，河南承接产业转移促进结构升级要求更严苛

以传统消费提质升级、新兴消费蓬勃兴起为主要内容，以个性化、定制化为主要特点的新消费快速发展，将引领相关产业、基础设施和公共服务投资迅速成长，引导生产链向柔性化、智能化创新升级，高效率定制化生产趋势将推动生产线向以用户直连工厂模式为代表的信息化与规模化生产深度融合转变，对河南承

接产业转移的层次提出更高要求。河南需提升高成长性与生产性服务业的承接比重,提升企业自主创新能力与研发成果产品化能力,否则,新产能仍将无法匹配消费结构升级带来的市场需求,继而陷入"落后—承接—再落后—再承接"的恶性循环。

3. 成本增加,政策支撑差异化,结构升级竞争更激烈

受多重因素影响,短期内我国总需求不足与结构失衡矛盾将持续存在。外贸增长趋缓,内需拉动乏力,人口红利消失以及资源约束增加;地方债务风险积累,以及固定资产投资与生产性投资失衡进一步加剧产业结构扭曲、地方恶性竞争及产能过度扩张风险。与安徽等毗邻东部发达沿海地区相比制造业创新速度处于劣势;与湖北等中部其他地区相比产业同构程度更甚,消化过剩产能与人口就业压力更大;与重庆等西部竞争城市相比政策支撑处于劣势;与东南亚邻近港口中心城市相比物流成本处于劣势。

4. 劳动密集型、资源密集型产业调整压力增大

近年来,河南省经济发展的要素条件发生了许多变化,劳动力成本逐步提高,能源、矿产品等资源性生产资料价格上升,环境成本日益提高,低成本竞争优势逐渐减弱,传统的发展模式空间越来越小。新常态下河南省产业结构调整承压,在2015年100强名单中,从产业分布看,第二产业占90家,以服务业为代表的第三产业仅有10家。"十三五"时期供给侧改革势必影响产业结构,从生产角度看,供给侧结构性改革将导致第三产业占比上升、第二产业中传统工业占比下降、新兴产业占比上升。目前河南大企业名单中的产业分布,能源、产能过剩等领域的企业占比较大,更凸显出结构调整形势之严峻。因此,创新将成为转方式、调结构的能量极,河南省迫切需要通过创新实现产业转型升级。

三、河南省产业转型升级的制约因素

产业结构合理化程度是衡量一个国家或地区经济发展质量效益和综合竞争力的重要指标。推进产业转型升级是打好"四张牌"的基础,是实施国家重大战略、塑造河南竞争新优势的需要。目前河南省正处于产业转型升级的关键期,而河南省还存在产业创新资源不足、产业素质不强等薄弱环节,亟须通过产业素质提升和体制机制创新弥补制约河南省产业发展的短板。

(一)创新驱动支撑力度不够

各个地区把创新驱动战略上升为区域经济发展转型的重要支撑,河南在激烈的区域竞争中面临着不进则退的局面,与其他省份和地区比起来,尽管河南省科技进步水平在不断提高,但与产业创新驱动转型的要求相比还存在较大的差距,

2015年河南综合科技进步指数在全国排第20位,创新能力与GDP全国第5位的地位极不相称。传统优势产业的改造升级是实现经济社会可持续发展的重要着力点,也是河南省进入创新驱动发展的重要门槛。河南省钢铁、有色金属、化工等能源原材料产业比重达到38%,分别高于全国、安徽、湖北10个、5个和7个百分点;许多产品关键技术、大型成套设备和核心元器件依赖进口,轻工、新型建材领域品牌优势不突出。主营业务收入超百亿元的工业企业分别比广东与山东少112家和80家。大部分传统产业仍靠要素投入实现增长,万元GDP能耗是国内先进水平的2.1倍,能源利用率比发达国家低10个百分点,万元工业增加值的用水量是发达国家的3~5倍。这种以要素为主投入的增长方式必将成为制约河南产业转型升级的重要障碍。

(二)技术产业化水平不高

河南省科技进步在产业转型升级中仍未发挥主导作用,科技成果转化为现实生产力的效率较低。2015年河南科技活动产出指数为14.75%,远远低于全国59.22%的平均水平,在全国仅排在第27位,河南省科技产出效益低导致难以实现产业结构的高度化和融合发展。河南省高新技术产业近几年虽然发展较快,但与全国和先进地区相比,还存在差距,从高新技术产业化程度看,2013年河南高新技术产业化指数为46.35%,低于全国50%的平均水平,位于全国第12位。从R&D人员结构看,河南省R&D人员在科学研究与技术开发机构、全日制普通高等学校、大中型工业企业的比例分别为7.8%、10.3%、66.7%,大部分R&D人员集中在高等学校,R&D人员结构不合理导致技术成果转化、推广滞后,研究成果仅有10%工程化率和5%产业化率。造成这个问题的原因在于河南省高新技术产业软环境发展相对滞后,高新技术开发区考评机制片面追求宏观经济指标,忽视技术创新能力、发明专利授权量、人才引进、成果转化率、研发投入占销售收入比重等反映高新技术产业发展持续潜力的指标。

(三)创新资源供给不足

河南省高端教育资源相对缺乏,创新基础支撑产业转型升级的能力亟待强化。目前河南省共有普通高等学校129所,在全国排前四名,但本科院校仅55所,211高校仅1所;全省共有在校生约216万人,但研究生只有3.95万人,其中博士研究生每年招生数量不到985、211高校一个学校的招生数量,总数只有2005人。从科研力量与科研院所的分布看,河南省科技人员及科学家和工程师数量偏少。2015年河南省研究与开发机构的数量在全国排名第21位,开发机构中的从业人员、科技活动人员分别排在第26位、30位,在中部六省也仅排在第4、6位,远远不能适应创新驱动转型经济发展要求的创新需求。河南省每万名从业人员中研发人员远低于全国平均水平，低于中部六省的安徽、湖北、湖南。长期在河南工作的两院院士数量少，大部分集中在少数中央驻河南单位。河南在技术合同签订与成交金额上都处于中部六省的后列，与位于首位的湖北省差距较大。科技成果转化效率低直接影响了河南省产业转型升级。

（四）城镇化进程滞后

2016年河南省城镇化率48.5%，比全国平均水平低近9个百分点。城镇化发展滞后，限制了服务业的发展空间，削弱了第三产业在其结构演进过程中吸收农业劳动力和促进第二产业高级化的能力，影响工业经济聚集优势的发挥和规模效益的提高，阻碍农业产业化的发展，导致产业结构升级缓慢。

（五）市场配置资源的作用发挥不充分

梳理全国区域发展路径，产业转型升级、转型快的地区都是市场经济体制和市场经济体系建设走在全国前列的地区，河南与东部发达地区的发展差距，很大程度上源于思想观念、体制机制上的差距。河南经济市场化程度和市场经济的活力与上海、江苏、广东、浙江有明显差距，2008年以来市场化指数一直徘徊在全国第10~11位，2014年反而又降了2位①，这说明河南市场在资源配置中的作用发挥远远不够，政府主导型经济特征明显，市场运作的理念不足；2015年，河南非公有制经济增加值占全省经济总量的比重为63.9%，尚不及江苏、广东、浙江等省20世纪初的发展水平，也低于同期湖南等省的发展水平。

四、河南省产业转型升级的总体构想

（一）发展思路

改革开放40年来，河南省产业结构进一步优化，知识密集型、高附加值、符合转型升级方向的高技术制造业和装备制造业快速增长，服务业贡献率持续提升，产业新动能成长势头强劲。"十三五"时期是中原崛起和全面实现小康社会的关键时期，也是根据产业发展面临的新挑战与新机遇，加快河南省产业转型升级的重要时期。面对产业转型升级的新机遇与新挑战，河南产业转型升级发展思路更加明确。

在满足人民美好生活需求目标的驱动下，将聚焦高新化、服务化、融合化、绿色化、智能化转型目标，围绕"四个强省"建设，以"三区一群"等国家战略

---

① 市场化指数由政府与市场关系、非国有经济的发展、产品市场的发育程度、要素市场的发育程度、市场中介组织发育和维护市场的法制环境组成。资料来源：王小鲁，余静文，樊纲. 中国市场化八年进程报告[J]. 新华文摘，2016（16）：47-53.

为依托，以提升供给体系质量和效率为中心任务，以"三个高地"建设为抓手，以推进供给侧结构性改革为主线，着力构建传统产业提质增效、新兴产业活力迸发的产业发展新格局。

突出发展引领带动能力强的高成长性产业，积极培育战略性新兴产业，改造提升传统支柱产业，着力构筑人力资源、交通物流、专业配套、自主创新体系、载体体系新优势，推动产业布局由分散向集聚、产业层次由低端向高端、增长动力由要素驱动向创新驱动、发展模式由粗放外延向绿色低碳转变，构建结构优化、技术先进、清洁安全、附加值高、吸纳就业能力强的现代产业发展新体系，实现河南省产业结构高新化、服务化、融合化、绿色化、智能化，为实现中原崛起、河南振兴、富民强省提供坚强支撑。

（二）基本原则

坚持市场主导。遵循市场经济规律，发挥市场配置资源的主导性作用，促进生产要素合理流动和有效配置，发挥政府宏观引导、组织协调、政策激励作用，充分释放市场活力，有效推动产业转型升级。

坚持创新驱动。实施创新驱动发展战略，主动对接"中国制造2025""互联网＋"，大力推进大众创业、万众创新。以科技创新为核心，协调推进技术创新、产品创新、产业组织创新、商业模式创新、管理创新，使创新成为推动转型升级的核心动力。促进经济社会发展由要素驱动向创新驱动转变，从发展的新模式上推进产业转型升级，打造经济发展新引擎。

坚持深化改革。强化改革引领，释放改革红利，坚持问题导向、突出重点、大胆创新，找准全面深化改革的突破口和着力点，持续推进重点领域、关键环节改革，进一步转变政府职能，协调推进简政放权、放管结合、优化服务，加快形成有利于产业转型升级的体制机制。

坚持融合发展。深入推进信息化与工业化融合，推动产业发展向数字化、智能化、网络化、服务化转变，推进生产性服务业和制造业融合发展，强化三次产业融合、产城融合，不断提升产业发展的内涵和效率。

坚持绿色低碳。坚持生态优先，围绕率先建成生态文明先行示范区，强化资源环境倒逼机制，大力发展循环经济和清洁生产，推进节能减排，淘汰落后产能，推动资源利用向节约集约、绿色低碳、环境友好转变，实现有限资源能源价值放大倍增，增强可持续发展能力。

坚持开放合作。用好两个市场、两种资源，把扩大开放作为综合性战略举措，以开放合作调整存量、以承接转移扩大增量，不断拓展开放领域，更高水平参与国际产业链分工，增强产业发展新优势。

（三）演进方向

从河南经济发展的实际出发，推进产业转型升级必须充分认识面临的机遇与挑战，在分析经济发展的比较优势与后发优势的基础上明确产业转型升级的目标与战略，提出产业转型升级的演进方向与总体思路。从演进方向与总体思路上看，主要在于促进产业发展向"创新化、集群化、服务化、绿色化、品牌化"转型，分类促进资源密集型产业、劳动力密集型产业、技术密集型产业和资本密集型转型升级，以及分类促进大中型企业转型发展，着力实施"打造新引擎、培养新平台、拓展新空间、探索新模式、创造新优势"的"五新"战略，把推动产业转型升级落到实处。

从战略层面研究河南产业的结构性变化和转型升级的总体演进方向，以及不同类型产业和企业的演进方向，有以下几个视角。

1. 宏观视角

产业转型升级的演进方向在宏观视角中包括以下几个方面。

（1）向创新化转型。河南产业结构调整必须从资源依赖型发展模式向创新驱动型发展模式演进。资源依赖型发展模式是依靠区域资源尤其是矿产资源的比较优势，通过自然资源开采、简单加工并形成初级产品的经济增长模式。而创新驱动型发展模式经济增长是一种结构性增长，它消除了经济发展中普遍存在的生产要素边际报酬递减、资源稀缺与负外部性等因素的制约，从而为经济持续稳定增长提供了可能。一是创新驱动在推动经济发展的同时，不断减少资源消耗，提高生产效率，有效缓解了资源瓶颈；二是创新驱动通过加快实现比较优势的动态转换，并根据发展阶段和发展水平的提高，通过强化创新，提升产业和产品技术含量与附加价值，构筑新的比较优势和竞争优势；三是创新驱动具有内生经济增长动态适应机制，能够使区域经济结构、发展水平随着国际竞争环境的变化而相应调整，能够适应快速变化的国际科技经济发展态势和竞争格局。

（2）向集群化转型。河南产业转型升级必须走产业集群化发展的路子，助推产业集聚区建设，加快产城融合互动发展的进程。产业集群化是集中于一定区域内特定产业的众多具有分工合作关系的不同规模等级的企业及与其发展有关的各种机构、组织等行为主体，通过纵横交错的网络关系紧密联系在一起的空间聚集体，代表介于市场和等级制之间的一种新的空间经济组织形式。产业集群化的崛起是产业发展适应经济全球化和竞争日益激烈的新趋势，它具有的群体竞争优势和集聚发展的规模效益是其他形式无法比拟的。产业集群化对产业集聚区发展意义重大：一是促进劳动力、信息、技术等各种生产要素的聚集；二是大大节约运输、信息和寻找等交易成本；三是促进创业和增加就业；四是提高区域技术创新能力。向集群化转型，可以有效解决河南产业发展存在的一系列问题，如产业链条不够健全、产品研发协作不够紧密、产品销售网络不够统一等。

（3）向服务化转型。当前，河南已经成为经济大省，但总体上看，河南省经济大而不强，仍然停留在传统生产制造为主体的模式中，处于产业链的中低端。从世界范围内跨国公司的发展经验和发展历程看，制造业和服务业不断融合，制造业服务化是提升制造业核心竞争力的必然趋势。制造业服务化，是指企业将以产品为中心的制造业向服务增值延伸，不再是单一的产品提供者，而是集成服务提供商。加快发展面向生产制造的现代服务业，是推动产业转型升级的内在要求。在现代产业链中，附加值更多体现在两端，即设计和销售环节，处于中间环节的制造附加值较低。将传统制造环节向两端延伸，开展专业服务活动，其根本目的在于提高产品附加值。随着以产品制造为中心的制造业向服务增值延伸，制造业的结构也从以产品为中心迈向以提供产品和增值服务为中心，这是制造业走向高级化的重要标志。制造业服务化转型的两种基本模式为核心技术服务化和主营业务多元化。

（4）向绿色化转型。"五大发展理念"强调处理好经济发展与人口、资源、环境之间的关系，降低资源消耗，减少环境污染，从而大大增强可持续发展能力和经济发展的后劲。河南产业发展向绿色化转型，是解决河南产业长期存在的生产方式粗放、低效高耗问题的有效途径，也是缓解目前节能减排、淘汰落后产能巨大压力的需要。大力发展绿色经济，可以化解能源资源的瓶颈制约，实现保护环境、应对气候变化与促进长远发展的良性互动，是创新发展方式的重要内容和重要举措，是世界经济可持续发展的前进方向。推进绿色经济发展需要对传统发展方式进行根本性的变革，创建新的生态文明和商业文明。要围绕设计开发生态化、生产过程清洁化、资源利用高效化、环境影响最小化，大力推进节能降耗、减排治污、清洁生产，发展循环经济和再制造产业，积极推广低碳技术，加快淘汰落后产能，构建资源节约、环境友好、本质安全型产业体系。

（5）向品牌化转型。产业转型升级的主要标志是产业体系的主要产品成为国际和国内知名品牌。河南能否在国内乃至国际市场上形成几个知名品牌，是河南产业转型升级成功与否的最终标志。要着力抓好品种开发、质量提升、品牌创建和服务改善，引领和创造市场需求，加强自主品牌培育，加强工业产品质量安全保障，不断提高工业产品附加值和核心竞争力。鼓励优势主导产业企业积极争创名牌产品，培育一批拥有自主知识产权、核心技术和市场竞争力强的知名品牌。加大扶优扶强力度，鼓励各级政府优先采购省内名牌产品。加强对自主品牌的保护和宣传，增强企业和全社会保护自主知名品牌的责任与意识。

2. 产业视角

产业转型升级的演进方向在产业视角中包括以下几个方面。

（1）以制造业智能化和服务化为重点，着力建设先进制造业强省。河南省十次党代会提出新型工业化是经济社会发展的主导力量，要加快建设先进制造业强省，这是遵循经济规律、客观判断形势做出的科学决策。河南省推动实施"中国制造2025河南行动"，坚持做大总量和调优结构并重、改造提升传统产业和积极培育战略性新兴产业并举，推动互联网、大数据、人工智能和制造业深度融合，促进制造业向智能化、绿色化、服务化、共享化转型升级，推动河南制造向河南创造、河南速度向河南质量、河南产品向河南品牌转变，提升新型工业化水平。

聚焦重点领域，以发挥特色优势、实现局部突破为重点推动高端装备制造业升级发展；以龙头企业带动、集群配套为抓手促进电子信息产业加快发展；以绿色安全、知名品牌为引领推动食品加工业增加创新优势；以新能源汽车产业化、汽车整车制造为重点推动汽车工业跨越发展；以加强技术创新、加快质量升级、促进产业集聚为重点推动生物医药产业加速发展；以技术突破、应用推广为重点推动节能环保产业加快发展；以产品提质升级为导向促进消费品工业提速发展；以延链补链、降本增效、化解过剩产能为主攻方向推进能源原材料工业转型发展，培育壮大"百千万"亿级优势产业集群。引导企业推进技术改造，着力增品种、提品质、创品牌，增强制造业整体素质；以工业互联网与消费互联网融合为重点，促进从卖产品向卖"产品＋服务"升级，实现制造业服务化转型。

（2）以生产性服务业为重点，着力建设现代服务业强省。河南省着眼提升四化同步发展水平，大力发展现代服务业，是顺应产业演进规律、培育新的增长点和长远竞争力的必然选择。河南省坚持重点突破带动全局，推动生产性服务业向专业化转变、向价值链高端延伸，推动生活性服务业精细化、品质化发展，促进服务业比重提高、水平提升。突出发展现代物流，健全多层次大物流体系，培育壮大区域性物流中心，做强冷链等优势专业物流，发展"互联网＋"高效物流，促进人流、物流、信息流、资金流集聚。

突出发展现代金融，大力实施"引金入豫"工程，做大做强"金融豫军"，加快银行、证券、保险、期货、信托、租赁等各类金融业发展，推动金融组织创新、产品和服务模式创新，积极发展普惠金融、绿色金融、科技金融等新兴业态，支持企业境内外上市、挂牌、发行债券，优化金融生态环境。突出发展旅游业，推进全域旅游，打造一批旅游名城和精品旅游带，建设国际知名旅游目的地和全国重要的旅游集散中心。推动商贸、餐饮等传统服务业提升水平，大力发展健康服务、养老服务、家庭服务，加快发展研发设计、商务服务、信息技术服务、服务外包、通用航空等产业，积极发展教育、医疗、文化、体育等服务业。

（3）以农业供给侧结构性改革为主线，着力建设现代农业强省。河南作为全国粮食生产核心区，认真贯彻落实《关于加快推进农业供给侧结构性改革大力发展粮食产业经济的意见》（国办发〔2017〕78号），大力推进农业供给侧结构性改革，稳定提高粮食综合生产能力和可持续发展能力，推动粮经饲统筹、农林牧渔结合、种养加一体、一二三产业融合发展，构建种植业、畜牧业、林业、复合型经济循环四大生物资源产业链，推进生物资源与终端消费品循环链接，发展工农复合型循环经济。促进农业布局区域化、经营规模化、生产标准化、发展产业化，提高农业综合效益、农产品市场竞争力和农民收入，加快农业现代化进程。

坚持以稳粮增收、提质增效为核心，以集约高效绿色可持续为方向，推进粮食生产核心区建设，落实藏粮于地、藏粮于技战略，大力实施高标准粮田"百千万"建设提升工程，加强农田水利建设，提高机械化、科技化水平，突出发展优质小麦，促进粮食绿色高产高效，承担好保障国家粮食安全的政治责任。以农产品精深加工为牵引，带动优质花生、优质草畜、优质林果等种养业发展，提升壮大现代粮油产业、现代畜牧业、特色农业，大力培育农业产业化龙头企业，打造一批全链条、全循环、高质量、高效益的农业产业化集群。发展都市生态农业，建成一批都市生态农业连片示范区。加快构建新型农业经营体系，壮大新型农业经营主体和新型职业农民队伍，发展多种形式适度规模经营，加强农产品流通设施和市场建设，更好地发挥"互联网＋"现代农业的辐射带动作用。

（4）以现代互联网产业体系构建为基础，着力建设网络经济强省。河南建设网络经济大省，既是对国家网络强国战略的积极回应，又是立足于自身发展战略优势的一种历史选择。信息化对工业化、城镇化、农业现代化具有渗透和提升作用，网络经济是信息化催生的新经济形态，最具潜力、最具爆发力、最具成长性。河南全面推进互联网、大数据、人工智能与经济社会深度融合，打造特色明显、优势突出的网络经济区域，在中高端消费、创新引领、绿色低碳、共享经济、现代供应链、人力资本服务等领域形成产业发展新动能。以实施"互联网＋"行动为着力点，加快互联网在制造业、服务业、能源等领域的应用，推动形成现代互联网产业体系。同时结合众创模式不断推动各种新产品、新业态的培育发展，为"大众创业，万众创新"提供肥沃的土壤。

实施"互联网＋"行动，加快互联网在制造业、服务业、能源等领域的应用，推动互联网医疗、互联网教育、线上线下结合等新兴业态快速发展，培育发展分享经济、体验经济，促进产业变革和商业、服务、管理等模式创新。推动电子商务大发展，积极引进和培育龙头电商，完善电子商务服务生态链，全面推进电子商务进农村、进社区、进企业。实施大数据发展战略，推进国家大数据综合试验区建设，推动数据资源开放共享和开发应用，深化云计算在重点领域的运用，打造全国重要的区域性数据中心。加快国家物联网应用重大示范工程试点省建设，推进物联网技术研发和产业化，培育竞争力强的物联网产业基地和集群。提升扩容郑州国家级互联网骨干直联点，加快"宽带中原"建设和下一代互联网大规模商用，推进"全光网"河南全面升级，构建高效泛在的信息网络系统。完善网络安全保障体系，提高信息安全保障水平。

3. 企业视角

产业结转型升级的演进方向在企业视角中包括以下几个方面。

（1）大型龙头企业。一是要向解决方案提供商转型，把中间环节外包，带动中小企业发展，形成产业分工网络；二是要依靠技术创新和管理创新，抢占行业技术制高点，创造全国和全球最先进的生产经营管理模式，培育和打造国家级甚至世界级优秀企业，发展具有国际竞争力的大企业大集团。

（2）中型企业。一要加大研发投入，与龙头企业共同研发，向高端攀升，由单机销售向模块化供货转型；二要加快企业服务体系建设，促进"专精特新"型中型企业发展；三要加强管理和企业家队伍建设，着力提升中型企业经营管理质量。

（3）小微企业。以自身优势嵌入产业链，提高专业化水平和工艺水平，成为各行各业的"隐形冠军"。在经济全球化背景下，一个产品的生产分工体系中经常涉及许多合作厂商，甚至形成了世界制造的格局。一个企业，尤其是对于小微企业而言，只要能在分工体系中稳固地占据一个或数个环节，就可以成为行业的佼佼者。鼓励小微企业与大中型企业建立稳定的协作关系，形成较强的生产配套能力。在小微企业集聚的区域和行业建立、充实和完善公共服务平台。

第五节 河南省产业转型升级的路径探索

产业结构调整要立足于河南省情，包括人口多尤其是农村人口多、劳动力资源丰富、全国粮食大省尤其是夏粮产量占全国的 1/4、承东启西连南贯北的中部区位、中华文明的重要发源地以及能源资源型产业占的比重大和经济总量大，人均水平低、经济社会并不发达的现实基础；要顺应国际国内经济社会发展的大势来谋划产业结构的调整，密切关注发达国家向实体经济的复归趋势、国际上新兴产业的发展走向、国内产业转移的趋势和区域之间的竞争，用更宽广的视野拓展产业结构调整的空间。

一、创新驱动，促进传统产业转型升级

（一）统筹协调助推传统产业链条化与集群化

传统产业的发展有赖于一个科学、合理、集约发展的产业链条，需要产业链条的下游、上游合理发展，既要让下游企业助力上游企业，又要将着力点放在发展上游企业上，同时协调推进相关的服务产业的配套设施建设，构建一个结构合

理、流通顺畅、功能分明的现代产业体系。要着力推进传统产业发展的结构化创新，由分散的中小企业、块状经济转向以大企业、大集团为龙头的分工协作联合体，逐步形成工业化、市场化、城市化联动提升型的产业集群。

（二）科技驱动助力产品的高端化与产业结构的合理化

当前，衡量一个地区是否在产业链条中处于高端位置的关键要素在于是否具有较强的科技创新能力，以及是否具有高附加值和高品牌效应的高端产品。因此，一方面要注重产业的转型升级，努力向产业链高端迈进；另一方面要注重培养行业主导以及自主创新能力强的技术品牌。这就要求在经济结构调整的过程中，推进科技进步与创新及其成果产业化的进度。

（三）优化产业结构布局，形成产业园区的特色化

传统产业转型升级应构建就地转型为主的模式。对于传统产业中的众多优势企业和潜力企业，应通过技术改造、培育品牌，实现就地转型升级，逐渐培育成高新技术企业或提升竞争力。另外，产业园区是产业发展的主要载体，是推进新型工业化的核心动力和关键抓手，是区域经济发展的主要增长极。产业园区的发展切忌大而散，应当从重视数量转到重视质量的方向上来，坚持发展特色产业园区，形成具有竞争力和聚集力的产业园区。

（四）注重生态保护，建构集约、绿色低碳以及可持续发展模式

应当注意在传统产业中鼓励发展绿色、低碳类的产业，开发和应用节能降耗技术与设备。淘汰高耗能、高污染、破坏环境的企业，积极探索环境保护与经济发展之间的新模式。积极发展绿色、低碳、循环经济，围绕核心的地方资源发展相关产业，努力实现资源在企业内部的循环利用和企业之间的协调发展，积极促进企业内环保系统的转型升级，不断提升资源的综合利用及可持续利用的效率。用绿色、低碳型经济发展理念指导传统产业转移和原有工业园区的改造，形成有利于建设资源节约型、环境友好型社会的产业结构、生产方式、生活方式和空间格局。

（五）创新驱动传统产业向战略性新兴产业升级

传统产业转型升级的最终方向仍然需要向技术和知识密集型的战略性新兴产业发展，但向战略性新兴产业升级并不是摒弃传统产业，而是在传统产业的基础上"嫁接"或"孕育"新兴产业，或者通过两者的融合、协调发展来实现。需要合理利用传统企业现有平台、市场、网络等资源优势来发展战略性新兴产业。加快传统产业组织创新、制度创新、管理创新，建立与战略性新兴产业协调发展的

外部环境。从组织上积极探索适合现代企业发展模式的管理机构和运作团队；从制度上积极探索规范化的现代公司治理机构；从管理上积极激发员工的创新能力，营造良好的企业文化。通过相关的产业政策、科技政策、金融政策及土地政策等保障传统产业向战略性新兴产业转移的力度，不断加强传统产业与战略性新兴产业的统筹规划和衔接，制定远景规划和发展模式，逐步形成集群内企业间上下游联系紧密、相互依存的发展模式，探索和掌握战略性新兴产业的运作模式与发展规律。

二、培育新动能，形成产业竞争新优势

坚持协调发展，关键是要弥补经济社会发展中的短板，而产业发展是经济社会协调发展的重要支撑，弥补产业短板对于河南省实现协调可持续发展具有重要意义。河南省产业发展中存在的创新能力不足、结构不优、竞争力不强、高层次人才短缺等突出矛盾和问题已成为产业升级的主要短板。加快补齐产业短板，是河南省促进经济社会协调发展的关键，也是深化供给侧结构性改革的核心内容，重点要从以下几个方面入手。

（一）以创新重构产业发展新动能

创新是产业转型升级的"发动机"。近年来，河南省科技创新能力持续增强，郑洛新国家自主创新示范区上升为国家战略，国家级研发中心数量实现翻一番，但河南省创新能力和投入水平在全国仍位于中后列。2015年，河南省R&D投入占生产总值比重仅为1.2%，不仅低于江苏、山东等发达省份，还低于湖北、安徽、湖南、山西等中部省份。因此，加大创新投入、补齐产业创新短板、培育新的发展动能至关重要。

一是大力推动重点领域技术创新。在河南省具有技术的产业领域，如高端装备制造、电子信息、汽车等产业，通过原始创新、材料创新、集成创新，保持持续的领先能力；在劳动密集型产业领域，如食品、现代家居、服装服饰等产业，逐步改变过去依靠低成本的竞争战略，通过品牌和营销创新，推动产业从中低端向中高端转化；在新能源汽车、先进材料、航空航天、先进机器人、生物医药等一些新兴产业领域，紧跟国内外前沿技术，加大研发投入，形成新优势。

二是加强产业协同创新。依托郑州航空港区、郑洛新国家自主创新示范区、产业集聚区等载体，建设一批新型研发机构、孵化器、科技园区等平台，构建政、产、学、研、金等多部门参与的产业协同创新联盟，支持企业大力开发引领市场需求的标志性重大产品，重塑河南产业竞争力。

三是推动服务和管理流程创新。随着现代信息技术、大数据和"互联网+"的发展，互联网企业可以通过虚拟网络在全球范围内配置资源，将研发、设计、

采购、生产、销售、物流和售后服务高效连接,彻底改变或颠覆传统制造业的生产流程。因此,未来制造业的竞争越来越取决于龙头企业对整个产业链的掌控能力。应大力推动大数据和"互联网+"在制造业的深度应用,发展基于互联网的个性化定制、众包设计、云制造等新型制造模式,加快开展物联网技术研发和应用示范,实现由单一生产向研发、设计、生产、营销、物流、售后等一体化服务转变。

(二)以品牌培育铸造产业发展软实力

建立品牌是企业可持续发展的必然选择。2016年,河南省企业品牌意识不断增强,国家驰名商标、著名商标等数量持续增加,累计培育中国质量奖提名奖5个,培育认定驰名商标200件,国家地理标志保护产品56个。但与浙江、江苏、广东等发达省份相比,河南省品牌培育能力远远不足,应借鉴浙江等省的做法,大力实施"名品""名企""名家"培育工程,打造产业升级版。

一是实施"名品"培育工程。推动产业强省与质量强省双轮驱动、同步推进,重点在电子信息、服装服饰、食品、现代家居、文化旅游、健康养老等消费品和服务业领域,加快推进供给侧结构性改革,发展一批符合市场需求的高端产品,打造一批品牌"航母舰队",开展"护航品牌"行动,建设品牌强省。

二是实施"名企"培育工程。鼓励河南省龙头企业在城市新区、航空港区、自主创新示范区等地发展总部型经济,支持企业把研发和营销扎根本地,到省外、境外创建子公司和生产基地,拓展市场。积极引进世界500强的区域总部和中国500强等国内外知名企业的总部。支持龙头企业实施兼并重组,通过收购国内外相关制造企业、研发机构、品牌营销网络等手段,实现做大做强,形成一批跨国公司。

三是实施"名家"培育工程。企业家精神的核心是创新,是经济学家所说的"创造性破坏"。企业家作为中国企业最稀缺和最宝贵的人力资源,是市场经济中最活跃的因子,是创新的主体。企业家精神作为与市场经济相适应的一种宝贵资源和生产要素,是创新的原动力,是新实体经济时代最重要的供给因素,是推动经济发展、创造社会财富的重要驱动力。无论是传统产业转型升级还是培育新的增长点,都需要依赖一大批具有创新精神和能力的企业家。要激发和保护企业家精神,厚植企业家成长和发展的基础,鼓励更多社会主体投身创新创业,加快培育熟悉国际国内市场、精通现代企业管理、具有创新精神和创业能力、积极承担社会责任的知名企业家队伍。

(三)以产业融合促进新业态、新模式发展

盈利是产业或企业持续发展的重要基础。近年来,受国内外有效需求不足、

去产能等因素影响,河南省多数产业尤其是工业盈利水平持续走低,而智能装备、电子商务、云计算、大数据、健康养生等新型业态逆势上涨,保持了良好的盈利水平。2016 年,全省规模以上工业企业主营业务收入利润率 6.7%,尽管扭转了下降局面,但仍保持较低盈利水平。为提升新常态下河南省企业盈利水平,急需发展新业态、新模式,培育新的盈利点。

一是推动产业融合创新发展。在服务业领域,推动"互联网+"在物流、商业、金融、农村电子商务等领域的应用,培育新兴服务业态。在农业领域,加快应用现代信息技术改造提升传统农业,推动物联网技术的应用,发展智慧农业。因地制宜,在符合条件的地区,大力发展"文化+""旅游+""农业+"等多种混合业态,加快推进"文创+科技""互联网+创意""创意+旅游+时尚""创意+设计制造关联产业"等发展模式创新,培育一批特色小镇和创意产业园区。

二是大力发展基于电子商务的新型商业模式。支持企业积极创新营销模式,引导企业发展在线维护、连锁销售、特许经营、现代物流、电子商务服务、工业旅游、楼宇经济、专业化的总集成总承包和管理服务等新型模式,增加盈利空间。

(四)以投融资机制创新促进资本与实体产业融合

投资对于河南省经济发展的拉动作用十分重要。产业领域是民间投资的重点领域,其中 50%左右是制造业投资。

一是建立多元化、市场化、基金化的产业资本投资投入机制。发挥政府投资的"种子资源"作用,引导设立更多产业发展基金,撬动更多的社会资源加大对战略性新兴产业、现代农业和现代服务业的投入。充分发挥河南省中原科创风险投资基金、科技成果转化引导基金、中小企业发展基金等基金作用,建立"中小微企业池"和"项目库",加大对中小微企业发展的金融扶持。

二是构建"科技+产业+金融"联动机制。发挥政府为科研院所、民营企业和金融机构合作"搭桥牵线"的作用,借鉴福建、浙江等省的做法,建设一批"科技银行",推动科技创新、金融和产业的有效对接。

三是保障和支持实体产业资本投入。通过政策倾斜、资金扶持、税费减免、土地优先供应等措施,引导民间资本进入实体产业领域,让这些领域具有与虚拟产业竞争的条件和回报,切实保护投资者利益,在制度上给实体产业新的定位、新的发展空间、新的投融资渠道,为投机性强的虚拟经济降温。

（五）以人才资源提升夯实产业智力支撑

人才资源是支撑经济和产业发展的第一资源。近年来，河南省高度重视产业人才队伍建设，人才数量和质量大幅提升，但与"北上广深"以及沿海发达省份相比，河南省产业人才队伍呈现出总量与人口基数不匹配、结构性短缺尤其是高层次人才、产业领军人才和创新创业人才严重不足等突出问题。例如，"两院院士"、国家"千人计划"专家、国家杰出青年科学基金获得者仅占全国总数的1.42%、0.31%、0.38%。因此，要紧紧围绕"四个强省"建设，加大人才引进培养力度，为产业转型升级提供智力支撑。

一是大力引进拥有科技成果的产业领军人才和团队。突出"高精尖缺"导向，围绕河南省重点发展的高端装备制造、新能源及新能源汽车、新材料、新一代信息技术、生物医药等战略性新兴产业以及优势支撑产业，引进站在科技前沿和产业高端、拥有自主创新成果的产业领军人才及团队。

二是加快培养创新创业型的高技能人才。以创新创业为导向，加快发展一批创业型高校、高端新型研发机构，完善产学研结合的协同育人模式，支持企业与高校、科研院所联合培养重点产业领军人才。发挥河南省人力资源大省优势，加强产业领域技师、高级技师培养，造就一批"大国工匠"。

三是着力汇聚和利用各方人才资源。鼓励河南省企业采取智力众筹、兼职挂职、技术咨询、项目合作、周末教授等多种方式，柔性汇聚国内外人才智力资源。同时支持龙头企业"走出去"，在国内外建立研发中心、孵化器等，吸引使用当地优秀人才。同时，抓紧中央深化人才体制机制改革机遇，着力为人才"松绑"，使人才"名利双收"，激发创新创业活力动力。

三、培育新平台，找到新的支撑载体

按照"在全国找坐标"的高要求、高标准谋划建成一批以企业为主体的研发中心和创新联盟，培养引领区域经济发展的创新平台；谋划建成一批优势明显的特色产业基地，培养支撑区域经济发展的产业平台；谋划建成一批核心竞争力强的龙头企业，培养带领区域经济发展的企业平台；谋划建成一批专业化公共服务平台，形成推动区域经济发展的服务平台。

——创新平台。加快建成一批以企业为主体的研发中心和创新联盟，引领区域经济发展。整合省内外技术创新资源，依托各行业骨干企业，支持建设一批国家、国家地方联合及省级工程（技术）研究中心、重点实验室、工程试验室等，打造企业创新平台。依托制造业基础，建立一批企业、科研院所和高校共同参与的产业创新联盟，促进创新资源的集聚与共享，形成行业公共研发平台。围绕科技创新产业基地建设，打造一批科研成果转化平台和科技集成创新平台，使之成

为河南国家级、省级高新区发展的重要支撑。

——产业平台。加快建成一批优势明显的特色产业基地,支撑区域经济发展。根据区域资源禀赋、产业基础、要素成本的比较优势,按照"特色主导、错位发展、分工合作、网络支撑、彰显优势"的思路,进一步明确区域的主导产业定位,推动同类和关联企业、项目向相关产业集聚区集聚,加快引进产业层次高、带动力强的龙头型、基地型项目,引进、培育、壮大优势骨干企业,带动相关配套企业发展,引导大中小企业发展现代产业分工合作网络,推进传统优势产业高端化发展,围绕电子信息、生物医药、绿色电池、光伏等培育一批新兴产业集群,建成一批功能定位明晰、分工布局合理、竞争优势突出的特色产业基地。

——企业平台。加快建成一批核心竞争力强的龙头企业,带领区域经济发展。在重要行业和关键领域培育壮大一批具有核心竞争力与可持续发展能力,关联度高、辐射力大、带动力强的"龙头型"企业和"蜂王型"企业,使之成为区域性、全国性、世界性的知名企业。支持有条件的大企业把握时机,根据自身发展战略开展对域外企业的参股、控股和收购,拓展企业发展空间。强化龙头企业的辐射带动力,围绕打造全产业链,鼓励龙头企业通过并购、转让、联合重组、控股等多种方式,依赖核心技术、品牌优势等聚集更多的中小企业,实现区域内资源和产业链整合。积极引导大型龙头企业致力于发展核心环节,向中小企业延伸产业链和资本链,为配套或协作中小企业提供设计、技术、管理、市场等各种形式的援助和支持,带动中小企业提高专业化配套能力,做大产业分工合作网络,进一步增强龙头企业在推动产业转型升级中的带动作用。

——服务平台。加快建成一批专业化公共服务平台,推动区域经济发展。用于解决企业特别是中小企业缺乏专业技术人才、资金短缺、研发能力弱等共性问题,服务于区域经济发展。按照政府主导、企业共建模式,建设一批信息服务、投资咨询、融资服务、对外交流、技术创新、知识产权、创业指导、人员培训、电子商务、检验检测、运行监控、政务服务等专业化公共服务平台,为企业提供全方位服务。

四、探索新模式,培育新的产业发展优势

随着资源环境约束的加大,过度依赖资源消耗与低成本要素投入、过度依赖投资拉动与产能扩张的状况已经难以为继,河南要摆脱区域经济发展对要素投入和规模扩张的过度依赖,必须推动产业发展从投资驱动的模式向创新驱动模式转变,在创新模式上从引进模仿模式向自主发展模式转变,政府和企业都要积极探索基于创新驱动的产业发展新模式。

（一）从基于投资的产业发展模式向基于创新的产业发展模式转变

长期以来，河南经济高速增长靠的主要是以投资和规模扩张为主的传统发展模式，这种传统产业发展模式建立在经济高速增长的基础上，市场需求稳定，企业只要通过扩大投资做大规模就能生存发展。而现在经济发展进入一个各行业都产能过剩的阶段，消费结构升级与产品更新换代非常快，企业一定要有抓住每一次产业升级机会的能力，这种能力建立在创新、新产品开发的基础上，就是一种基于创新驱动的产业发展新模式。从基于投资的产业发展模式向基于创新的产业发展模式转变，要求企业把精力从注重投资转移到注重创新上，大胆引入高级技术创新人才，着力培育技术管理骨干，自主研发新技术，全面提升企业综合素质及科技含量，大力提升知识、人才、管理在产品与服务中的贡献值，实现由制造向智造转变。这种发展模式也要求地方政府在培育壮大创新型企业、推进产学研合作、造就创新型人才、建设区域创新体系等方面实现突破，更加关注企业的研发投入力度和新产品开发能力等，激励企业寻求技术新趋势与本地优势资源的结合点，尤其在目前经济困难时期要采取稳健的投资策略，重视培育和储备新技术、新产品项目，为未来工业发展营造新机遇、新动力。

（二）从引进模仿模式向自主发展模式转变

引进技术和模仿创新仍然是目前河南企业技术进步普遍采用的行为，具有速度快、低风险的特点，缺点是与跨国公司一直存在技术差距，利润空间有限。对企业来说，引进技术和模仿创新是企业技术发展的一个必经阶段，随着企业的发展壮大，企业应适时转换创新模式，提高创新的质量和水平，根据企业规模、实力和发展的要求，选择自主创新、联合创新、原始创新等适当的自主发展模式，打造核心竞争力，把握发展的主动权。

五、激发潜能，提升全要素生产率和自主创新能力

熊彼特认为，所谓创新，就是要"建立一种新的生产函数"，即"生产要素的重新组合"，企业家的职能就是把生产要素和生产条件的新组合不断引进企业的生产体系，最大限度地获得潜在的利润。河南要充分发挥资源、劳动力、文化、基础设施等要素优势，激励企业家把握全球新一轮产业创新趋势，积极开发新产品、采用新工艺、研发新技术、引入新要素、开辟新市场、构筑新渠道、构建新组织等，通过自主创新推动各生产要素的合理配置和重新组合，获得创新利润。因此，全要素生产率的增长和自主创新能力的培育是产业转型升级的重点。河南要加快创新智造，培育自主创新能力，推动技术进步更上一个台阶，积极推动企业管理改革，加快企业技术革新，调整企业规模与布局，使技术进步和技术效率双轮驱

动，共同带动全要素生产率的增长，从而推动经济增长，实现经济的又好又快发展。第一，要以郑洛新国家自主创新示范区为平台，加快创新要素聚集，培育自主创新能力。第二，要高水平利用外资，在吸收外资中要注重对先进技术和管理经验的吸收，实现由模仿到自主创新的转变。因而战略选择应是采取必要的政府干预。在模仿性技术创新方面，干预的基点着重于对引进技术的消化、吸收；在原发性技术创新方面，干预的基点着重于集中优势资源在核心技术研发上。第三，要改善出口结构，推动河南"中国制造 2025"，解除外贸产品的低端锁定，提升"河南制造"在全球产业链中的地位。第四，要大力推动大众创业、万众创新，营造创新创业氛围，推动社会整体形成创造活力。第五，要将注重知识产权的保护与推动创新扩散相结合，既能提升创新人员的创造积极性，又能促进社会的进步，因而建立健全的知识产权保护机制和创新激励机制尤为关键。

第七章　河南省创新驱动产业转型升级实践：食品产业

随着全球经济社会格局的持续变革，科学技术的创新引领和学科之间的交叉融合，食品产业科技创新正迎来一个难得的战略机遇期。当前，人们生活方式、饮食习惯、营养与健康保障正发生重大调整，食品产业链正处于全面形成阶段，食品产业技术体系正面临全球化布局。河南省作为我国重要的农业大省、粮食大省和人口大省，加快食品产业科技创新，是保障食品产业转型升级和健康持续发展的科技支撑。

第一节　食品产业创新发展的新特点与趋势

食品产业是世界第一大产业，既是各国传统产业，又是永恒的朝阳产业。随着信息技术、生物技术等高新技术的发展，发达国家食品工业已经完成农产品初级加工向食品深度加工的转型，进入稳步发展阶段。把握现代食品工业发展的趋势，对把握河南食品产业和科技创新发展的方向、实现发展方式转变具有重要借鉴意义。

一、注重安全性、营养化、功能性食品的开发

进入21世纪以来，营养与健康技术、酶工程、发酵工程等高新技术的突破，催生了传统食品工业化、新型保健与功能性食品产业、新资源食品产业等新业态的不断涌现，人们对食品的需求已经由单纯量的追求转向对质的注重。发达国家适应消费者安全、营养、方便的需求变化，加强了安全性、营养化、功能性食品的开发，优化了食品品种结构。一是注重食品加工过程中的研发的创新，研发投资比例高，技术革新快，平均每年花在产品研发上的经费占到销售额6%以上。日本食品公司在投入食品科研方面的费用高达其周转额的30%，美国卡夫食品在全球的产品研发中心就有6个、每年新产品科研投入达到了销售额15%。与此同时，发达国家政府鼓励食品研发投资，并实行税收优惠政策。二是注重产品品种的创新，方便、健康和多样化的产品大量涌现。美国、加拿大等国的食品加工引入不同民族风味的食品加工，同时也积极推出便捷食品，如"保鲜餐""全餐配备""速配餐""即食汤"等，以及一些健康食品，如低脂、低盐、低糖食物、瘦身特

餐等。另外，国外食品企业抓住了保健（功能）食品市场需求趋势，针对不同人群、不同生理条件的不同营养与健康需求，进行配方设计，开发出适合不同人群、不同生理需求的产品，使产品销售量大增。三是注重食品包装的创新。好的包装不仅可以保护食品的安全与质量，还能成为一种市场营销手段。食品包装的创新与产品品种的创新一样备受发达国家食品企业的关注，已经成为食品市场新的利润增长点。

二、注重食品机械工业与食品工业同步发展

没有先进的食品机械产品就没有现代化的食品工业，食品加工业的核心竞争力在很大程度上依赖先进的科学技术和精良的加工机械设备。总的来看，发达国家在发展食品机械工业上主要采取的措施有：①提高科研水准，加大科研投入，将产品创新与食品机械的开发联系起来。②注重食品机械产品的质量，将一切影响产品质量和生产效率的因素排除在外。③注重食品机械产品的标准化生产，开发配套的食品加工机械。发达国家高度发达的食品加工机械部门，不断运用新技术、新工艺、新材料，间接实现了先进技术在食品加工领域的应用。食品加工机械产品品种齐全，机械化、自动化程度很高，不仅使企业的生产效率大大提高，改善了劳动条件，迅速降低了劳动成本，而且保证产品质量稳定和产品标准化、系列化。

三、注重食品加工企业的自主品牌建设

国外食品围绕核心品牌，建立健全品牌体系，增强对消费者的吸引力。其主要的措施就是通过品牌延伸方式来拓展品牌范围，向消费者提供同一品牌多种不同功用和形象的产品，如卡夫食品旗下有很多子品牌，满足了不同群体的口味需求。品牌与商标已经从最初所赋予的识别功能和促销功能向信息传递功能、价值功能、形象功能的综合功能转变，可口可乐、肯德基、麦当劳、必胜客、德克士、卡夫、雀巢、立顿等，这些品牌都已经产生了巨大的无形价值，为企业创造了非常大的利润空间。

四、注重原材料采购与食品销售网络的优化

网络营销已经成为趋势，发达国家的许多食品加工企业利用互联网技术来提高购买效率，节约物流成本。例如，一个由美国50家著名食品公司组成的"TRANSORA"网络市场（企业间的网上交易市场），其联合采购能力为4000亿美元。这个网络除了用来采购原料外，还能用来监控库存和管理工厂，很大程度上节省了企业开支。发达国家完善的互联网络深入到每一个家庭，食品销售网上交易的数量不断增加，控制了原材料和销售终端，也就控制了整个食品产业链。

国内一些食品企业也进行了积极探索，上海烟糖集团确立了"上控资源、中控物流、下控网络"的战略思想，以资源和网络为基础、物流配送和电子商务为手段，大大提高了食品的销售量，并且通过网络对食品品牌进行宣传，提升了产品的品牌价值。

五、注重加强企业之间的联合与协作

企业联合是食品企业扩大规模、提高集中度的有利方式，发达国家实现生产集中主要是通过联合和并购的方式，主要有纵向联合、横向联合和异质合并三种模式。纵向联合最成功的例子是美国的鸡肉饲养、加工、销售、饲料供应一条龙模式，这种农工商一体化模式既有松散的合同形式，也有紧密的以产权为纽带的联合体，可以解决原料的稳定供给问题，有利于原料基地的形成，并节省交易费用，对农民而言，可以解决农产品销路的问题，从而避免市场价格风险。横向联合是食品厂商扩大市场占有率、增强市场竞争力的一种有效手段。而异质合并则是跨行业的资本集中行为，是谋求多元化经营和分散风险的重要手段。发达国家食品工业企业数目减少的现象，早在几十年前就已经发生，并成为世界性趋势。食品工业企业内的大部分制造加工能力都是过剩的。通过并购，一是可以利用目标企业原有的销售渠道较快地进入国内外市场，不必经过艰难的市场开拓阶段。二是通过跨行业的并购活动，可以迅速扩大经营范围和经营地点，增加经营方式，促进产品多样化和生产规模的扩大。三是可以利用目标企业现有的设备、技术人员和熟练工人，获得目标企业技术、专利和商标等无形资产，同时还可以大大缩短项目的建设周期。四是可以减少市场的竞争对象。通过生产集中，跨国公司的规模进一步扩大，国际竞争力日益加强，实现了规模经济，同时生产的集中对科技进步具有拉动作用。

六、工业 4.0 时代促进食品产业向集成化、智能化、高端化发展

工业 4.0 时代的到来与电子商务的发展，促进食品产业向集成化、智能化、高端化发展，满足个性化定制需求的智能化食品加工与包装设备需求将会增加。特别是新一代信息技术、大数据、互联网、智能制造技术与食品制造业的深度融合，对食品产业产生巨大冲击，将促进传统模式、组织方式和产业形态的深刻变革；网络众包、协同设计、大规模个性化定制、精准供应链管理、全生命周期管理、电子商务等正在重塑食品产业价值链体系，改变传统食品制造业盈利模式。

七、高新技术应用加速，食品工业不断涌现新业态

食品科学是高度综合的应用性学科，其他科学领域的重大科技成果都会直接或间接带动食品工业的技术创新。信息技术、生物技术、纳米技术、新工艺新材

料等高新技术的迅速发展,与食品科技交叉融合,不断转化为食品生产新技术,如物联网技术、生物催化、生物转化等技术已开始应用于从食品原料生产、加工到消费的各个环节。

第二节 河南省食品产业创新驱动发展面临的机遇和挑战

一、发展机遇

(一)经济增长速度放缓,食品产业应对挑战需要科技创新

目前,国际国内经济发展速度减缓,钢铁、水泥、房地产等行业受到较大的冲击。与其他行业相比,食品是生活必需品,消费弹性较小,即使在经济低迷的情况下,人们还是必须消费食品而减少对其他商品的消费。因此,食品产业具有明显的防御性特征,受经济波动的影响较小,属于在经济回落周期中增速稳定的行业,企业的收入和利润水平在宏观经济的各个时期中不会存在很大波动,有利于投资稳定增长。

目前,国情和省情与世界经济一样处于中低速增长、结构调整和体制重建时期,作为传统食品产业只有更大限度地依靠自主创新的科技支撑,才能实现可持续发展。世界主要发达国家围绕食品生物技术、智能装备等核心共性技术创新的竞争加剧,以科技创新带动产业发展,将创新资源向产业链端积聚,进而抢占先机,占领产业发展的制高点,已经成为发展食品产业的战略选择。

(二)消费需求刚性增长,市场空间持续扩大

随着人口增长、国民收入水平提高和城镇化深入推进,"十三五"时期,城乡居民对食品消费需求将继续保持较快增长的趋势。随着我国进入中高收入阶层的人口越来越多,城乡居民对食品的消费大体经历了三个层次:①民以食为天——刚性需求——吃得饱;②生活水平提高——结构需求——吃得好;③健康长寿——功能需求——吃得安全又健康。食品消费正从生存型消费加速向健康型、享受型消费转变,从"吃饱、吃好"向"吃得安全、吃得健康"转变,食品消费将进一步多样化,市场空间持续扩大,继续推动食品消费总量持续增长。

经济发展阶段转型带来市场机遇。据国际货币基金组织统计,发达国家消费支出占 GDP 的比例平均为 80%,发展中国家平均为 74%,而中国目前约为 57%,中国仍处于"投资型经济"向"消费型经济"的转变过程中。在此过程中,社会有效需求得到释放,食品作为居民消费的基础,也是最典型的消费品产业,将直接从中受益。

食品消费结构升级带来市场需求。2016年，河南省人均GDP突破6000美元，食品需求进入结构不断升级的新阶段，表现为农村食品的多样化、城市食品的丰富化、家庭膳食的社会化、食物结构的健康化、生活方式的城市化和消费结构的商品化，将带动工业化食品的需求不断增长，同时为河南食品产业升级和产品结构优化提供新的机遇。

（三）产业转移带来机遇

随着经济全球化和区域经济一体化不断深入，国际产业向发展中国家转移、东部地区产业向中西部地区转移的趋势不断加强。目前，拥有大量资本和较高技术水平的发达国家与新兴工业化国家面临着市场饱和、劳动力短缺、成本上升、环境压力加剧等难题，需要通过对外投资加速产业结构转换和升级。国内方面，沿海发达地区，如长三角、珠三角发展过程中面临产业转型和升级、资本外溢、产业向中西部地区梯度转移等问题。我国扩大内需的政策，使国际国内食品企业巨头加快在中西部战略布局。河南拥有约1亿人的消费市场，交通区位优势明显，特别是近年来加快产业集聚区建设，大力实施新一轮的开放招商战略，为承接发达地区食品产业转移提供了良好的条件和环境，成为河南食品产业发展的又一重大机遇。

（四）"一带一路"国际合作拓展河南省食品产业发展新空间

食品产业是河南省确定的6个高成长性产业之一，是最具发展潜力和发展优势的战略支撑产业，基础扎实，成长性好，知名度高。目前，在河南省180个产业集聚区中，以农副产品加工、食品制造为主导的产业集聚区有73个，其中农副产品加工的有35个、食品加工的有38个，只以食品为主导的有3个，实现主营业务收入超百亿的有14个。

随着国家"一带一路"倡议进入实施阶段，新亚欧大陆桥经济走廊的地位将得到极大的提升，河南作为内陆重要的战略腹地和路桥通道的核心区域，随着肉类口岸、粮食口岸的获批，以及《河南省人民政府关于扩大农业对外开放促进食品农产品出口的意见》的实施，通过强化与沿线国家的食品产业技术、装备、检测和市场合作，其食品产业发展空间将得到极大拓展。

郑州航空港经济实验综合实验区、河南自由贸易区等国家重大战略的实施，为河南食品产业发展带来了政策机遇。粮食、牛肉、水产品等功能性口岸开放，为食品产业发展提供了充足的优势原料保障，日益改善的市场要素结构为食品产业的发展提供了有力的支撑，跨境电商、枢纽经济的发展为食品加工和利用"两种资源、两个市场"创造了良好的外部环境。

(五)聚集特色发展带来机遇

食品产业以中小企业居多,发展食品产业一是要聚集,二是要有特色。聚集发展有利于发挥综合优势,产生聚集效应;有利于产业贯通,融合发展;有利于完善社会化公共服务体系,带动农业产业化和现代服务业同步发展;有利于产城融合,成为新城镇建设的载体,进而实现农业人口和农产品就地转化,实现食品产业和新城镇建设的融合推进。聚集发展的有效形式就是建设食品产业园区。有特色就是根据本地的资源禀赋和基础条件,确定食品产业发展的重点和方向,统筹规划,业态集中,形成优势,如最近涌现的新产品、新业态、功能食品、有机食品、休闲食品等。

二、面临挑战

(一)产业格局深度调整,国际化竞争日趋白热化

世界经济已经进入空前的密集创新和产业振兴时代,全球食品产业格局也正在发生着广泛而深刻的变革,不断向多领域、多链条、深层次、低能耗、全利用、高效率、可持续的方向发展,这些都越来越影响到我国的食品产业。近年来,食品跨国集团空前活跃,发达国家和跨国公司大举抢滩登陆我国食品产业,在全球范围内通过资本整合,以专利、标准、技术和装备的垄断以及人才的争夺,将技术领先优势迅速转化为市场垄断优势,不断提升核心竞争力,采用兼并、控股、参股等多种手段实现食品产业重组,这些也给竞争力相对较弱的食品企业带来了严峻的挑战。

(二)区域竞争压力加剧,面临不进则退压力

近年来,山东、安徽、河北、广东、湖南、江西、江苏等省,纷纷提出要做"食品产业大省"或"食品产业强省"的口号,将食品产业作为主导产业之一,积极出台各种政策措施加以扶持。这样的竞争格局使得河南省过去突出的比较优势,在市场竞争中有所减弱。近3年,吉林、陕西、湖南等多个省份分别设置5000万~1亿元的食品工业专项资金,四川省还设置3000万元白酒升级专项资金,对食品工业重点扶持,推动食品工业保持年均25%以上的增长速度。从效益指标上看,31个省、自治区、直辖市(不含港、澳、台)中,西藏、贵州、天津、青海、新疆、甘肃利润增幅超过50%;山东省食品工业总产值占全国的比重为15.71%,河南省和广东省分别占全国比重的10.03%、8.52%,第4位的天津市增速达到45.68%,居各省、自治区、直辖市首位,河南食品工业面临着"标兵渐行渐远,追兵越来越近"的区域竞争压力。

(三)食品产业正面临全面转型的压力

随着中国经济由外需向内需驱动的转换,经济增长质量和可持续性也将得到提升。总体来看,未来的食品、农业需求增长,与经济总体增长相类似,即由过去的"数量驱动",逐渐转化为"价值驱动",由"吃得多"向"吃得好"转换。由于产品同质化、企业竞争不断加剧以及经营成本的不断抬升,河南省过去食品产业正在遭受"成本地板上升"和"价格天花板下降"的双重挤压,行业收入和利润双双下滑。以食品加工的大宗原料为例,我国水稻、小麦、玉米、棉花、油菜籽的国内价格已大大高于国际价格。河南省食品产业已经丧失低原料价格、低劳动力成本的竞争优势,倒逼食品产业必须直面未来最艰难的转型期,即摆脱以依靠"同质化、价格战"为主的终端竞争,需要积极创新推动产业转型升级,依靠智能化、信息化、网络化重构食品产业发展模式,转向整合优化产业链的价值竞争。

(四)食品产业发展的环境与资源的约束性进一步增强

一是环境资源约束加剧,由于我国资源环境容量有限,国家需要不断提高节能减排标准,食品企业尤其是许多中小企业必须加大改造力度,满足环境资源约束的要求。二是生产要素供给趋紧,随着我国社会经济结构的变化,土地、用工、融资等要素制约进一步凸显,企业缺资金、缺技术、缺人才,生产成本上升的压力增大。三是消费要求进一步提高,随着生活水平的提高,人们更加重视营养、健康和安全,对食品的质量安全问题往往是零容忍,这对提高食品质量安全水平提出了更高要求。在经济发展新常态下,为了更好贯彻落实党的十八届五中全会确立的"创新、协调、绿色、开放、共享"五大发展理念,推动传统食品产业转型升级成为我国经济发展绕不过去的重大课题。

我国经济社会发展面临日趋强化的资源和环境双重制约,以节能减排为重点,加快构建资源节约型、环境友好型的生产方式和消费模式,已成为我国长期的主要任务。我国食品工业部分企业单位产品的能耗、水耗和污染物排放量仍然较高,对这些企业,加快转型升级、大力发展循环经济成为必然的选择。

(五)食品安全风险仍然存在

人们随着生活水平的提高和健康意识的增强,对食品安全与营养提出了更高要求。同时,新材料、新技术、新工艺的广泛应用使食品安全风险增大,随着检测技术和医学的发展,农药兽药残留、抗生素以及非法添加物等物质危害性研究的深入,影响食品质量安全的风险因素不断被认识,网络媒体爆炸式传播足以使一起食品安全事故毁掉一个企业。河南食品企业整体规模偏小,企业质量管理基础相对薄弱，在产品标准、技术设备、管理水平和行业自律等方面与发达地区相比还有较大差距，应对和快速处理质量安全事件的能力不足。

第三节 河南省食品产业创新驱动发展的现状与问题

一、发展现状

（一）经济社会效益显著，夯实万亿元产业基础

近年来，河南依托丰富的农产品资源优势，大力发展食品产业，连续三个五年规划进行重点培育，食品产业步入了加速发展的"快车道"，是全国名副其实的食品产业大省，已成为河南构建现代产业体系、实现中原崛起的重要战略支撑产业。2014 年，全省实现食品产业主营业务收入 9631.55 亿元，自 2010 年起连续 4 年居全国第 2 位。食品制造业规模以上企业的主营业务收入 218.62 亿元，增长 8.1%，规模以上工业 40 个行业大类中，农副食品加工业增长 8.6%，位居第 2 位。规模以上工业增加值食品制造业比上年增长 13.8%，高于全省平均值 2.6%。

（二）产业集聚发展，科技创新载体实力增强

河南省食品产业日益呈现集聚态势，郑州、漯河、鹤壁、周口、商丘、许昌 6 个地市规模以上食品产业产值占全省总产值的 61.2% 以上；同时，漯河经济技术开发区、汤阴食品产业集聚区被认定为国家新型工业化产业示范基地，遂平县产业聚集区、新郑薛店食品工业园区、郑州马寨食品产业集聚区、永城面粉产业集聚区、淇县禽肉加工基地等享誉省内外，临颍县、淇县、新郑市等县（市、区）被评为全国食品工业强县。全省销售收入超 100 亿元的企业 5 家、超 50 亿元的企业 10 家，全国肉类综合 10 强、方便面 10 强河南分别占 3 家、4 家。双汇集团是全国最大的肉类加工企业，三全、思念速冻食品全国市场占有率超过 50%，白象集团、金星啤酒集团综合实力居全国同行业前列。小麦粉、速冻米面食品、方便面、饼干的产量分别占全国总产量的 37%、72%、27%和 31%，均居国内首位；味精、饮料酒等位列全国第 2 位；鲜冷藏冻肉、白酒等居全国第 3 位。

（三）研发投入持续增加，科技创新保障得力

从"十五"开始，河南省根据食品产业发展需要，连续三个五年规划对食品产业进行重点培育，加大对食品产业中科技创新的投入，重视科技创新队伍的培养和构造。通过设立食品产业升级专项资金、农业产业化专项资金和农业开发产业投资基金，每年安排近 1 亿元资金支持食品产业发展，设立自主创新产品专项

经费；建立 43 个省工程技术研究中心，中部地区唯一的国家级食品企业质量安全检测技术示范中心，3 个涉及食品安全的省重点实验室，标志着河南省在推进食品产业强省和食品安全省建设上又迈出重要一步。国家、部门、地方和企业通过持续的科技投入与重点攻关，取得了一系列食品加工关键技术与设备研究的重大突破，构建并完善了食品加工的标准与全程质量控制体系，培育了一批具有较强创新能力的食品加工企业和科学家队伍，储备了一批具有发展潜力和市场前景的技术，为食品产业的进一步快速发展打下了良好的基础。

（四）科技创新队伍不断壮大，产业智力支持力度不断加大

"十二五"以来，河南省大力实施科教兴豫战略和人才强省战略，食品工程人才培养和引进工作也取得了巨大的成效，目前河南省从事食品产业和相关产业中的从业人员达到 300 万人以上，其中研发人员总量达到 4 万人以上，已居全国第 4 位；食品工程人才结构也逐步趋向合理，企业食品工程人才已成为河南省食品工程研发人员队伍的主体；随着河南省食品产业研发平台的建立，有利于食品工程人才发展的体制机制不断完善，食品工程人才政策体系和促进食品工程人才发展的环境逐步改善；食品工程人才的素质不断提高，在促进河南省食品产业健康发展中的作用日益突出。

二、存在问题

（一）产业发展观念落后，制约食品产业科技创新驱动转型发展

食品产业与营养科学、食品科学、现代医学及生物、信息、工程、新材料和先进制造等新技术密切关联，营养、安全、方便、健康已成为食品产业发展的主题，在发达国家，一个日渐清晰的"食品经济"概念已经出现，食品产业不是简单的食品加工，应该用从农田到餐桌的思路来加以认知，用食品经济的理念予以指导。而河南省部分地方政府和企业仍习惯将食品产业定位于农产品加工、吸纳劳动力产业，重规模轻效益，面对消费结构、消费方式的不断升级和食品产业的新趋势、新变化，低端的劳动密集型产业定位导致科技、人才支撑明显不足，没有形成以企业为主体的科技创新体系，制约了河南食品产业发展速度和效益提高。

（二）科技创新能力偏弱，源头创新环节技术水平亟待提高

作为全国食品产业第二大省，河南食品产业的新产值率仅居第 7 位，低于全国平均水平，也低于中西部地区湖北、四川等省份；规模以上企业技术进步贡献率平均达到 25%，低于全国平均水平 10 个百分点，远低于发达国家 60%～70%

的水平。此外，2011年河南省食品产业有效发明专利数仅为430个，仅接近山东省843个的1/2；具有优势的农副食品加工业有效发明专利数更少，仅为163个，远低于山东省386个的数量。创新能力不足导致河南食品国际竞争力弱、创新能力弱，使得河南省食品产业发展缺乏后劲、潜力不足。目前河南省大部分食品制造企业技术创新能力和可持续发展能力不足，精深加工能力有限，原料加工率不足8%，远远低于沿海省市的15%~22%和发达国家的40%~60%的水平，同时，由于缺乏技术，原料中有30%~40%运送到外地加工，产生3~5个新品种和2~10倍的附加值。

（三）研发投入不足，制约新产品、新技术、新业态发展

从创新投入上看，河南省食品产业科技研发强度为0.28%，低于山东省的0.49%，远低于发达国家的2%以上和新兴工业化国家的1.5%的水平；尤其是代表精深加工的食品制造业，研发强度仅为0.31%，仅是山东省的1/3；农副食品加工业、饮料制造业、烟草制品业的研发强度分别为0.24%、0.50%、0.13%，均低于山东省（分别为0.36%、0.95%、0.41%）。河南食品科技研发资金投入不足，影响了食品产业的创新能力和可持续发展能力，生产的食品大多数仍以初级加工为主，产品附加价值不高，不仅无法做到食品的精细化、功能化、营养化，而且影响食品制造业产品的稳定性、可靠性、安全性，缺乏核心竞争力，从而无法有效利用现代信息技术研发食品产业核心技术和生产装备技术。虽然河南省在粮食、奶类、禽蛋、肉类等原材料种类总量上处于全国领先地位，但是大部分种类附加值却为3%~10%，无法把握食品加工由粗加工向精加工、深加工方向转变的趋势。

（四）高端食品装备相对落后，高新技术应用滞后于产业创新需求

河南省食品产业仍属于比较落后的传统产业，部分食品企业和与食品产业配套的食品机械行业整体开发投入不足，存在重硬件、轻软件，重引进、轻消化，重模仿、轻创新的问题。大型无菌冷灌装、肉制品加工关键装备、大型乳品生产线、食品品质在线检测等装备长期依赖进口，国产装备普遍存在能耗高、可靠性安全性不足和自动化程度低、关键零部件使用寿命短、成套性差等问题。食品加工技术的提高依赖于食品装备的技术改进和升级，落后的装备水平将会制约工业4.0时代食品行业向集成化、智能化、高端化发展，延缓食品产业强省建设的进程。

（五）食品产业物耗、能耗偏高，低碳技术应用空间巨大

由于河南省食品产业整体是由传统手工作坊发展而来的，河南省食品加工企

业 42 000 家，规模以上企业仅 2600 多家，相当多的是中小食品企业，仍处于靠大量消耗物质资源维持发展的阶段，生产设备水平依然落后，物耗、能耗偏高，节能减排新技术、新工艺难以大范围推广应用。因此，河南省的食品产业总体来说仍然属于资源高耗型产业，节能减排任务艰巨。这对河南省食品产业的竞争力和可持续发展潜力提出了十分严峻的挑战，急需用高新技术全面改变目前的"粗加工、低利用、高能耗"的状况。

（六）食品工程人才结构不合理

河南省虽已是食品产业大省，也是食品产业从业人力资源大省，但河南省食品工程人才发展的总体水平与东部沿海发达省份相比仍存在明显差距，与河南省食品产业的需求还存着巨大差距，主要表现在：河南省食品工程人才与河南省食品产业发展需要相比还有许多不相适应的地方，高层次食品工程人才匮乏，食品工程人才创新创业能力不强，食品工程人才结构和布局与食品产业不协调，企业管理和检验检测一线食品工程人才短缺，食品工程人才培养力度投入不足，食品工程人才的区域分布极不平衡，主要集中在中心城市，食品工程人才的作用尚未得到充分发挥，食品工程人才创新创业的体制机制亟待完善。

第四节　河南省食品产业创新驱动发展的总体方略

河南省食品产业必须按照走新型工业化道路的要求，以满足广大人民群众不断增长的食品消费和营养健康需求为目标，以质量安全为前提，以优势产业为重点，以主要区域为依托，以龙头企业为支撑，进一步做大、做优、做强优势产业和特色产业集群，提高产业配套能力和核心竞争力，努力建设成竞争优势突出、产业带动明显、结构布局合理、发展后劲充足的食品产业强省和具有国际竞争力的食品产业基地。

以"民生为本、创新驱动、营养健康、优质安全、绿色高效"为原则，依据促进食品产业升级、保障食品质量安全和绿色发展的重大科技需求，以全面提高食品科技自主创新能力为中心，大力实施绿色高效、健康和安全的食品加工战略，立足省情，以人为本，创新发展模式，提高发展质量。重点突破产业共性关键技术、高新技术装备以及重大产品开发，提升产业的自主创新能力。全面促进高新科技成果的转化推广，充分发挥科技进步和创新在发展现代食品产业结构中的引领、带动和支撑作用，促进食品产业健康、稳定和可持续发展，为实现河南省由食品产业大省向食品产业强省转变提供坚实的科技支撑。

一、指导思想

（一）创新带动

把科技创新作为河南省食品产业发展的持续动力和核心竞争力，以创新环境营造和产业集群化发展为主线，以创新型企业培育和区域创新能力提升为目标，以企业研发机构建设和科技创新服务平台搭建为载体，以科技管理体制创新和科技政策体系建设为保障，加快食品产业科技进步和改造，促使食品产业由数量扩张向依靠科技进步、提升质量效益转变，为建设食品产业强省奠定坚实基础。

（二）龙头带动

扶持一批行业地位领先、规模优势明显、经济效益突出、综合实力强的骨干企业，使之成为支撑河南省食品产业发展的主导力量。引导骨干企业加强资本运营，通过兼并、联合、重组、上市等形式实现规模扩张，提高生产集中度。大力扶持中小食品企业发展，以建设现代企业加速器、完善投融资平台为主要手段，助推中小食品企业升档进位，积极参与产业链分工协作，走"专精特新"发展之路。

（三）开放带动

紧紧抓住发达地区产业转移加快的有利时机，发挥河南省的成本优势和市场辐射优势，以现有的食品产业体系为基础，以技术、管理和人才的培养与引进为重点，面向产业链、龙头企业招商，积极承接产业链高端、产业推动作用强的高新技术企业转移，在扩大开放中赢得先机、获取资源。密切注视国际市场需求，不断调整产品结构和市场结构，抓好出口生产基地和销售服务网络建设，积极参与国际竞争、开拓国际市场，不断扩大产品出口，提高市场占有份额，挖掘产业增长空间。

（四）项目带动

河南省始终把项目建设作为食品产业转型升级的主线，培育和建设一批科技含量高、环境污染少、有显著经济和社会效益的重点建设项目，以项目引投资，以项目带产业，使重大项目真正成为河南省食品产业加快发展的助推器。全面加强项目服务工作，对外来投资项目从达成意向、签订合同、开工建设到投产经营进行全过程的跟踪和协调，以确保项目落地、达产、增效，形成新的经济增长点。

（五）品牌带动

坚持品牌建设与产业结构调整相结合、与技术进步相结合、与做大、做强骨干企业相结合,通过优化整合巩固提高一批知名品牌、通过技术创新迅速壮大一批知名品牌、通过招商引资嫁接拓展一批知名品牌,与产品链条延伸相呼应,综合运用经济、法律、行政、市场等手段,集中力量培育、扶持、保护和发展一大批食品产业名牌产品,以品牌效应开拓市场、推动升级,增强产业核心竞争力。

（六）绿色带动

坚持可持续发展战略,大力倡导绿色生产和消费模式,并按照"减量化、再利用、资源化"的原则,大力发展循环经济,全面推行清洁生产,以节能、降耗为重点,加强对各种废弃物的回收和循环利用,大力开发和推广使用先进的节能技术、环保技术,以及低消耗、低污染、高性能、高附加值的新型产品,充分运用现代科技成果,最大限度地提高资源综合利用效率,着力推进食品生产企业向循环经济型企业发展,努力构建资源节约、环境友好的生态企业、生态工业和生态型产业体系。

二、发展目标

显著增强食品产业基础理论研究水平和能力;突破一批食品产业前沿技术和核心关键技术,形成一批专利和标准。开发一批食品制造的新工艺、新产品和新装备。建立一批产业化示范基地,培育一批具有较强竞争力的企业集团。构建食品产业科技创新平台,形成以企业为主体的食品产业科技创新体系。大幅度提升食品产业自主创新能力和核心竞争力,为全面提高河南省食品质量安全的综合保障水平、加速实现食品工业强省注入强劲动力。

三、重点战略

世界食品产业科技正在向多领域、多梯度、高技术、智能化、深层次、精加工、低能耗、低排放、全利用、高效益、可持续的方向发展,营养、安全、方便、健康成了食品产业发展的主题。为了进一步提升河南省食品产业核心竞争力,必须着眼食品安全产业链的关键环节,汇聚人才、资源、基地、平台等创新要素,布局重大工程,促进科技和产业协同创新,以提升食品产业科技创新能力和竞争实力,促进食品产业科技创新体系的重构,实现产业的持续、健康、快速发展。突破标准化工业加工、连续化工程制造、智能化过程控制、新材料与新包装等核心关键技术,集成具有节能减排特征的食品先进制造技术与装备,形成技术体系和产品标准,创制系列新产品,实现产业化示范。

（一）食品加工共性关键技术创新重大科技工程

围绕传统食品、方便食品、中式菜肴、发酵食品、营养功能食品等工业化食品综合加工和精深制造问题，加强对食品物料特性及食品加工工艺的基础科学研究，发展智能化、信息化、连续化的现代食品制造技术，提高食品精深加工与农副产品综合利用水平，建立标准、安全、可控的食品加工体系，实现传统的食品加工向现代中高端食品制造业的转变。

基础研究：主要开展并重点加强区域食品物料加工特性研究、食品功能性成分的结构与功能研究，为河南省建立食品产业链全程标准化生产流程，提高食品附加值和安全性提供理论基础。

应用技术研发：主要开展超高压技术、高密度二氧化碳技术、微波技术、真空冷冻浓缩技术、高效规模化分离技术、新型节能干燥技术、膜技术、生物技术等在食品加工生产中的应用，加强传统食品（含中式菜肴）的工业化、标准化生产技术研究。

技术集成应用：建立更加信息化、智能化、专门化的加工体系，配套完善制度、法规、标准，开发系统解决方案，重点集成国内外高端的食品加工技术。

新产品开发：重点研制工业化生产的主食、预制饭食及中式菜肴，高频或微波解冻、高压解冻技术的速冻食品，加强以食品（非药物）为载体的功能性食品的研制。

（二）食品物流与服务重大科技工程

从预冷、商品化处理、运输、仓储、配送货架等物流环节，以及物流质量安全实时监控和信息化动态管理体系入手，研发物流核心关键技术，研制配套装备，开发软件或管理系统，集成建立从产地到销地，从生产者到消费者的物流与服务操作规程和标准，建立示范基地和配套平台，培训从业人员，并进行示范推广应用。

绿色物流技术：重点研究物流产品品质劣变与减损增效的生物学基础，物流过程危害物形成与控制的生物学特性，物流微环境智能控制技术，绿色节能物流技术与配套装备，等等。

绿色物流装备：主要研发物流产品品质检测与控制技术，物流过程危害因子识别与控制关键技术，基于材料特性的物流微环境智能控制技术，绿色节能物流技术与配套设备，等等。

技术集成应用：重点开展物流产品品质维持和控制技术集成与应用，物流食品有害物动态预测体系构建及其控制技术集成应用，物流产品绿色防腐保鲜技术研发与应用，物流产品包装设计及其配套设备研发与应用，食品物流操作规程与标准制定，等等。

新产品研发：重点研制物流食品绿色防腐保鲜剂，食品包装新型设计与产品，物流产品质量安全跟踪溯源装备，以及绿色节能物流装备。

（三）食品装备创新与保障重大科技工程

重点突破高新技术，集机、电、光及微机控制为一体，研制以柔性化、系统化、数字化和智能化为特征的高端食品装备；改造传统食品装备企业，加强与专业院校（所）的产学研合作，提升以企业为主体的研发水平，重视设备制造的材质、加工精度和配套元器件的质量，转变成本为主的制造理念，把装备的稳定性和自动化控制作为食品装备研制的重中之重。推动食品装备企业的集群化发展，借助集群创新，提高产业竞争能力；建立龙头企业带动的产业链分工协作体系，形成成套系统设计与制造能力。

基础研究：重点研究食品物料机械加工学特性，揭示食品物料生物学结构，研究机械加工学原理与结构特性、传热与介质能量传输理论、机械加工过程有害微生物迁移规律、工艺流程、安全卫生以及环境控制方法等。

应用研究：重点研发食品加工过程信息传感获取与品质检测控制、装备/工程数字化设计与先进制造、装备可靠性与专用材料、智能决策与自动化生产线等技术和系统。

技术集成应用：重点开展高效杀菌、绿色节能干燥、规模高效分离与提纯、冷冻和保鲜、智能分选、功能包装等技术装备开发，集成加工技术、控制技术、检验技术、管理技术、物联网技术、专用装备与成套生产线等，开展示范应用。

新产品开发：依托河南省食品工业庞大的市场需求，应重视培育、发展食品装备制造业，重点研制可满足个性化定制需求的智能化食品加工与包装设备，包括食品加工机械、包装机械、包装新材料、数码印刷和数码标签、发酵设备等。

（四）食品质量保障与安全调控重大科技工程

重点研究有害物形成机制和控制途径，加强对营养组分降解机理的研究，开发易用型、小型化快速检测仪器、前处理技术及小型装备，提高科学评估食品中危害因子风险的水平，集成并推广普及多样性食品可追溯终端，保障产品质量安全。

加强对食品产业链过程中危害因子生成的基础研究，发展危害物高精度检测技术，提高科学评估食品中危害因子风险的水平，制成可操纵的质量控制体系和标准体系，实现食品产业链全程可预警、可追溯、可控制，以减少食品质量安全事件的发生。

基础研究：重点研究食品加工过程有害物形成机理，营养组分降解及不同营养成分的互作机理，基于数学模拟的全程设计与控制等。

应用研究：主要研发化学和生物污染物高通量检测技术、多仪器联用技术，支持食品加工无损检测的数字化、智能化的重大技术，多元同位素分析、多元素分析、智能感官仿生技术等多指标分析食品产品鉴伪技术等。

技术集成应用：重点开展食品安全检测、食品真伪鉴别、加工过程有害物实时检测、无损检测等高新技术研究，并根据不同应用领域的实际需求进行技术集成与应用；建设风险评估系统，开发智能化食品安全溯源技术，建立和完善多级互联互通的可追溯网络。

新产品开发：重点研制成套化快速检测技术与前处理产品、小型装备，一站式溯源终端系统与便携设备。

（五）重点领域突破专项工程

智能制造试点示范专项。选择基础条件好、示范带动强的企业，开展数字化车间和智能工厂试点，推进智能制造生产模式集成应用，全面提升企业的资源配置优化、实时在线优化、生产管理精细化和智能决策科学化水平，支持有条件的产业集聚区建设智能制造示范试验区。中式营养快餐智能化车间等重大项目，争取进入国家智能制造试点范围。

信息化、智能化的食品安全溯源技术体系。选择重点产业链开展食品安全溯源体系的示范性研究与推广。建立省、市、县、企业、消费者多级共享互联互通的公益性可追溯网络，研发可追溯终端的技术与装置，满足各种环境下的使用和应用，尤其是推广便携式终端，基于当前手机用户的广泛性和普及性，利用 4G 网络和 RFID（Radio Frequency Identification，射频识别）技术，开发基于手机的可追溯终端。

节能减排降耗关键技术。重点开展替代传统蒸发脱水、热杀菌、机械微粒化等高耗能加工技术和替代强酸强碱等极端条件的绿色生产技术及水循环利用技术研究，突破干法生产、纳米膜浓缩及脱盐、物理场强化干燥、冷杀菌、生物酶处理、系统集成和高浓发酵等关键技术，达到绿色生产、能源梯次利用的目的。

主要品种和重点地区食品冷链物流体系。加快冷链物流装备与技术升级。加快节能环保的各种新型冷链物流技术的研发、引进消化和吸收，重点加强各种高性能冷却、冷冻装备，自动化分拣、清洗、包装材料与设备，冷链物流监控追溯系统、温控设施以及经济适用的农产品预冷设施、移动式冷却装置、节能环保的冷链运输工具、先进的陈列销售设备等物流装备的研发与推广。构筑以郑州为核心的速冻食品物流节点网络，强力推进冷链物流系统建设，组建大型专业冷藏物流集团。高频或微波解冻、高压解冻技术的速冻食品研发投入不够，适合各种食品专门化方向发展的速冻工艺和冷库需加强研发。

速冻面米食品重大共性技术研究。一是开展"速冻面米食品'品质家庭化、生产自动化'重大关键共性技术研究及装备产业化示范"项目研究，将有效解决行业产品"工业化特征"突出的重大关键共性技术难题，实现产品"口感家庭化"

的突破性技术进步,提升行业产品品质;同时将有效解决行业手工或半机械化向自动化转变,降低行业能耗等问题,提高行业整体技术水平、装备水平;稳固河南省在全国速冻食品行业的龙头地位,促进行业技术进步和产业升级。二是开展"速冻主食安全控制关键技术研究与产业化示范"项目,针对目前速冻面米食品产业发展的需求,紧跟国际食品微生物安全控制技术发展趋势,以速冻面米食品的特点以及重要有害微生物污染的规律为出发点,结合我国国情,建立速冻面米食品中有害微生物的关键控制技术,以及速冻面米食品从原料生产、采购、储运、加工到成品包装等各环节的有害微生物安全控制技术。

食品包装设计。为改善河南食品包装设计形象,提升食品领域功能、包装、品牌设计水平,适应食品行业绿色安全、功能营养、方便适用的发展趋势,着力加强食品产品功能设计、包装设计、品牌设计等,增加产品多样化供给,扩大市场占有率,巩固提升食品产业整体竞争力。以冷链食品、休闲食品和饮料制造为主导,将创意设计与食品安全溯源、速冻面米食品安全控制、油料低温脱脂、果蔬天然保鲜、传统食品现代加工等关键技术有机结合,强化产品多样化设计,提升食品工业精深加工水平。以整理发展中华传统美食为重点,采用先进设计理念和现代加工技术,开发具有资源优势和文化底蕴的饮食产品,开拓食疗、食补、食养、药食等文化经济市场,满足消费者多元化需求。

预制饭食与外卖餐饮鲜食产品共性技术。随着80后、90后的用户成为消费主力,工作节奏更快、更加追求自我、更加会享受生活的"懒人经济"的出现,高达70%以上的人愿意尝试预制饭食、外卖和生鲜食材配送,强烈需求催发了预制饭食、外卖和生鲜食材配送的发展。一是开展"外卖餐饮鲜食产品生产关键技术研究和安全控制及产业化示范"项目,将有效促进河南省外卖餐饮新型产业的发展,解决外卖餐饮企业生产的瓶颈技术问题,迎头赶上上海、北京等发达城市外卖餐饮鲜食产业的发展,具有显著的经济效益和社会效益。二是少量加工技术在面食加工中的应用。河南省小麦产量占全国1/4,加强面制品主食、冷冻面食、预焙烤面包等少量加工技术的应用,重点研究冷冻面团的储存和预焙烤过程中食物结构、谷物组分的变化,以及在冷藏和冷冻过程中的变化与水分迁移规律等基础性研究。

针对休闲食品基础研究和高技术研究深度不足,个性化健康食品设计缺乏等现状,将食品科技与个性化设计相融合,开展基于居民身体素质特点和饮食习惯的营养设计与健康食品研发,进而推动休闲食品产业科技发展。开展食品营养科技、3D打印、设计于一体的休闲食品研发,创新食品设计理念,开展个性化感官需求的食品包装设计、特殊食品营养成分搭配的营养设计、满足食品色香味个体需求的新型食品设计,并促进相应食品科技创新,满足个性化食品营养需求。

线上线下互动体验式经济发展。围绕食品消费的品类创新、渠道变革、追求便利性、健康食品等新趋势，重点实施线上线下转型升级工程，围绕休闲食品、食品冷链等产业集群，建设一批线上线下服务平台。

第五节　河南省食品产业创新驱动发展的支撑体系

一、区域创新体系

河南省食品产业的某些领域虽然在全国处于优势地位，但想保持这种优势并在其他领域不断创造新的优势，在竞争中占据主动，必须以科技水平的提升来促进食品产业的提升。

区域创新体系的内容包括以下几点。

一是科技研究系统。以河南工业大学、河南农业大学、河南省农业科学院等高校、重点科研院所为依托，以国家和省级重点实验室为基地，通过优势学科集成和资源优化配置，形成区域创新的源头和基础。

二是企业技术创新系统。以企业为核心，通过企业自主投入开发或与高校、科研机构开展成果转让、购买、委托开发、技术入股、联合经营等多种形式，使企业更加有效地引进、吸收和推广新技术而形成的内部技术开发创新体系。引导河南省重点食品企业和研究机构结成产业科技创新战略联盟，重点围绕制约企业发展的技术"瓶颈"，联合国内外知名食品研发机构和高校，加强食品关键技术研发。

三是创新成果扩散系统。围绕企业的创新活动进行中介服务，以直接帮助企业技术创新取得成功为目的而形成的网络化、社会化服务体系。建立食品产业科技服务网络，形成技术推广体系。支持科技机构和个人以科技成果有偿转让、参股等形式与企业合作，为食品产业发展提质增速。

四是教育培训系统。教育培训系统主要任务是知识传播和各类专门人才培养、高素质劳动者的培养，尤其是高层次、高素质创新人才的培养。

五是社会支撑服务系统。区域创新体系要求建设技术创新服务平台，形成全省共享的创新服务平台。要依托省内外技术创新资源，依托各行业骨干企业，支持建设一批国家、国家地方联合及省级工程（技术）研究中心、重点实验室、工程试验室等产业创新平台。探索一条"政产学研资介"相结合的路子，建立科技上下游密切合作、良性互动的新机制，把高校的优势学科和企业技术需求、社会资本有机结合，不断推进产学研成果转化。通过政府引导、政策支持、学科支撑、园区主导、企业参与等多方面联动，为食品产业创新发展提供强有力的服务系统。

二、公共服务体系

公共服务体系的内容如下。

公共服务体系是构筑科技信息的服务平台。构筑以信息咨询、科技经济、技术产权交易、人才服务等为重点的专业化、信息化食品科技信息的服务平台,以协同创新为契机,建设大型科学仪器和重要设施共享协作服务网络、科学数据库、技术标准数据库,不断完善食品产业的科技信息网络体系,为加快发展信息服务、现代物流、中介服务等生产性服务业提供有力支持。充分发挥双汇等龙头骨干企业的技术、资金、人员优势,形成促进食品产业创新发展的信息服务支撑体系,既可满足高成长型和初创型食品企业对信息化服务的迫切需要,又可成为促进食品产业实现转型升级的加速器。

三、人才支撑体系

首先,河南应采取多种措施,积极吸引汇聚高端人才。改善创业环境,制定技术、管理要素参与收益分配政策,依托现有重点高校、研发中心、工作站,借助各类"人才工程"计划,大力引进科技领军人才、创新创业团队及高层次的市场营销、研发设计人才和企业经营管理人才,以人才集聚促进食品产业的转型升级。其次,河南应加强对在职人员的职业培训。构建与行业发展相适应的职业技术教育和培训体系,采用校企联合、订单培训、定向招生等形式提高职工技能水平,扩大高级技工比重。鼓励社会力量参与食品职业教育培训,加强企业实训基地建设。再次,提高河南中小食品企业家素质。针对河南省中小食品企业多而散的情况,分批次、有条件地逐步开展企业家的培训,增强企业家经营管理、市场洞察、抗风险管理能力。最后,提高河南高校食品专业建设能力,加快培养食品人才。加大高校食品实验室基础设施投入,加强校校合作和校企合作,统筹河南职业教育发展,引导高校面向市场培养食品类人才。

四、食品现代物流体系

拓展河南食品产业发展的市场空间,迫切需要加强以政府为主导、企业为主体的食品现代物流体系,加大对农村食品消费市场和外省区食品消费市场的拓展。

食品现代物流体系的内容包括以下几点。

一是推进企业信息化进程。推进信息技术在市场营销、物流配送、售后服务等环节的应用。利用农产品市场营销公共信息网络,建立河南省品牌食品的营销平台。积极探索与创新河南省品牌食品连锁经营和专业产销、直销、专营和网上贸易等流通方式,提高流通效率。

二是培育区域性农产品与食品交易物流中心。以区域大型农产品批发市场和大型食品加工企业为依托，形成以批发市场为中心、集贸市场和超市为基础的农产品市场流通体系。鼓励食品专业批发市场进行标准化改造，利用信息化以及供应链管理技术，推动食品电子商务的发展。支持大型食品加工企业进入流通领域，实现贸工农一体化发展。

三是加快发展粮食物流和食品物流。围绕郑州中心枢纽重点建设商丘、漯河、新乡、信阳、南阳等粮食加工中心和专业物流市场。依托重点产业集聚，重点发展面粉及面制品物流、肉制品物流、速冻食品物流，扩大产品辐射范围，培育大型食品物流集团。

五、食品安全体系

食品安全体系的内容包括以下几点。

一是实施技术标准战略。鼓励和推动食品企业采用国际标准与国外先进标准，提高食品安全标准的科学性和实用性。充分发挥制造业标准化资金扶持政策的作用，推动食品企业品牌化经营，加大自主知识产权标准研制力度，积极参与或主导国际标准、国家标准、行业标准和地方标准修订，抢占产业竞争制高点。在无统一地方标准的特色传统食品行业内，引导企业制定标准，探索推行联盟标准。鼓励规模化生产传统特色食品的企业争取制定地方标准的主动权。通过制定和执行各类标准，规范食品市场秩序，提升区域品牌价值。

二是加强诚信体系建设。认真落实《食品工业企业诚信体系建设工作指导意见》(工信部联消费〔2009〕701号)等相关文件精神，以食品工业企业诚信体系全国试点省建设为契机，稳步推进食品工业企业诚信体系建设工作；指导企业建立完善诚信制度、执行国家标准，组织和督促企业积极参与诚信评价活动，认真开展食品企业诚信认证和评价工作；加强行业诚信宣传，鼓励社会资源向诚信企业倾斜。充分利用网络媒体等食品安全监督平台，监督企业落实主体责任，督促监管人员履行职责。

三是搭建食品安全信息平台。政府相关部门、食品行业协会要充分发挥作用，通过举办论坛、学术会议等多种形式，搭建食品安全信息平台，使食品企业充分了解食品安全形势、政策、监管情况等；了解、熟悉和掌握食品安全保障技术、食品安全生产监控技术以及食品安全检测技术。

四是组织开展食品安全宣传培训工作。政府、高校、协会、企业共同开展食品安全师培训工作及职业资格认证，把职业道德内容作为食品安全师培训必修课程，围绕食品安全管理的新政策、新技术与新趋势开展培训。认真开展食品安全宣传活动，使消费者了解食品安全相关知识，提高鉴别抵制问题食品的能力，积极参与食品安全监督工作。

五是借助食品产业链实现对产品质量的全程控制。通过与物联网产业的互动发展，推进物品编码管理技术在食品生产中的应用，全面落实食品安全追溯机制，打造安全、放心、健康的食品产业链。

六、信息技术支撑体系

信息技术支撑体系的内容包括以下几点。

一是加速两化融合。深化信息技术在食品产业中的应用，发挥信息技术的产业升级"助推器"作用。推广技术含量高、针对性和有效性强、符合食品产业特点的软件和信息化解决方案；推动和加快企业管理软件的应用普及，提升 ERP（Enterprise Resource Planning，企业资源计划）、PDM（Product Data Management，产品数据管理）、CRM（Customer Relationship Management，客户关系管理）、SCM（Software Configuration Management，软件配置管理）、RFID 等现代管理手段；支持建立信息化公共服务平台，提供产品设计、质量检测、行业数据库共享等服务；完善信息化基础设施，促进企业信息资源开发和应用，提高企业管理的信息化应用水平，提升企业管理效率。

二是推进可追溯体系建设。稳步推进重点企业应用可追溯信息技术，建立集信息、标识、数据共享、网络管理等功能于一体的食品安全可追溯信息系统，提升企业质量安全与清洁生产控制能力。

三是推进物联网技术的示范应用。推进物联网技术在种养殖、收购、加工、储运、销售等各个环节的应用，逐步实现对食品生产、流通、消费全过程关键信息的采集、管理和监控。

四是对接文化创意产业。充分借助工业设计、动漫设计等文化创意产业，推动食品产业集群向营销、技术、设计、时尚功能转型。充分发挥食品产业及动漫衍生产品制造的优势，积极探索构建食品产业与文化创意产业融合的经济模式。

第六节 建设具有国际竞争力食品产业基地的制高点和突破点

河南食品产业应大胆创新，在满足粮食供应的基础上，打破常规，改革生产方式，创新生产工艺，加快食品机械装备研发，调整产业结构和布局，开拓新的产业领域，以有机食品、功能食品、休闲食品、旅游食品、都市食品、精深加工食品为主导，创名优品牌，增加附加值，占领高端食品市场，实行跨越式发展。

一、依托技术创新，提升产品附加值

依托技术创新，提升产品附加值的内容包括以下几个方面。

一是提升企业创新能力。引导和鼓励骨干食品企业在内部设立研发中心或研究机构，加大研发投入，在食品行业培育一批国家高新技术企业。支持企业广泛开展"政产学研资介"合作，加快技术创新和新产品研发，形成自主知识产权，提升企业竞争力。鼓励中小微企业利用创新平台的社会化服务功能，探索公共服务平台供给与企业需求互相对接、紧密合作的可持续发展模式，提高企业技术工艺水平和创新能力。

二是鼓励采用先进设备和技术。落实进出口优惠政策，鼓励食品企业引进国外先进设备和关键技术，改进生产工艺和流程，加快技术更新和改造，提高生产自动化、机械化水平和生产效率；鼓励食品企业通过专利贸易以及专利成果的产业化加快转型升级；倡导清洁生产，鼓励食品企业加大环保投入，加快食品企业生产环节向低碳化、环保化、绿色化转型。

三是完善和推进公共服务平台建设。鼓励推进协同创新，政府、行业协会、社会组织、企业、高校、科研机构等共同参与公共服务平台建设，依托物品编码、组织机构代码、技术标准等信息资源，建设产品信息平台和食品添加剂查询管理平台。依托河南工业大学、河南农业大学、郑州牧业经济学院、河南食品工业科学研究所等高校和科研机构，在河南建设公共技术创新、工业设计中心、检测中心和重点实验室等平台。构建以企业为主体、"政产学研资介"互动的技术创新体系。

四是争取在食品生产技术上取得突破。充分利用公共服务平台、企业研发部门、产学研合作平台等多种载体，力争在食品生产检测技术、保鲜技术、速冻技术、包装技术、质量和安全控制技术等共性技术、核心技术和关键技术取得突破。加强与国内外知名管理咨询服务机构合作，为食品企业生产流程再造、精细化管理、应用先进技术装备和工艺等方面提供辅导服务，帮助企业更好地提升生产力。

二、通过强链补链，增强核心竞争力

通过强链补链，增强核心竞争力的内容包括以下几个方面。

一是引进发展重大项目。完善重大项目招商引资工作机制和奖励政策，以提升产业配套优势和打造完整产业链为目标，重点引进与食品产业升级密切相关的食品装备制造、生物技术、节能环保等领域的重大项目，以技术领先、关联度高、带动力强的重大项目，提升食品产业发展层次。要按照产业链招商的总目标，围绕现有产业链的缺失环节进行"补链"，对现有优势产业链，从科技、金融、信息化提升以及品牌引领入手进行"强链"。通过有针对性的项目引进，推动产业、科技、信息化、文化、金融相融合，增强食品产业的核心竞争力。

二是发展食品装备制造行业。充分利用河南食品产业的规模和资源优势，大力发展食品装备制造行业。重点引进和研发食品加工包装设备。鼓励产业合作，与食品装备制造行业联合研发食品机械、包装机械，与纺织行业联合研发包装新材料，与印刷行业合作研发数码印刷和数码标签，与生物技术行业合作研发发酵技术、开发发酵设备，等等。借助先进工艺、先进设备，改造传统技术工艺，提高产品质量，降低生产成本，积极开发高端产品。

三是打造全产业链运作模式。以全产业链运作模式，提高河南食品企业的营运效率，着重发展和完善食品检测、食品研发、终端销售、市场服务等环节。以政策资金扶持为抓手，加强基础设施建设，培育物流龙头企业和服务品牌，推广应用物流新技术，推动物流设施设备更新改造，建立现代物流服务体系。推进河南低温食品冷藏链现代化建设，参与整合国内冷藏运输资源，畅通冷冻食品等产品运输渠道。鼓励有实力的企业通过建立分公司，经营直接掌控的终端零售点。清理大型零售商违规向供应商收费行为，减轻企业负担，畅通食品产业销售渠道。强化食品产业和现代服务业合作，重点引进商品检测、物流、金融、会计、信息、咨询等与生产制造紧密配套的现代服务业，增强产业转型升级的服务支撑。

三、提升产品档次，实现产业升级

提升产品档次，实现产业升级的内容包括以下几个方面。

一是以高端化需求驱动转型升级。在保持竞争优势的基础上，河南食品企业要在产品上实现高端突破，开发精深加工、高附值产品，抢占中高端市场。①加速研制功能化食品。功能化食品是食品工业今后相当长时间内的发展趋势。研制开发有关高血压糖尿病群体、抗衰老抗疲劳群体、要求改变亚健康群体、要求美容群体、要求提高智力群体的保健食品。②关注开发时尚化、娱乐化食品。人们对食品的消费需求从吃饱吃好到吃着玩、吃着炫，越来越多的消费者在消费方式上开始追求前卫、另类和个性化，并且开始注重家庭休闲食品的时尚化。③挖掘具有中原特色的概念性食品。将中原文化因素融入食品创新中，河南历史悠久，文化源远流长、博大精深，可以将文化产业的发展与食品产业的发展结合起来，使二者优势互补，互相促进，共同发展。

二是加大品牌建设力度。深入实施名牌带动战略，创建食品名牌名标。鼓励企业以质量为基础树立品牌，以创新手段营销品牌、提高产品的知名度，以诚信为本提升品牌，以产业文化创建品牌、增加品牌的时代信息和文化内涵。支持一批食品企业自主品牌上升为省级、国家级名牌名标。利用经济全球化和产业转移带来知名品牌并购的机遇，研究制定扶持政策，鼓励龙头企业并购国外知名品牌，拓展国际营销网络，扩大自主品牌影响力。

三是塑造"绿色河南"形象。①提高企业能效水平，控制污染物减排，大力提倡和推广节能技术、清洁生产技术，形成文明、节约、低碳、环保、绿色的生产方式。扶持和大力发展循环经济，按照循环经济理念，加快食品产业园区生态化改造，推进生态食品产业园区建设，构建跨食品产业生态链，形成区域绿色食品产业体系，并加强对绿色、生态内涵的宣传。②调整产业及产品布局，从重视平原食品的发展转向重视山区丘陵食品的发展，从重视普通产品的发展转向重视三高食品和特种食品的发展，从重视植物食品的发展转向重视动物食品和菌类食品的发展。河南食品产业现有布局基本上是以平原为主体的粮、菜、果、瓜、肉、禽、蛋等普通主流食品生产基地；以黄、淮两大河流两岸及大中型水库为主的淡水种植养殖基地；以大中城市为主的主副食品加工基地。这种布局的形成既有历史传统的原因，也有自然地理的原因。虽然有一定的科学性、合理性、传统性，但随着时代的进步和市场经济的发展，原有布局显得单一薄弱，不适应现代食品产业的发展。黄、淮水系的不可靠性，特别是黄河水量严重不足，淡水养殖种植已明显不宜维持；北部、西部和南部的半月形山区及浅山区无污染或污染少，生态环境好，是理想的有机食品、中医药品、旅游食品生产基地。因此，河南食品产业产品的布局应做如下调整：在保护自然环境和保证食品安全的前提下，优先在山区与丘陵地区发展有机食品和中草药生产，控制黄、淮及大中型水库的淡水种植和养殖，在城市群发展功能食品产业、食品加工业和食品物流业。平原地区结合退耕还林，在保证粮油菜供应的同时，重点发展绿色无公害动物食品和菌类食品，不仅可以大幅度提高优质食品产量，增加品种，还可以促进农业、工业、旅游业等相关产业的发展。

四、拓展销售市场，畅通营销渠道

拓展销售市场，畅通营销渠道的内容包括以下两点。

一是进一步开拓销售市场。组织和引导企业参加国内外展销会，加强与各地政府、行业组织、国内大型卖场、知名电子商务平台的合作，拓宽食品企业销售渠道，提高企业品牌知名度。大力支持会展业发展，培育发展"河南美食文化节"，逐步探索举办"中原美食节"（食品博览会），优化整合展会资源，推动展会市场化、专业化、国际化运作。通过举办各类食品会展活动，吸引国内外专业采购商、行业组织、展商来豫参展，拓宽河南食品销售渠道，促进产品、技术、资金的引进，提升产业知名度。鼓励企业通过在原材料产地或产品销售地开展扩张性产能转移，节省物流成本，拓展内销市场。大力支持优质企业"走出去"开拓国际市场，鼓励食品企业以自主品牌出口，扩大一般贸易比重。

二是以市场升级强化采购营销功能。通过规划引导、资金扶持推动批发市场的优化布局和升级改造。支持在食品产业集聚区建立大型采购批发市场。增强批发市场统一结算、物流配送、质量检测、信息发布、价格形成功能，提升市场的规模、档次和管理水平，形成与制造业相配套、布局合理的市场集群。

第八章　河南省创新驱动产业转型升级的探索与经验

新一轮科技革命和产业变革正在重塑国际产业格局,以智能化、绿色化、服务化、共享化为主要特征的新产业、新业态大量涌现。国内各地区纷纷融入新的产业分工体系,打造区域经济发展新引擎和新支点,推进产业结构向中高端迈进。近年来,诸多国家战略密集布局河南,借势积极主动、合理有序地推进产业转型升级,推动河南经济向绿色可持续发展转型迫在眉睫。

第一节　创新驱动产业转型升级的推进方略

一、"三手"并用,强化创新驱动发展协调机制

利用政府"有形之手"完善工作协调机制。发挥政府的推动和引导作用,切实加强对产业发展方向、产业空间布局、产业政策制定实施、重大项目策划引进、用地指标落实、产业发展基金使用等环节的统筹和协调,加强对全省产业结构调整工作的指导和监督检查,确保有关政策和各项工作落实到位。对新技术、新产业、新业态、新模式的"四新经济""培土施肥",政府和相关部门进一步加大简政放权力度,让市场发挥确定性作用,出台扶持与新产业、新业态相关的政策措施;制定完善信贷政策、监管政策、行业准入标准,为新产业、新业态的发展创造更好的环境,做好市场主体"守夜人"。

利用绩效考核的"引导之手"推动产业结构调整。改革和完善干部考核评价制度,完善发展成果考核评价体系,切实把推动发展的立足点转到提高质量和效益上来,完善考核评价体系,创新考核评价方式,强化激励约束,为实现全面建成小康社会、加快现代化经济体系建设提供强有力的保障。建立健全有利于加快产业结构调整的考核指标体系,重点评价优化经济结构和转变发展方式的状况,加强对资源消耗、环境保护、自主创新等的评价,弱化对经济增长速度等的评价,并按分类指导的原则,在不同指标的权重设置方面充分体现区域发展的要求。2015年河南省委办公厅出台的《河南省市县经济社会发展目标考核评价工作办法》,按照经济发展水平及功能定位,分别对省辖市和县(市)分类,根据考核评价内容和属性,将考核评价指标分为发展类、公益类、控制类和前置类,增加了

按照第一产业增加值比重和重点生态功能区分类的考核体系;河南省省委省政府出台的《河南省产业集聚区考核评价办法》,在经济总量考核基础上,强化了R&D经费投入、高新技术发展和节约集约发展考核。

利用中介组织的"有情之手",助力产业结构调整。发挥各类行业协会在推进产业结构转型升级中的指导推动作用,依托各行业协会,加强行业转型升级辅导工作,吸纳行业专家学者承担发展规划、指导、评估评审方面的工作,提供社会化服务。

二、创新体制,构建良好的外部环境

深化市场准入制度改革,实施"负面清单"管理,加强事中事后监管,以市场化手段引导企业进行结构调整和转型升级。进一步转变政府职能,继续加大简政放权力度,使市场在资源配置中起决定性作用,更好地发挥政府作用,促进各类要素在市场中合理流动和优化配置。

创新政府政策引导和宏观调控方式,强化政府指导和服务职能,为各类市场主体提供优质服务,创建良好发展环境。深化行政审批制度改革,公布政府"权力清单"和"责任清单",推行行政审批标准化建设,在全面实施企业"三证合一"基础上,整合社会保险登记证和统计登记证,实现"五证合一、一照一码"。实施简易注销登记改革试点,构建方便快捷的市场主体准入、退出通道,加快建设市场化、法制化、国际化营商环境。

切实加强监管,严厉惩处市场垄断和不正当竞争行为,保护知识产权,为企业创造公平、公正的生产经营环境。完善企业服务长效机制,健全省、市、县三级服务体系,建立服务窗口和多部门协同服务联席会议制度,落实企业问题办理、破解要素"瓶颈"、优化发展环境等工作机制,大力开展产销、银企、用工、产学研四项对接,助力企业发展,助推转型升级。强化需求牵引、市场导向,搭建线上线下结合的对接平台,推动新产品、新技术示范应用,引导企业提供高品质、低成本、快速响应的产品和服务。积极营造鼓励创新、宽容失败的浓厚氛围,鼓励企业强化战略管理、组织创新、商业模式创新,提升有效供给,创造有效需求。

深化体制机制创新,体制机制不活是创新发展面临的突出制约。要坚持简政放权、放管结合、优化服务"三管齐下",加快政府职能由研发管理向创新服务转变,构建普惠性创新支持政策体系,完善科研经费管理使用、科技成果评价和权益分配等政策,鼓励企业和高校、科研院所研究人才双向流动,加强知识产权保护和运用,最大限度解放和增强全社会创新创造活力。深化国有企业改革,积极发展混合所有制经济,加大教育、医疗、基础设施等领域向社会资本开放力度,促进民间投资持续健康发展。

三、抓住核心，构建区域自主创新支撑体系

通过市场机制，对创新主体在研发方向、路线选择和创新资源配置等进行引导，调整创新的决策和组织模式，强化普惠性政策支持，同时加快构建由企业牵头，各类创新主体相互协同的创新体系，大力激发企业的创新活力。

充分发挥科技创新的基础、关键和引领作用，着力打造中西部地区科技创新高地。郑洛新国家自主创新示范区是河南省首个创新领域的国家级战略平台，要充分发挥好其带动全省创新发展的核心载体作用，扩大辐射和服务范围，打造具有国际竞争力的中原创新创业中心。加强区域性创新载体建设，加快国家技术转移郑州中心、国家专利审查协作河南中心、国家创新型试点城市等平台建设，加强科技资源整合共享，推动全省驶入创新发展"快车道"。企业是最具活力和最具市场敏锐性的创新主体，要强化企业在科技创新中的主体地位和主导作用，加快大中型企业省级以上研发机构全覆盖，健全产学研协同创新机制，实施一批重大科技专项。把大众创业、万众创新作为激发亿万群众智慧和创造力的关键之举，进一步放宽政策、放开市场、放活主体，完善科技创新服务和众创空间等创业孵化体系。突出开放创新，抓住全球和区域创新要素开放性、流动性显著增强的有利时机，通过完善省部院委合作机制等，吸引集聚国内外创新资源，借力实现创新能力整体跃升。

打破长期以来的"产学研"科技成果转化思路，构建"政产学研用"五个支撑元素的全新框架，形成区域创新体系的完整链条。围绕产业链构建技术创新链。以打造一批上下游完备、特色突出、竞争能力较强的产业链为目标，围绕产业链部署创新链，构建基本完善的产业链创新体系的总体思路，优先选择"四个强省"建设的优势产业链，以重大技术、终端产品或产业集群为指引，进行囊括上中下游及服务配套的全产业链条设计，重点突出骨干企业的壮大、重大产品的研发、关键技术的突破等，推动优势资源向产业链集聚。按照产学研用结合的形式，编制产业链的技术创新规划和创新地图，明确各产业链重点研发的领域和技术需求，以及需要培育的科技型企业和研发平台、配套体系。

重点发展研究开发、技术转移、创业孵化、知识产权、科技咨询等专业科技服务和综合科技服务。围绕战略性新兴产业和先进制造业的创新需求，建设公共科技服务平台，培育多元服务主体，构建完善的科技服务体系等。强化金融支持创新的功能，引导创业资本更多地投向种子期或初创期的小微企业。

四、夯实基础，构建人才智力支撑体系

人才是创新发展的基础支撑和第一资源。围绕创新链、产业链布局人才链，

以重点产业、重点领域的需求为导向,创新人才培养引进模式,优化产业人才结构。贯通产业人才系统培养渠道,加强义务教育阶段制造业基础知识、能力和观念的启蒙,强化本科层次应用技术型教育培养。借鉴上海纽约大学、昆山杜克大学、宁波诺丁汉大学和清华大学杭州西湖学院等办学经验,积极推动郑洛新高校与国内外一流高校和科研院所加强合作,建立"大院名所"分校(院、所),构建开放式、国际化人才培养体系。加大柔性引才引智力度,通过兼职挂职、技术咨询、项目合作、客座教授、"星期天工程师"等多种形式,大力汇聚人才智力资源。完善岗位管理制度,对特殊人才,开辟专门渠道,实行一事一议、特事特办。支持世界500强、中国500强企业及国内外知名大学、研发机构来豫设立全球性或区域性分支机构、研发中心、结算中心、数据中心等。探索引进外籍高层次人才在签证、入境出境、停留居留、永久居留等方面特殊便利政策。在海外高层次人才集聚国家或地区,建立人才联络机构,实现海外引才工作常态化。支持有条件的高校、企业在境外共建联合实验室、设立研发中心,用好外籍优秀人才。

实施人才强省战略,树立"人才观",完善全链条育才、全视角引才、全方位用才的发展体系。突出"高精尖缺"导向,大力培养和引进科技领军人才、现代金融人才等高层次专业技术人才和优秀企业家、职业经理人等高层次经营管理人才。深入推进全民技能振兴工程、职教攻坚工程和职工素质建设工程,建设知识型、技术型、创新型劳动者大军。

五、用好杠杆,构建导向性的调整机制

加大现有财政资金统筹力度,发挥杠杆效应、带动作用,加强对产业转型升级的支持。优化先进制造业发展专项资金使用重点和方式,壮大先进制造业集群培育基金规模,综合运用政府和社会资本合作(public-private partnership,PPP)、股权投资引导基金等方式,推动财政资金、产业资本与金融资本有机结合,投向工业转型升级重点领域。抓住全面实施营改增、大规模结构性减税带来的政策机遇,推动生产性服务业发展,促进产业分工优化,拉长产业链,带动产业转型升级。建立使用重大技术装备首台(套)等鼓励政策,落实和完善首台(套)保险补偿等机制,对首次投放市场的新产品实施政府采购首购。全面落实高新技术企业所得税优惠、进口设备减免税、企业研发费用加计扣除等税收优惠政策。

按照"整合资金、集中资源、突出重点"的原则,整合各类产业扶持资金,设立产业发展引导专项资金,主要用于国家、省引导资金的配套和产业发展的奖励补贴,重点支持带动性大、示范效应强的战略支撑产业重大项目。建立"透明、高效、安全、务实"的专项资金使用管理协调机制,推动实现项目选择市场化、资金使用公共化、提供服务专业化,增强专项资金对战略支撑产业的支持和引导作用,引导和带动民间资金投入到重点产业与重大项目上。

创新投融资体制，构建多层次的投融资体系。鼓励直接融资，加大对企业上市的扶持力度；支持建立多种形式的新产业、新业态风险投资基金，对具有良好发展前景和创新性产品技术的企业给予重点倾斜；积极探索新型资产融资抵押方式，鼓励金融机构允许无形资产和动产质押融资方式，扩大企业贷款抵质押品范围，开展知识产权质押融资。

六、突出创新主体，壮大现代产业体系的微观基础

企业是区域产业素质升级的主体和微观基础，因此，在产业升级中，要充分依靠作为市场竞争主体的企业，使其在市场竞争压力面前挖掘潜力、发挥和创造优势，不断提升其竞争力，实现产业素质的改造和升级。从前面的论述可知，产业素质升级的本质是企业组织达到资源的优化配置，要实现这方面的升级离不开企业的参与。因为，企业是要素合理组合与有效选用的场所，要从根本上解决资源利用效率低下的问题，促进产业素质升级，还要靠企业最终完成。另外，企业是国家宏观调控的微观基础，国家优化资源配置的措施，没有企业的呼应，就不能落到实处；对于区域产业素质升级，其升级也依赖于企业的参与。一方面，技术创新的主体很大一部分是企业，新技术的变革离不开企业的参与。另一方面，企业是经营主体，只有企业主动采取措施提高自己产品的科技含量，引进、开发新技术，提高企业的技术创新能力，才能促进整个行业或产业的技术素质升级。

河南省的产业经济是典型的国家布局型经济，从企业的生产活动到政府的经济管理活动计划性都很强，微观经济却缺乏活力。因此，企业要真正起到河南区域产业素质升级的主体作用需要从以下两个方面加大变革力度：一是加速企业再造。河南国有企业相对较多，必须深入系统地研究其股权治理结构、直接间接融资选择、企业改制、重组和并购，建立规范的出资人制度。二是改善经营方式。河南中小企业较多，要调动中小企业特别是科技型中小企业的积极性，加大中小企业科技、资金投入，把中小企业"做专""做大""做好"，使中小企业向"专、精、特、新"的方向发展。

七、强化开放合作，开拓产业转型升级的新途径

改变以往只注重过度依赖资源、土地和低成本劳动力的传统承接转移模式，推行专业化、市场化和集群式、链式承接新模式。在产业承接及产业链式集群引进中，提高技术密集型产业比重，扩大环境友好型及战略性新兴产业规模。依托产业基础和综合配套优势，大力引进智能终端、节能与新能源汽车、智能装备等国内外500强企业、行业龙头企业和标志性项目；依托人力资源优势，集群引进现代家居、服装制鞋等劳动密集型企业和项目；依托原材料基础优势，大力引进铝加工、精细化工等精深加工项目一体化布局；依托市场优势，大力引进电子商

务、云平台等新兴业态。

全面融入"一带一路"国际合作,支持矿山装备、农机装备等龙头企业率先"走出去",通过海外并购重组提升企业技术、研发、品牌的国际化水平,向国际产业链和价值链高端攀升。支持水泥、化工、电解铝等传统行业龙头企业开展国际合作,建设境外生产加工基地和产业园区,有效释放富余产能。鼓励企业将境外投资获取的资源、产品、技术、营销网络、融资渠道等用于促进省内相关产业发展。承接加工贸易产业转移,创新加工贸易模式,推动加工贸易从组装加工向研发、设计、核心元器件制造、物流等环节拓展。发挥郑欧班列、航空网络、跨境电商等通道作用,推动国际贸易便利化。

第二节 创新驱动产业转型升级的联动保障机制

创新驱动发展是引领发展的"第一动力",是供给侧结构性改革的重要内容和有力武器,是发展新经济、培育新动能、加快新旧动能转换的关键一招。而要切实推进创新驱动发展,还必须采取一系列重大措施,实施一系列重大改革,形成一整套促进发展的体制机制才能实现。

一、加强创新驱动转型发展的顶层设计

实施创新驱动经济转型发展,涉及经济、科技、教育等方方面面,既是一个重大战略,也是一项系统工程,决不能单打独斗、各自为战,需要加强顶层设计和统筹规划。建立创新驱动经济转型发展领导小组或跨部门协调机制,加强顶层设计,统筹推进科技体制、教育体制、财税金融、行政管理体制、垄断行业等方面的改革攻坚。制订发展规划,明确提出本地创新驱动发展的总体思路、目标、要求,以及一系列相关的体制机制、人才队伍建设等,有计划、有目的、有步骤地推进创新驱动发展。战略的制定要在结合本地实际的基础上,同时做出重点的部署和安排。如技术创新的市场导向问题、重大科技专项安排问题、形成产业创新链问题等,都要有详细的安排部署。要针对实施要求,提供保障措施。必须切实加强对创新驱动发展的组织领导,及时推出配套的法律政策措施和协同推进机制等,保证各项目标任务分解到位、落实到位。

研究制定创新驱动转型发展的中长期规划和战略。加强科技与经济在规划、设计、政策层面的衔接。建立科技创新协同机制,大力开展知识产权、科研院所、高等教育、人才流动、国际合作、金融创新、激励机制、市场准入等方面的改革,努力在重要领域和关键环节取得突破;搭建有利于创新的生态系统。充分发挥市场的作用,努力营造公平、开放、透明的市场环境,形成有利于产业转型升级、创新发展的鲜明导向和生态环境。

二、加强科技与产业的统筹协调

科技创新支撑和促进产业结构战略调整是一项系统工程,应统筹发挥政府在产业机构调整中的引导作用,加强组织统筹,创新机制,优化环境。各级政府应履行推动科技创新支持产业结构调整的政治责任,统筹协调完善科技和产业发展规划,强化政策措施,帮助研究解决重大问题,发挥市场在资源配置中的基础性作用,引导科技要素向企业和产业集聚,推进科技创新成果产业化。科技部门应做好统筹协调,发挥职能作用,及时提出对策建议,有关职能部门要加强协调配合,进一步解决政策之间的协调性问题,在制定财税、金融、投资、产业、土地等政策时充分体现促进科技进步与创新的要求,增强政策针对性、实效性,形成分工责任、协调推进的工作机制,加快产业结构调整。

结合河南省产业技术创新战略联盟发展工程的实施,围绕战略性新兴产业技术创新链,集成产业上下游优势资源,组建产业技术创新战略联盟,以联盟为纽带,以企业为主体,组织高校、科研机构等开展协同创新。引导和组织联盟制订产业链技术创新发展规划和产业创新体系规划,分析产业技术发展趋势和特点,明确新兴产业集群的重点领域和发展方向,加快培育战略性新兴产业。

三、改革创新驱动发展的评价与绩效考核机制

(一)创新干部绩效考核机制和办法

增强领导干部对创新规律的认识和把握,制定创新驱动经济发展的领导干部绩效考核办法,合理确定和逐步调整 GDP 等规模指标与创新效益指标的比例,逐年加大创新驱动相关指标的考核权重,逐步建立经济政策的创新效益评估机制,避免因局部和暂时利益妨碍创新驱动大局。建立健全创新驱动监测评估制度和动态调整机制,强化投入产出统计监测。建立健全科技进步和创新绩效考核体系。探索科技创新和科技进步指标纳入政府目标考核的机制。改进党政领导班子和领导干部政绩考核,把推进科技进步和提升创新能力作为政绩评价的重要内容。

(二)构建科研人员动态考核与激励机制

依据产学研合作评价考核体系,建立动态考核机制,将成果转化、产学研合作成效等作为对高校领导班子业绩考核的重要指标。将企业产学研投入与校企合作开发新产品等作为对国有企业和财政扶持民营企业考核的重要指标,逐步加大产学研合作在考核中的比重。鼓励教师进入企业或产业集聚区从事研发、工程化和转化工作,将高校教师参与产学研项目实施、为企业提供技术和咨询服务等活

动纳入教学科研情况的考核内容。改革科研人员岗位和薪酬管理制度，打破科研人才双轨制，促进科研人员在事业单位和企业间合理流动。允许高校设立一定比例的特设岗位，吸引具有创新实践经验的企业家和企业科技人才兼职。

对产学研合作考核优秀的高校，在学科建设、科技创新平台（基地）建设、人才团队支持计划和重大项目立项等方面给予政策扶持与倾斜；对产学研合作贡献突出的个人，在职称评聘、评奖评优等方面给予政策倾斜；对积极主动与高校合作，促使高校研发成果转化的企业，省政府在安排扶持产业发展资金时对其研发成果转化项目优先支持。

四、创新财政资金的投入方式

（一）建立科技投入稳定增长机制

把财政科技投入作为预算保障的重点，年初预算编制和预算执行中，都要体现法定增长的要求，确保财政科技投入增幅明显高于财政经常性收入的增幅，尽快改变科技投入比例偏低的状况。完善风险投资机制，积极利用创业板和中小板市场，拓宽科技成果转化和中小型科技企业融资渠道。充分发挥政府科技投入的引导放大作用和税收减免政策的杠杆作用，有效引导企业和社会力量增加科技投入，形成以企业为主体、多元化、多渠道、高效率的科技投入体系，使全社会研发投入占生产总值的比重较快增长。

整合相关财政资金和各类科技计划，充分发挥政府性资金的引导作用和乘数效应，支持企业创新能力建设。设立企业研发机构创新能力建设专项和产业技术研究院发展专项，对经认定的优秀企业研发机构和产业技术研究院给予经费支持。增大科技型中小企业创新资金规模，通过以奖代补、贷款贴息等方式支持中小微企业技术创新活动。推进后补助方式资助企业重大突破性创新研发。实施项目的后评估，提高科技财政投入的效能。

（二）构建产学研协同创新多元化投入体系

在财政科技投入中安排专项资金，重点支持产学研合作重大平台、重点项目和重要活动。加强政府各类资金的集中集成，提高资金使用效率。鼓励各地政府设立产学研合作专项引导资金，支持高校教师创办科技型中小企业，推动重大科技成果引进、中试、转化。充分发挥财政资金的引导放大作用，引导企业逐步增加研发费用，带动企业成为产学研合作投入主体。

拓宽产学研合作技术创新投融资支持渠道。发挥河南省股权投资引导基金的引导作用，推动高校科技资金与股权引导基金合作，推动社会资本及金融资本共同设立高校科技创业投资基金，重点支持初次转让的高校科技重大成果。充分利用众筹融资平台，丰富产学研合作融资模式。驻豫金融机构要对企业与高校联合实施的技术创新重大项目，在落实资本金的前提下优先安排承贷。省政府金融办要优先推荐符合上市条件的产学研示范企业上市融资，支持符合条件的重大产学研技术创新项目通过发行债券、信托融资等方式筹集项目资金。各省辖市、县（市、区）政府建立的投融资担保机构，要积极为产学研合作项目的实施提供融资担保服务。

（三）加大和丰富产学研合作经费投入

发达国家对产学研合作设立有专门的基金，如美、英、日等国设立的"教育与工业和商业联合奖励基金""教育与企业合作奖励基金"等，国内长三角、珠三角等发达地区也有类似的产学研专项经费投入。相比较而言，河南省产学研合作专项经费投入较少，缺乏稳定的产学研合作资金来源。就高校而言，需要政府在教育系统加大对产学研项目的支持力度，设立并逐步增加高校产学研合作专项引导资金和科技成果转化资金，用于支持和引导一些风险较大、周期较长，但利于国家和地方经济发展的产学研项目。

投入建设资金，完善和统一面向社会的产学研合作信息网，定期征集企业技术难题、高校和科研机构科研成果、人才供求信息，及时做好高校、科研机构和企业之间的信息沟通、咨询服务等工作，建立起完整的产学研合作服务链。此外，还需引入多元化的资金投入体系和投入机制，逐步健全"企业投入为主体、政府资金为引导、金融贷款为支撑、风险投资为补充"的产学研投融资体系。

（四）加强财政税收支持，构建高校产学研合作平台

国家和地方政府通过财税、金融、评估等多种政策手段、多种方式推进协同创新及平台建设。对现阶段拥有的产学研协同创新合作模式进行整合，构建一定形式的协同创新网络。对高校主动与科研机构、企业开展的合作、协同创新项目给予引导、扶持调控，并将具有建立协同创新平台能力的高校、科研机构、企业进行备案，纳入到国家创新体系建设中。同时省级部门要加快步伐，寻求协调，加强试点和推广工作。

省财政设置"支持高校产学研合作平台建设计划"。由政府层面设立用于鼓励产学研协同创新及平台建设的专项资金，在此基础上根据项目、执行与产出等的不同给予不同程度的资助和补贴。政府也可制定政策鼓励社会自主成立产学研协同创新基金，用于补充产学研合作平台建设的资金，由政府协助资金的管理，使资金的运作充分发挥作用。

五、打造转型升级的新引擎

当前正处于信息化新一轮发展的黄金时期,云计算、大数据、移动互联网、物联网等技术的突破,使科技创新从技术维度的单一创新转向"新技术、新产业、新业态、新模式"集成创新。一是以培育壮大云计算大数据产业为目标,以提升能力、深化应用为主线,加强顶层设计,坚持市场主导、统筹协调,围绕总体架构和关键环节,明确开放重点,创新合作模式,优化设施布局,扩展应用领域,加快形成广泛合作、优势互补、多元参与、充分竞争的发展新格局,为促进云计算大数据产业创新发展,实施"互联网+"行动提供有力支撑。二是充分发挥生产性服务业催化剂、加速器的作用,实施"互联网+"行动计划,运用移动互联网、云计算、大数据、物联网等先进技术,推动产品、业态和模式创新,实现产业由生产制造向服务制造转型、经济由要素规模驱动向创新驱动转型。三是积极培育高技术服务等新业态。服务业是经济结构调整的重要方向,也是商业模式创新最活跃的领域。重点培育电子商务、研发设计、检验检测等新兴高技术服务业态,带动社会分工模式、生产组织模式和管理模式创新。四是实施新业态示范工程,支持企业产品创新,培育新兴业态,实施商业模式创新培育工程,调整省级自主创新资金使用方向,在全省公开选拔推介一批商业模式(业态)创新示范项目并给予一定奖励,通过示范效应引导更多企业参与商业模式(业态)创新活动,打造新的产业增长点。在省科技进步奖中设立企业技术创新工程奖,定期评选一批商业模式(业态)创新示范企业,支持企业探索技术创新、管理创新、商业模式创新的新机制。

六、更加明确创新驱动发展的主体

首先,企业作为创新主体的责任和动力要激发起来。政府一要改进支持技术创新项目的组织方式,加强产业技术创新战略联盟的建设,鼓励创新资源向创新主体企业的流动;二要以增强企业的创新能力为中心任务,通过各种奖励激励、平台搭建、服务保障等措施,把解决科技问题与经济问题结合起来,调动企业开展创新的积极性和主动性;三要设立专项科研开发资金,鼓励企业加大研发投入,提高研发支出占销售收入的比重,激发其创新的责任和动力。

其次,要突出企业的主体地位。一要转变创新发展一直由政府主导的高校和科研院所"唱主角"的局面,发挥经济、科技政策的导向作用,引导企业调整优化结构,转变增长方式,把提高自主创新能力作为提升企业核心竞争力的战略措施,不断开发新产品、新技术和新工艺。二要改革科技计划支持方式,支持企业承担重大项目研发任务,完善技术转移机制,促进技术集成与应用,使企业真正成为自主创新的主体。三要建立高层次、常态化的企业技术创新对话、咨询制度,发挥企业和企业家在创新决策中的重要作用。四要大力推进产、学、研、用协同创新，促进企业与高校和科研院所深度合作。同时加强产业链上下游资源整合，培育创新型的企业集群。五要吸收更多企业参与制定技术创新规划、政策和标准，让产业专家和企业家在相关专家咨询组中占有较大的比例。

最后，要完善产业技术创新机制。其措施：一要更多运用财政后补助、间接投入等方式，支持企业自主决策、先行投入，开展重大产业关键共性技术、装备和标准的研发攻关；二要开展龙头企业创新转型试点，探索政府支持企业技术创新、管理创新、商业模式创新工作机制；三要完善中小企业创新服务体系，加快推进创业孵化、知识产权服务、第三方检验检测认证等的专业化、市场化改革，壮大技术交易市场。

河南产业转型升级实践，是河南省委按照"五位一体"总体布局和"四个全面"战略布局，坚定不移落实发展理念和习近平总书记嘱托，创新思路和观念，实施新举措，探寻新路径，在新时代的新作为、新成效。河南立足人口大省、农业大省、新兴工业大省的实际，认真处理高端化与高端产业、制造业与其他产业、传统发展要素与创新发展要素、产业存量与产业增量、产业短板与产业活力、自主发展与开放合作、政府与市场的关系，持之以恒推进产业转型升级，经济质量优势显著增强，夯实了经济强省建设基础；郑洛新"中国制造2025"试点示范城市群获批，现代制造业强省建设后劲十足；产业结构由"二三一"向"三二一"转型出现重要拐点，现代服务业强省建设初见成效；开放合作引领产业转型升级作用日益彰显，跨境电商等贸易新业态崛起，朝着"买全球、卖全球"目标迈进，实现了内陆地区开放型经济发展的重要突破。产业转型升级的显著成效为确保如期全面建成小康社会、实现中原崛起奠定了坚实基础。

河南省将继续探索产业转型升级的中原方略，着力推进现代化新河南建设，坚持实体经济、科技创新、现代金融、人力资源协同发展，在符合人民群众不断增长的对美好生活需要的领域，以提高供给体系质量为主攻方向，逐步实现从数量供给为目标转向质量效率优先的供给模式，解决速度与质量、产业发展与生态保护、物质产品与精神产品、有形商品与无形服务的供需不平衡问题，实现人民需求与社会供给在总量和结构上的日趋均衡，构建更高质量、更有效率、更加公平、更可持续、更加开放的现代化经济体系。

参 考 文 献

安晓明. 2017. 河南经济转型趋势和路径[J]. 开放导报（2）：106-109.
卞向阳. 2010. 国际时尚中心城市案例[M]. 上海：上海人民出版社.
波特 M. 2014. 竞争战略[M]. 陈明芳，译. 北京：中信出版社.
布迪厄 P. 2004. 国家精英[M]. 杨亚平，译. 北京：商务印书馆.
曹静，范德成，唐小旭，等. 2009. 产学研结合技术创新合作机制研究[J]. 科技管理研究，29（11）：50-52.
陈春杨. 2008. 我国产学研合作创新的具体形式、特点及其发展趋势研究[J]. 工业技术经济（6）：24-27.
陈劲，阳银娟. 2012. 协同创新的理论基础与内涵[J]. 科学学研究，30（2）：161-164.
德鲁克. 1989. 创新与企业家精神[M].《世界经济科技》周刊编辑室，译. 北京：企业管理出版社.
Florida R. 2006. 创意经济[M]. 方海萍，魏清江，译. 北京：中国人民大学出版社.
傅建球，张瑜. 2010. 产学研合作创新平台建设研究[J]. 工业技术经济（5）：35-38.
龚绍东，赵西三，林风霞，等. 2013. 后发地区工业转型升级的路径选择：以中原经济区为例[J]. 区域经济评论（1）：14-18.
何郁冰. 2012. 产学研协同创新的理论模式[J]. 科学学研究，30（2）：165-174.
胡德巧. 2001. 政府主导还是市场主导——硅谷与筑波成败启示录[J]. 中国统计（6）：16-18.
胡冬雪，陈强. 2013. 促进我国产学研合作的法律对策研究[J]. 中国软科学（2）：154-174.
胡锦涛. 2011-04-25. 在庆祝清华大学建校 100 周年大会上的讲话[N]. 人民日报.
胡舜，黄上国. 2010. 关于产学研合作运行机制的文献综述[J]. 中国商界（6）：365-366.
胡志坚. 2000. 国家创新系统：理论分析与国际比较[M]. 北京：社会科学文献出版社.
黄汉权，盛朝迅. 2015-12-24. 加快构建产业转型升级的五大支柱[N]. 经济日报.
贾敬敦，蒋丹平，陈昆松. 2012. 食品产业科技创新发展战略[M]. 北京：化学工业出版社.
江洪. 2008. 自主创新与我国产业结构的优化升级[D]. 武汉：华中科技大学.
蒋兴明. 2014. 产业转型升级内涵路径研究[J]. 经济问题探索（12）：43-49.
李超祖，聂飒. 2012. 产学研协同创新问题分析与对策建议[J]. 中国高校科技（8）：24-25.
李剑力. 2017-05-03. 助推河南产业转型升级的"六化"途径[N]. 河南日报.
李小建. 1997. 新产业区与经济活动全球化的地理研究[J]. 地理科学进展（3）：18-25.
李政新，李小卷. 2016-11-02. 加快结构升级，推动产业迈向中高端[N]. 河南日报（5）009 版.
梁红军. 2013. 产学研合作创新中的政府行为研究[J]. 决策探索（1）：41.
林毅夫. 1994. 中国的奇迹：发展战略与经济改革[M]. 上海：上海人民出版社.
刘学庆，盖明礼，石磊，等. 2013. 从产学研合作角度浅谈我国协同创新现状[J]. 价值工程（11）：1-2.
刘志彪，张杰. 2007. 全球代工体系下发展中国家俘获型网络的形成、突破与对策——基于 GVC

与 NVC 的比较视角[J]. 中国工业经济（5）：39-47.
柳卸林，吕萍，程鹏，等. 2011. 构建均衡的区域创新体系[M]. 北京：科学出版社.
路涌祥. 2013. 创新的启示：关于百年科技创新的若干思考[M]. 北京：中国科学技术出版社.
马歇尔. 2010. 经济学原理[M]. 朱志泰，陈良璧，译. 北京：商务印书馆.
孟祥哲，盛伟，王裕清，等. 2014. 校企产学研合作创新模式探索[J]. 中国电力教育（5）：6-8.
诺斯 D C. 2008. 制度、制度变迁与经济绩效[M]. 杭行，译. 上海：格致出版社.
潘宏亮. 2015. 创新驱动引领产业转型升级的路径与对策[J]. 经济纵横（7）：40-43.
裴长洪，于燕. 2014. 德国"工业4.0"与中德制造业合作新发展[J]. 财经问题研究（10）：27-33.
芮明杰，刘明宇. 2009. 全球化背景下中国现代产业体系的构建模式研究[J]. 中国工业经济（5）：57-66.
斯密 A. 1972. 国民财富的性质和原因的研究[M]. 郭大力，王亚南，译. 北京：商务印书馆.
孙中叶. 2017-06-28. 河南产业结构优化升级如何推进[N]. 河南日报.
索洛 R M. 1989. 经济增长理论：一种解说[M]. 朱保华，译. 上海：上海三联书店.
万刚. 2008. 中国科技改革开放30年[M]. 北京：科学出版社.
王大林，杨蕙馨. 2016. 信息革命与新常态背景下的新产业生态系统[J]. 广东社会科学（1）：15-25.
王缉慈. 2010. 超越集群——中国产业集群的理论探索[M]. 北京：科学出版社.
王小鲁，余静文，樊纲. 2016. 中国市场化八年进程报告[J]. 新华文摘（16）：30-33.
韦伯 A. 1997. 工业区位论[M]. 李刚剑，陈志人，张英保，译. 北京：商务印书馆.
习近平在全国科技创新大会、两院院士大会、中国科协第九次全国代表大会上的讲话. 2016-05-30. 为建设世界科技强国而奋斗[N]. 人民日报.
熊彼特. 1990. 经济发展理论[M]. 何畏，易家详，等译. 北京：商务印书馆.
徐光辉. 2011. 从"价值创造"开始——论中国经济战略转型[J]. 管理世界（11）：1-11.
雅各布斯. 2007. 城市经济[M]. 项婷婷，译. 北京：中信出版社.
闫俊周. 2013. 战略性新兴产业自主创新体系构建的问题及路径研究[J]. 经济论坛（2）：101-104.
颜振军. 2011. 科技创新有行之手：理念体制机制[M]. 北京：红旗出版社.
杨小凯，张永生. 2003. 新兴古典经济学与超边际分析[M]. 北京：社会科学文献出版社.
喻新安，杨保成. 2017-04-10. 释放战略叠加效应，奋力建设出彩中原[N]. 河南日报.
袁翔珠，董雄报，李向红. 2004. 地方高校的产学研发展战略调整刍议[J]. 中国西部科技（1）：48-49.
张力. 2011. 产学研协同创新的战略意义和政策走向[J]. 教育研究（32）：18-21.
张其仔. 2008. 比较优势的演化与中国产业升级路径的选择[J]. 中国工业经济（9）：58-68.
赵西三. 2010. 国内价值链重构下区域产业升级的路径选择——基于河南省的实证分析[J]. 工业技术经济，29（11）：135-141.
甄红线，贾俊艳. 2013. 产学研协同创新的科学内涵与实现路径[J]. 金融教学与研究（2）：35-41，62.
周元，王海燕. 2006. 关于我国创新体系研究的几个问题[J]. 中国软科学（10）：15-19.

周正, 尹玲娜, 蔡兵. 2013. 我国产学研协同创新动力机制研究[J]. 软科学 (7): 52-56.

卓越, 张珉. 2008. 全球价值链中的收益分配与"悲惨增长"——基于中国纺织服装业的分析[J]. 中国工业经济 (7): 131-140.

Aghion P, Howitt P. 1992. *Amodelofgrowththroughcreative destruction*[J]. Econometrica, (60): 323-351.

Allyn Y. 1928. *Increasing returns and economic progress*[J]. Economic Journal, 38: 527-542.

Atkinson R D, Court R. 1998. *The New Economy Index: Understanding America's Economic transformation*[M]. Washingto: Progressive Plicy Institute.

Boyer R and Yamada T, et al. 2001. *Japanese Capitalism in Crisis: A Regulationist Interpretation*[M]. London: Routledge: 43-80.

Freeman C. 1987. *Technology and Economics Performance: Lessons from Japan*[M]. London: Printer Publishers.

Fujita M, Krugman P, Venables A. 1999. *The Spatial Economy*[M]. Cambridge: MIT Press.

Grossman G M, Helpman E. 1991. *Quality ladders in the theory of growth*[J]. Review of Economic Studies, (58): 43-61.

Hidalgo C A, Klingeretal B, et al. 2007. *The product space conditions the development of nations*[J]. Science, (7): 3-7.

Howkins J. 2002. *The Creative Economy*[M]. London: Penguin Global.

Humphrey J, and Schmitz H. 2002. *How does insertion in global value chains affect upgrading in industrial clusters*[J]. Regional Studies, 36 (9): 1017-1027.

Krueger A. 1978. *Foreign trade Regimes and Economic Development: Liberalization Attempts and Consequences*[M]. Cambridge, MA: Ballinger Publicshing.

Landry C. 2000. *The Creativecity: A Tool Kitfor Urban Innovators*[M]. London: Earthscan Publications: 57-104.

Lucas R E. 1988. *On the mechanics of economic development*[J]. Journal of Monetary Economics, (22): 33-42.

Nye J S, Owens W A. 1996. *America's Information Edge*[J]. Foreign Affairs, 75 (2): 21.

Romer P. 1986. *Increasing returns and long-run growth*[J]. Journal of Political Economy, 94 (5): 1002-1037.

后　记

党的十八大以来，习近平总书记关于科技创新的一系列重要讲话告诉我们："科技是国家强盛之基，创新是民族进步之魂"，"创新是引领发展的第一动力。"实现我国经济持续健康发展，必须依靠创新驱动。要深入推动科技和经济紧密结合，推动产学研深度融合，实现科技创新同产业无缝对接，不断提高科技进步对经济增长的贡献度。

在当前河南省加快向经济强省迈进的关键阶段，河南省积极探索，多措并举，深入推进"放管服"，激活产业主体和产业要素动能，大力推进产业链转型、价值链转型、创新链转型、生产要素组合联动耦合转型升级，构建现代产业体系，为新理念引领下的产业结构转型升级提供中原方略。几年来，我们围绕河南创新驱动产业转型升级的实践开展了一系列研究，相关成果获得了省领导批示和政府部门采用，并在河南科技创新、食品产业转型升级行动计划中得到应用。借本书出版之际，对所有提供帮助和资料借鉴的专家、研究人员表示诚挚的感谢！

在本书的写作过程中，作者基于前期的研究，参阅了大量的相关文献资料，借鉴了大量学者、专家的研究成果，在此，向这些作者深表谢意。同时，对参与第三章撰写的李文启、张水潮，参与第六章撰写的郭力，参与资料收集、数据处理校对的邰双汭、余红柳、胡艳、王亚冰表示感谢。

孙中叶

2018 年 3 月